“985工程”国家哲学社会科学创新基地
教育部人文社会科学重点研究基地
中国海洋大学海洋发展研究院
中澳海岸带管理研究中心

资助

海洋法律、社会与管理

第6卷

徐祥民◎主编

Ocean Law, Society and Management（Vol. 6）

Chief Editor: Xu Xiangmin

ACADEMIC COMMITTEE

学术委员会名单

编辑部成员

DEPARTMENT OF EDITOR

目 录 Contents

海洋政治学

栏目主编：曹文振

制定我国海洋战略的“陆情”分析 …………………………… 徐祥民 / 3

中国海洋战略的主动选择：融入与共存

——基于对美国海洋联盟战略选择的SWOT分析

………………………………………………… 曹文振　李文斌 / 14

论海洋硬实力的“柔性”运用对提升海洋软实力的意义

——兼论海洋硬实力与海洋软实力的辩证关系 …… 王　琪　崔　野 / 32

日本海洋强国发展之路及其启示 ……………………………… 宋宁而 / 45

关于北极国际争端问题的研究综述 …………………… 杨振姣　齐圣群 / 60

海洋法学

栏目主编：刘惠荣

南极环境影响评价制度的运行及其完善 ……………… 刘惠荣　王贵敏 / 77

黄河三角洲高效生态经济区环境保护法制保障问题及

对策研究 ………………………………………………… 时　军 / 94

美加澳海洋外来物种入侵防治公约遵守和国家立法

实践比较研究 …………………………………… 白佳玉　战晓薇 / 105

沿海滩涂保护的政府环境法律责任研究 …………………… 王　刚 / 119

海洋社会学

栏目主编：崔凤

海洋环境变迁的主观感受
——环渤海20位渔民的口述史 …………………… 崔　凤　张玉洁 / 137
族群情感刺激下的群体性利益表达逻辑 ………… 同春芬　彭萨茹拉 / 161
美国“赠海学院计划”实施的历史背景探析 ……… 宋文红　任　祺 / 175

海洋管理学

栏目主编：王琪

走向生态化的海岸带综合管理
——蔡程瑛《海岸带综合管理的原动力》思想解读
…………………………………………………… 王书明　李晗光 / 191
英国海洋管理组织：可持续利用海洋的组织保障 … 于　铭　袁　祥 / 202
美日海洋行政执法精细化管理实践及其启示 ………………… 弓联兵 / 211
台湾地区海洋管理体制改革初探及对大陆的启示 …………… 夏厚杨 / 225

学术会议综述

栏目主编：宋宁而

中澳海岸带管理研究中心董事会会议暨
中国海洋大学 - 新南威尔士大学“胶州湾、悉尼港及
上海港”协同研究学术研讨会综述 … 宋宁而　乔璐璐　左凤云 / 241
在中澳海岸带管理研究中心董事会会议暨
中国海洋大学 - 新南威尔士大学“悉尼港、上海港及
胶州湾”协同研究学术研讨会上的致辞 ………………… 于志刚 / 247

CONTENTS

OCEAN POLITICS

The Analysis of Land Situation in China's Marine Strategy Making

Xu Xiangmin / 3

Initiative Choice of China's Ocean Strategy: Integration and Coexistence

—*Based on the SWOT Analysis of Strategic Choice for America's Marine Alliance*

Cao Wenzhen Li Wenbin / 14

A Study on the Significance of the Flexible Using of Ocean Hard Power on Enhancing Ocean Soft Power

—*Also on the Relationship between Ocean Hard Power and Ocean Soft Power*

Wang Qi Cui Ye / 32

The Ocean Strong Country History of Japan and Its Implication *Song Ning'er* / 45

Overview of International Disputes on Arctic Issues

Yang Zhenjiao Qi Shengqun / 60

OCEAN LAW

The Antarctic Environment Impact Assessment System Research

Liu Huirong Wang Guimin / 77

Research on the Problems and Countermeasures of Yellow River Delta High-Efficiency and Ecological Economic Zone Environmental Protection Legal System Safeguard *Shi Jun* / 94

Comparative Study on the Compliance with Relevant International Conventions for the Prevention and Control of Marine Alien Species' Invasion and the Domestic Legislative Practice by U. S. , Canada and Australia *Bai Jiayu Zhan Xiaowei* / 105

Government Environmental Law Responsibility of Tidal Flat *Wang Gang* / 119

OCEAN SOCIETY

Subjective Feelings on the Changes in Marine Environment
—Oral History Study of 20 Fishermen around Bohai Sea
Cui Feng Zhang Yujie / 137
Logical Expression of Interests under the Emotional Stimulation
Tong Chunfen Peng Sarula / 161
Analyzing the Historical Background of the Implementation for NSGCP
Song Wenhong Ren Qi / 175

OCEAN GOVERNANCE

An Ecological Integrated Coastal Zone Management
—Ideological Interpretation of *The Driving Force of Integrated Coastal Zone Management* Cai Chengying *Wang Shuming Li Hanguang* / 191
UK Marine Management Organization: Ensuring the Sustainable Ocean Development *Yu Ming YuanXiang* / 202
Fine Management on the Marine Administrative Law Enforcement in USA and Japan *Gong Lianbing* / 211
On the Reform of the Marine Management System in Taiwan Region and the Enlightenment to the Mainland *Xia Houyang* / 225

RIVIEW OF MARINE RELATED FORUMS

The Summary of Advisory / Management Committee Meeting and OUC-UNSW "Jiaozhou Bay, Sydney Harbor and Shanghai Port" Collaborative Research Workshop *Song Ning'er Qiao Lulu Zuo Fengyun* / 241
Speech at the Board Member Meeting of Sino-Australian Coastal Zone Management and OUC-UNSW Collaborative Research Center of "Harbor of Sydney, Shanghai and Jiaozhou Bay" *Yu Zhigang* / 247

海洋政治学

OCEAN POLITICS

制定我国海洋战略的“陆情”分析*

徐祥民**

摘要： 海洋战略是国民经济和社会发展战略的子战略，中国海洋战略一定是立足于中国海情和陆情的设计。研究海洋战略不应忽略陆情。对我国陆情的基本估计是，我国国土既广大又不足。在陆地资源不足的陆情条件下，在资源依赖型的发展模式下，研究者和决策者自然选择了向海洋要资源，选择了以海洋资源开发为核心内容的海洋战略。这是顺理成章的选择，但同时又是值得质疑的选择。

关键词： 海洋战略　陆情　海情　经济社会发展战略

中国海洋战略，尽管不同的学者对它的理解有所不同，但可以肯定的是，它是中国“国家战略”① 的子战略，是服务于中国经济社会发展战略的亚战略。中国海洋战略一定是立足于中国海情和陆情的设计，就像中国的经济和社会发展战略设计不能不以我们国家的海情和陆情为依据一样。一个国家的海情和陆情，或者把二者的顺序颠倒过来，陆情和海情，是制定或调整国家经济社会发展战略，包括海洋战略的自然基础。脱离海情、陆情这个自然基础的海洋战略，不管标注为哪个国家的战略，都只能是纸上谈兵，或者是闭门造车。

---

* 本文系教育部人文社会科学重大攻关招标课题“新时期中国海洋战略研究”（13JZD041）的阶段性成果。

** 作者简介：徐祥民（1958～　），男，又名徐进，历史学博士，法学博士，泰山学者，中国海洋大学法政学院院长、教授、博士生导师，教育部人文社会科学重点研究基地、“985”哲学社会科学创新基地中国海洋大学海洋发展研究院学术委员会副主任委员，山东省新成环境法与可持续发展研究中心主任。

① 几年前就有学者建议把“建设海洋强国列入国家战略”。（参见杨金森著《中国海洋战略研究文集》，北京：海洋出版社 2006 年版，第 281～293 页）

从以往的海洋战略研究的状况来看，学者们没有忽略中国的海情，甚至世界的海情，但是，我们似乎需要提醒自己，自觉地把自己的研究同中国陆情和整个国家的包括人口、经济发展水平等国情结合起来，把自己对中国海洋战略的研究建立在对中国陆情的全面把握的基础上。中国海洋战略研究的任务绝不仅仅是回答如何发展海洋事业的问题，而是要给作为中国发展战略构成要素的海洋战略设计一个有所依有所托的系统答卷。

那么，从制定或调整国家海洋战略的高度看问题，我国的陆情是怎样的？我们又应如何对待我国的陆情呢？

一 研究海洋战略不应忽略陆情

中国人一向以中国“地大物博”自夸。陆地国土面积 960 万平方公里曾经是一代又一代人引以为傲的庞大数字，而这个数字所包含的国土上的丰富物产也支撑着中华儿女的民族自豪感。我们是这块土地的儿女，是这方水土养育的精灵，为了这份荣耀我们需要更多地了解自己的家园；为了谋划我国的海洋战略，我们需要数一数自己的“家当”。在细心地数过自己的这份“家当”之后，我们发现，其实我们的家底并不太厚，“余钱剩米”并不多。

以往绝大多数的海洋战略、海洋发展战略思考都是直接关于海洋事务的思考，是立足于海洋的思考。这样的思考，如果不是忽略了陆地，而是在充分考虑了陆地的基础上，在对陆地信息做了“置而不论”或“知而不述”的处理之后展开的，应当受到赞赏。如果认为海洋战略只是海洋事业发展战略，对这样的战略的思考或规划不应涉及陆地，或不应太多地受陆地事务、情况等的“拖累”，甚至应避免受困于可能远比海洋信息更丰富的陆地信息，那么，这样的海洋战略思考一定是不成功的。

马汉曾把“影响一个国家海上实力①的主要因素”归结为六点，其中包括“地理位置”和“领土范围”②。虽然这两者都是“原因”，但它们也是做战略规划的人所不能忽视的。马汉谈道：“如果一个国家处于这样一个位

① 对马汉的“海权论”本文作者另有讨论。这里的“海上实力”只是沿用学界的习惯说法。

② 〔美〕阿尔弗雷德·塞耶·马汉：《海权论》，萧伟中、梅然译，北京：中国言实出版社 1997 年版，第 29 页。

置上，即既用不着被迫在陆地上奋起自卫，也不会被引诱通过陆地进行领土扩张，那么，由于其面向大海的目的的单一性，与一个其四周边界皆为大陆的民族相比，它就具备了一种优势。”① 他做如此假设意在说明这样的国家具备“提升”“海上军事力量”的“优势”，但他也无意中揭示了这样的道理，即陆地情形对国家战略具有决定作用，至少具有明显的影响力。那些不具备他所假设的那样的地理条件的国家，由于存在“被迫在陆地上奋起自卫”的需要，便不会把更多的国家力量投放到海上。② 美国学者罗伯特·阿特为美国设计了一个“外交政策目标加军事战略”的“选择性干预”大战略，其前提性判断是“美国是目前世界上最强大的行为体，而且在未来几十年里依然会维持其超级大国的地位”③。也就是说，他的大战略设计是以其对美国基本国情，包括美国的国际地位的全面了解和清晰判断为前提的。

如果说罗伯特·阿特为美国设计的“大战略”主要是军事战略，而他是明确地把他的军事战略建立在对美国国情的全面了解的基础之上的，那么，我们注意到，马汉则是明确地把海权思想、海权主张当成国家战略的重要组成部分，甚至是国家战略的核心。从他的海权论中我们能够得到的最大的教益是，海权是国家战略的组成部分，而不是相反——国家战略是海权的组成部分，是海权服务于国家战略，而不是国家战略服务于海权。让我们重温一下马汉的若干论述。他的名著《海权论》开篇便称：

> “即使不能说全部至少也是在很大程度上，我们可以认为，海权的历史乃是关于国家之间的竞争、相互间的敌意以及那种频繁地在战争中达到顶峰的暴力的一种叙述。”④

这段话可以说是对海权的毫无保留的讴歌，但是，马汉对海权的好感，对海权的重要性的充分肯定和热情讴歌无法改变这样一个事实，即海

---

① 〔美〕阿尔弗雷德·塞耶·马汉：《海权论》，萧伟中、梅然译，北京：中国言实出版社1997年版，第29页。

② 尽管这种战略选择可能是个错误，或许也就是马汉所批评的做法，但这种选择却是任何一个处于这种状态下的国家所无法拒绝的，因为存亡的问题总比强弱的问题更为重要。

③ 〔美〕罗伯特·阿特：《美国大战略》，郭树勇译，北京：北京大学出版社2005年版，第1页。

④ 〔美〕阿尔弗雷德·塞耶·马汉：《海权论》，萧伟中、梅然译，北京：中国言实出版社1997年版，第2页。

权服务于国家战略。在这短短的一句话中包含两个认识对象，一个是“国家之间的竞争、相互间的敌意以及那种频繁地在战争中达到顶峰的暴力”，另一个是“海权”，而这句话所表达的作者的思想是关于这两个认识对象之间关系的一个判断，即后者是对前者的“叙述”。尽管海权是那样值得称颂，尽管海权可以“在很大程度上”决定“国家之间的竞争”的胜败，但在这两者之间，毕竟是海权服务于“国家之间的竞争”，海权叙述“国家之间的竞争”的历史，而不是相反。按照眼下研究者们的表达，如果存在一种“海权战略”，那么这种战略一定是远比海权更丰富的“国家之间的竞争、相互间的敌意以及那种频繁地在战争中达到顶峰的暴力”等的国家战略的组成部分，一定是服务于整体的国家战略的一种战略安排。马汉接着说：“海上商业对于国家的财富及其实力的深远影响，早在这些千真万确的原则昭然于天下之前，就已被洞察秋毫，而正是这些原则指导着其增长与繁荣。为了使本国民众所获得的好处超越寻常的份额，有必要竭尽全力排斥掉其他竞争者：要么通过垄断或强制性条令的和平立法手段，要么，在这些手段不能奏效时，诉诸直接的暴力方式。”① 这里更为关键，也是更具有目的价值的是“国家的财富及其实力”。国家的基本战略目标是“国家的财富”“实力”，是赢得“国家的财富”“实力”的“海上商业”，是“国家的财富”“实力”“海上商业”的“增长与繁荣”。更具体一点说就是“使本国民众所获得的好处超越寻常的份额”。至于“排斥掉其他竞争者”，不管是用“和平立法手段”，还是用“诉诸直接的暴力方式”，那都是工具性的，都是实现战略目标的手段，是实现国家总的战略目标的战略部署。

马汉笔下的海权、今天我们面对的海洋战略或者海洋发展战略这个选题，说到底都是国家战略的组成部分，都只有在成为国家战略的有机组成部分时才能发挥指导国家战略选择的意义，才具有战略研究的价值。而要使我们所规划、设计的海洋战略具备融入国家战略之中的条件，必须把我们的设计建立在对国家整体，而不是局部的了解的基础之上。我们的设计越是贴近国情，其合理性便越强，与国家应当选择的国家战略便越接近。

---

① 〔美〕阿尔弗雷德·塞耶·马汉：《海权论》，萧伟中、梅然译，北京：中国言实出版社 1997 年版，第 2 页。

“贴近”国情的任务，对于研究海洋战略的人来说，主要在于了解陆情，因为海洋研究专家们往往都是对海洋的了解多于对陆地的了解，甚至由于专心深入研究海洋而忽略陆地。

战略研究者在对海洋、陆地等国情充分了解的前提下可以选择以海兴国的战略，也可以选择陆地自强战略。这是两种不同的国家战略，这两种战略包含对海洋的两种不同的态度。对海洋的不同态度可以产生不同的国家战略，同时，自然会造成不同的海洋战略。海洋兴国战略把海洋当成国家兴盛的必由出路，对海洋的这种态度可能创生海洋霸权战略、海运通道战略等。陆地自强战略不认为海洋对国家的兴衰有太大作用，在对海洋的这种态度的影响下，国家的海洋战略选择可能是闭关锁国战略、仅收取鱼盐之利战略等。在这个意义上，所谓海洋战略首先需要解决的是如何对待海洋的问题，是在国家发展战略中对海洋如何定位的问题。①

二　对我国陆情的基本估计

法国学者谢和耐在其所著《中国社会史》中有对“中国的地域和居民”的专门概括。他说：

> “中国的社会史涉及到了一片非常辽阔的地域……它们从西伯利亚延伸到赤道，从太平洋沿岸一直到达欧亚大陆的腹地。这样辽阔的地域在地理背景中具有一种很大的差异性和一种综合性的结构……这就是大陆整体性的群山特征，在西南由于神奇的特大群山和辽阔高原的衬托而更加突出了，它们是由自兴都库什到印度支那半岛和喜马拉雅山麓的起伏地带以圆弧状形成的；辽阔的草原（更确切地说是牧场）被沙漠分隔开了，而沙漠戈壁又覆盖了包括西伯利亚森林和华北耕作

① 高之国先生明确地把海洋事业发展战略置于中国国家战略的整体之中。他曾这样谈道：“我国已经决定实施西部大开发战略，加快中西部地区的发展……西部开发是我国21世纪初叶国家发展的一项重大战略决策和举措，是一项中期发展战略。同时，应考虑和研究……东部海洋战略。东部的大海洋战略可以作为西部大开发的接替战略，是一项长期发展战略。”他认为，“中国在21世纪的发展，应该是东、西两翼的发展战略”。（参见高之国著《关于21世纪我国海洋发展战略的新思维》，载王曙光主编《海洋开发战略研究》，北京：海洋出版社2004年版，第29~33页）

> 区之间的辽阔地带；由大河大江的冲击层形成的肥沃平原（满洲的松花江和辽河盆地、覆盖了30万平方公里的华北中央大平原、长江中下游平原、广州地区的平原、越南的红河盆地和印度支那半岛上的其他冲击层平原……）；从阿穆尔河（Amour，黑龙江）入海口到马来半岛所延伸的漫长海岸线、从日本群岛直到地域更加辽阔的印度尼西亚岛屿（菲律宾、婆罗洲、苏拉威西、印度尼西亚和苏门答腊）存在着延绵不断的一大串大大小小的岛屿……中国既是西伯利亚式的严寒和隆冬地区，又是赤道带的潮湿和闷热地区。”①

这虽然是从社会史的角度对中国地域的描述，而且被描述的地域“远不是完全相同的”②，即在历史上的各个时期是不完全相同的，但它也在一定程度上说明了中国地域的广大。

然而，如此广大的地域，在今天，却并不总是能够给我们带来自豪感——那种在小学阶段、中学阶段时常在心头泛起的豪迈、气壮山河、信心十足、站在泰山之巅“一览众山小”的感觉。这是因为另外一些数字足以抵消由地大物博带给我们的喜悦。以下这则统计资料反映了我国的资源赋存在以人口为被除数时是多么微不足道。

> “人均占有陆地面积仅0.008平方公里，远低于世界平均0.3平方公里的水平……全国多年平均淡水资源总量为28，000亿立方米，居世界第六位，但人均占有量为世界平均水平的1/4。矿产资源总量丰富，潜在资源价值居世界第三位，但人均占有量不到世界的一半，居世界第18位。据对45种主要矿产（占矿产消耗量的90%以上）对国民经济保障程度分析……进入21世纪……有1/2不能满足需要，矿产资源将出现全面紧缺，有些资源还会面临枯竭的局面。”③

尽管这已经是1996年的数字，但它们却足以说明问题，因为在经过了近20年之后，这些数字所反映的问题只会比那时更加严重。毫无疑问，“人均占有量”会随着人口的增长而变小，而1996年以来的中国人口一直

---

① 〔法〕谢和耐：《中国社会史》，耿昇译，南京：江苏人民出版社1995年版，第2~3页。
② 〔法〕谢和耐：《中国社会史》，耿昇译，南京：江苏人民出版社1995年版，第2页。
③ 国家海洋局编《中国海洋21世纪议程》第一章第五节。

在增长。尽管有些估计可能不够精确，因为对“资源总量”的估计受勘探技术等的影响，而勘探技术会随着我国整体科技水平的提高而提高，会跟随西方发达国家科学技术的进步而提高，但是，发现毕竟不能代替赋存，再先进的勘探技术也无法“无中生有”。

三 在陆地资源不足的“陆情”下应当做出怎样的战略选择？

近代以来的人类发展历史，尤其是后来被称为发展中国家的发展历史，都可以概括为资源依赖型发展的历史。中国，作为一个发展中的大国，从总体上看，在很长的一个历史时期内不能摆脱资源依赖型的发展模式。而我国陆地蕴藏资源短缺的情况决定了，依赖这些资源是难以寻求大的发展的。这就是我国的陆情，这就是让我们的自豪感大打折扣的关键因素。

面对这样的陆情，我们怎样选择国家的发展战略？

首先，选择的前提。当前中国的基本战略是发展。1978 年 12 月 22 日发布的《中国共产党第十一届中央委员会第三次全体会议公报》宣布：“全会决定……全党工作的着重点应该从一九七九年转移到社会主义现代化建设上来。”[①] 这既是一个庄严的承诺，也是一个战略性的决策，是由此以来的全部中国战略安排的基础，也是后来的中国发展战略的核心。1979 年的“四中全会”重申了“三中全会”的承诺，明确宣布中国共产党在当时的“任务”就是“团结全国各族人民，调动一切积极因素，同心同德，鼓足干劲，力争上游，多快好省地建设现代化的社会主义强国”。[②] 1981 年，中国共产党发布的历史性文件——《中国共产党中央委员会关于建国以来党的若干历史问题的决议》（以下简称《决议》）进一步肯定了“三中全会”确定的基本方针：发展经济，建设现代化国家。《决议》指出：“我们党在新的历史时期的奋斗目标，就是要把我们的国家，逐步建设成为具有现代农业、现代工业、现代国防和现代科学技术的，具有高度民主和高度文明的

① 《中国共产党第十一届中央委员会第三次全体会议公报》，载中共中央文献研究室编《三中全会以来重要文献选编》，北京：人民出版社 1982 年版，第 1 页。

② 《中国共产党第十一届中央委员会第四次全体会议公报》，载中共中央文献研究室编《三中全会以来重要文献选编》，北京：人民出版社 1982 年版，第 206 页。

社会主义强国。”[①] 中国共产党的这些决议已经变成了党和国家行动的指南，变成了国家发展战略安排的基本指导原则。党的十二大把这个指导原则变成了经济和社会发展的具体指标：从一九八一年到本世纪末的二十年，我国经济建设总的奋斗目标是，在不断提高经济效益的前提下，力争使全国工农业的年总产值翻两番，即由一九八〇年的七千一百亿元增加到二〇〇〇年的二万八千亿元左右。[②]

这就是通常所说的“小康目标”[③]。

如果说“三中全会”以来的中国实施着某种国家战略，那么这个战略无疑可以概括为发展战略，或者叫经济社会发展战略。[④]

全国人民代表大会和国务院最近30年的工作的确是贯彻了中国共产党确立的新时期建设的方针，也在持续实施着那个被我们称为经济社会发展战略的治国方略。以下是几个事例。

1988年，李鹏在第七届全国人大第一次会议上的《政府工作报告》对过去五年的工作所做的总结第一项就是“国民经济实力继续得到显著增强”。其主要标志是“国民生产总值1987年达到10920亿元，按可比价格计算平均每年增长11.1%……国民收入1987年达到9153亿元，按可比价格计算平均每年增长10.7%。国内财政收入1987年达到2243.6亿元，平均每年增长12.9%；……粮、棉、钢、煤、电、石油、化肥、水泥、化纤、纱、布等主要产品的产量，以及交通运输量，都有较大幅度的增长”[⑤]。这不能不说是积极贯彻经济发展战略所取得的成就。这次的《政府工作报告》对自1988年起的“今后五年建设和改革的目标、方针和任务”做了如下规定：

---

① 《中国共产党中央委员会关于建国以来党的若干历史问题的决议》，北京：人民出版社1991年版，第52页。

② 胡耀邦：《全面开创社会主义现代化建设的新局面》，北京：人民出版社1982年版，第9页。

③ 胡耀邦同志说：“实现了这个目标，我国国民收入总额和主要工农业产品的产量将居于世界前列，整个国民经济的现代化程度将取得重大进展，城乡人民的收入将成倍增长，人民的物质文化生活可以达到小康水平。”（参见胡耀邦《全面开创社会主义现代化建设的新局面》，北京：人民出版社1982年版，第9~10页）

④ 邓小平同志称它为“一条一心一意搞建设的新路”。（参见《邓小平文选》第三卷，北京：人民出版社1993年版，第11页）

⑤ 李鹏：《在第七届全国人民代表大会第一次会议上的政府工作报告》，北京：人民出版社1988年版，第2页。

> “在这五年里，我们要加快和深化改革，推动生产力发展，实现第七个五年计划，制定和实行第八个五年计划。到 1992 年，力争在不断提高经济效益的基础上，使国民生产总值达到 15500 亿元左右，平均每年增长 7.5% 左右。”①

这不能不说是一个雄心勃勃的计划。按照《政府工作报告》的分析，“实现了这个目标，我国国民生产总值将比 1980 年增长 1.7 倍，这样就可以为在本世纪末实现国民生产总值翻两番、人民生活达到小康水平打下牢固的基础”。②

再让我们看一看“十五”规划执行的情况和“十一五”规划。温家宝在第十届全国人民代表大会第四次会议上所做的《政府工作报告》报告了“十五”期间取得的成就——

> “2005 年与 2000 年相比，国内生产总值增长 57.3%，年均增长 9.5%；财政收入增长 1.36 倍，年均增加 3647 亿元。农业特别是粮食生产出现重要转机，主要工业产品产量大幅度增长，高技术产业快速发展，基础产业和基础设施建设成就斐然，在水利、能源、交通、通讯等领域建成或新开工一大批重大工程。经济社会信息化程度迅速提高。”
>
> “五年来，人民生活明显改善。城镇居民人均可支配收入和农村居民人均纯收入，分别实际增长 58.3% 和 29.2%。城镇新增就业 4200 万人。住房、通讯、汽车和服务消费大幅度增加。科技、教育、文化、卫生、体育等社会事业加快发展。”③

没有大发展，哪有这般的大成就？没有对经济社会发展战略的坚定不移的贯彻实施，哪有如此巨大的建设成就？那么，这次的人代会又确立了或者说批准了怎样的发展目标呢？可以概括为一个数字：“国内生产总值年

① 李鹏：《在第七届全国人民代表大会第一次会议上的政府工作报告》，北京：人民出版社 1988 年版，第 16 页。

② 李鹏：《在第七届全国人民代表大会第一次会议上的政府工作报告》，北京：人民出版社 1988 年版，第 16 页。

③ 温家宝：《在第十届全国人民代表大会第四次会议上的政府工作报告》，北京：人民出版社 2006 年版，第 42 ~ 43 页。

均增长7.5%”。这个数字意味着超过“2010年人均国内生产总值比2000年翻一番”[①] 的目标。

其次，我们应当怎样发展。也就是说，在明确我国陆情的前提下，在一个资源依赖型的发展模式之下，我们应当怎样解决资源不足与远大的发展目标之间的矛盾？发展是确定无疑的，而且发展目标是规模宏大的，从而资源消耗，包括自然资源消耗，社会发展空间条件、容纳发展“副产品”的能力资源等的消耗是巨大的。在这个确定无疑的目标和难以改变的发展模式面前，我们能够做出的唯一选择是到陆地之外找资源。

我们说海洋战略就是海洋在国家战略中的定位，海洋战略的内容决定于在国家战略中如何对待海洋，那么，在我国的发展战略中，海洋可以扮演什么样的角色呢？按照我们对国家发展战略与中国陆情关系的分析，海洋在我国发展战略中应当发挥补陆地资源不足的作用。在我国总体发展战略下，假如可以叫作如前所述的经济社会发展战略，海洋战略应当就是海洋资源开发战略。[②]

《中国海洋21世纪议程》（以下简称《海洋议程》）正是选择了这样的战略，至少是把这样的选择当成海洋战略的重要内容。《海洋议程》在指出我国陆地资源不足的情况之后这样写道：

> “要保障国民经济持续、快速、健康的发展，现有陆地资源开发形势将更加严峻。然而海洋中有丰富的多种资源，有可能提供巨量财富：(1) 中国海岸线长度、大陆架面积、200海里水域面积，在世界上排在第10位以内，在全球范围处于优势资源；(2) 港湾资源和出海通道是国家战略资源，利用优良港湾建设港口，保护和开辟更多的出海通道，利用全球航道发展对外经济联系，具有重要战略意义；(3) 中国海域

---

① 温家宝：《在第十届全国人民代表大会第四次会议上的政府工作报告》，北京：人民出版社2006年版，第44～45页。

② 因陆地资源不足而向海洋寻求发展的显例是韩国。韩国学者洪成勇（韩国海洋研究与发展协会海洋工业和政策分会会长）指出：“陆地面积及其自然资源的缺乏激励着韩国重视海洋政策。1991年，朝鲜半岛南部45%的土地（即99299平方公里）上，居住着4327万人口，根据等距离原则划分的中央线，属于韩国管辖范围的沿海地区面积大约为447000平方公里，由于其中大约有26%的面积是低地和旷野，所以这些沿海地区面积比可耕地面积大17倍。如此高的人口密度（436人/平方公里），贫乏的陆地自然资源以及经济发展的压力，使得对管辖海域的沿海地区内的生物资源的有效管理和非生命资源的有效开发利用迫在眉睫。”（参见〔韩〕洪成勇著《韩国的海洋政策》，《太平洋学报》1996年第3期，第49页）

已记录海洋生物20，278种，30米等深线以浅海域面积约1.3亿公顷，利用浅海发展增养殖业，建设海洋牧场，可以形成具有战略意义的食品资源基地；（4）海盐占全国原盐产量的70%以上，海上油田可以成为油气田的战略接替区，海水直接利用有可能代替沿海地区70%以上的工业用水，这些都是行业性的战略资源。”

《海洋议程》得出这个结论的逻辑过程非常简单：发展需要更多的资源，陆地无法提供发展所需要的资源，而海洋里蕴藏着丰富的资源，所以，为了解决发展所需要的资源问题，国家应当开发利用海洋资源。这是《海洋议程》的结论，也是我们基于对发展与资源供给关系、陆地资源赋存状况的分析所期待的合乎逻辑的结论。

然而，它却又是一个值得质疑的结论。①

The Analysis of Land Situation in China′s Marine Strategy Making

Xu Xiangmin

Abstract: Marine strategy is the sub-strategy in national economic and social development strategy, the design of China's marine strategy must be based on China's marine situation and land situation. The study of China's marine strategy should not neglect land situation. A primary assessment of China's land situation is that China has enormous but not sufficient land. Under the situation of insufficient land situation and resource dependent development model, researchers and decision makers turn to the ocean for resources and making marine resource development as the core content of marine strategy. This choice is understandable, but worth more scrutiny.

Key words: marine strategy, land situation, marine situation, economic and social development strategy

① 当我们合乎逻辑地做出向海洋要资源的结论，做出向海洋要资源的战略安排时，可能忽略了另一个关键，即海洋里有我们所期待的可以支撑起我们的战略目标的资源吗？对此，限于篇幅，兹不赘述。

中国海洋战略的主动选择：融入与共存

——基于对美国海洋联盟战略选择的SWOT分析*

曹文振　李文斌**

摘要：二战结束后，美国为了维持全球霸权，在全球范围内构建起以美国为核心的海洋联盟。面对美国主导下的海洋秩序，中国只有对美国如何利用其海洋联盟做出预判，才能对症下药制定积极的海洋战略。本文运用SWOT模型对美国海洋联盟的战略选择进行分析，推出美国会选择与优势搭配的战略——SO和ST战略。在这种情况下，中国的首要选择是通过融入现有海洋秩序，避免美国采取进攻性较强的SO战略，即：在维持中美关系健康发展的前提下，通过积极参与海上合作融入现有海洋秩序，推动我国海军具备更多的“后现代海军”特质，促使美国采取ST战略；其次，在美国采取谨慎的ST战略的背景下，中国应积极运用海上力量扩展海权，通过海上合作机制弱化海洋联盟对海洋秩序的主导权，谋求与美国海洋联盟的共存。

关键词：海洋战略　海洋联盟　SWOT　融入　共存

一　引言

美国海洋联盟的渊源可以追溯到第一次世界大战时期。在一战后期，

---

* 本文系国家社科基金重点项目“和平发展大战略下中国的海洋强国建设与海洋权益维护问题研究”（13AZZ013）的阶段性成果。

** 作者简介：曹文振（1965～　），男，山东安丘人，中国海洋大学法政学院教授，法学博士，国际问题研究所所长，主要研究方向为国际海洋政治、比较制度学；李文斌（1990～　），男，山西临汾人，中国海洋大学法政学院国际政治专业硕士研究生，主要研究方向为国际海洋政治。

面对英国的海上封锁，德国于1917年正式宣布实施无限制潜艇战，驶入封锁区的任何国家的商船都将被击沉。[①] 德国野蛮的潜艇战最终导致美国加入到英国的“大西洋护航制度”中，这是美国首次摆脱孤立主义参与英国主导的“海洋联盟”（maritime alliance）。第二次世界大战期间，在德国多次击沉美国舰船后，美国海军不但再次加入到大西洋护航制度中，而且在太平洋和印度洋海域同英国海军展开针对日本的广泛合作，实现了反法西斯战争的最后胜利。纵观历史，英美海洋联盟（Anglo-American maritime alliance）发轫于第一次世界大战结束后的英美海权之争时期，成熟于第二次世界大战英美合作抗击法西斯的历史大变动中。[②] 二战结束后，在长达半个世纪的冷战中，为应对苏联的威胁，美国逐渐构建起主要由海洋国家组成的海洋联盟。苏联解体后，美国又借助联盟的力量，构建了以美国主导的单极世界。从历史来看，美国主导的联盟具有深刻的海洋性。首先，它主要是海洋国家为了遏制或阻止亚欧大陆上出现一个霸权国家而形成的。其次，这种由海洋国家组成的联盟又维持着以“海洋航行自由”原则为核心的海洋秩序。因此，美国构建的联盟无论从国家组成还是战略目标来看，都具有深刻的海洋性特征，是一个不折不扣的海洋联盟[③]。

随着中国的崛起，冷战期间为遏制苏联而构建的海洋联盟又焕发出新的生机——遏制中国。为应对地区挑战，美国主导的同盟也有所变化。简单地说，其结构由原来的“轮毂-轮辐”向“网络化”方向发展。奥巴马政府在2010年5月发表的《国家安全战略报告》中称，“同盟是力量的倍增器：通过多国协调与合作，同盟行动形成的合力总是比单独行动的力量大，美国在亚太地区与日本、韩国、澳大利亚、菲律宾和泰国的同盟是亚洲安全的基石和亚太地区繁荣的基础，继续深化和更新这些同盟以反映本

① Arthur Herman, *To Rule the Waves: How the British Navy Shaped the World*, New York: Harper Collins, 2005, p. 510.

② 胡杰：《海洋战略与不列颠帝国的兴衰》，北京：社会科学文献出版社2012年版，第376页。

③ 关于海洋联盟的研究成果请参照 B. J. C. Mckercher, *Transition of Power: Britain's Loss of Global Pre-eminence to the United States 1930 - 1945*, Cambridge, Cambridge University Press, 1999; Michael A. Simpson, *Anglo-American Naval Relations*, 1919 - 1939, Ashgate, Navy Records Society, 2010。

地区变化的动力和21世纪的战略趋势”[①]。因此，美国作为主导大国，必然会依靠其联盟体系的优势来平衡崛起国家的影响。从历史经验来看，霸权国家在面对崛起国家时会选择战略遏制甚至“预防性战争”，中国在崛起的过程中，必然会面对一个充满敌意的海洋联盟。

综上所述，美国主导的海洋联盟不但是现代海洋秩序的基础，而且可能会成为美国在亚洲平衡中国崛起、遏制中国海权发展的战略支撑。中国在崛起过程中面临着美国主导的单极格局和较为完整的联盟体系，如何与美国在亚太地区的联盟体系对接，实现中国海权发展和海洋秩序和平转型是中国需要解决的重大问题。[②] 美国将如何利用海洋联盟应对中国崛起，这个问题不但关系着美国的亚太战略，更关系着中国将制定何种战略应对美国主导的海洋联盟。以往，中国的海洋战略遵循着防御的套路，往往疲于应对，非常被动。只有充分了解美国将如何利用其主导的海洋联盟，中国才能做到主动出击，有针对性地制定海洋战略。

二 SWOT分析模型

SWOT分析方法最早由美国旧金山大学的管理学教授海因茨·韦里克（Heinz Weihrich）于20世纪80年代初提出，经常被用于企业战略制定。如麦肯锡咨询公司（McCarty Consultant firm）把SWOT模型用作主要分析工具。SWOT分析是指对企业组织内部环境的优势（Strength）、劣势（Weakness）和外部环境的机遇（Opportunity）、威胁（Threat）的分析，并通过SO、WO、ST、WT组合的矩阵分析，从而寻求企业组织未来发展的最佳战略管理。SWOT分析的基本要求和目的是找准优势，弄清劣势，寻求机遇，规避威胁。这是一种企业根据现实情况，制定相应战略决策的严谨、全面的方法。具体来说，SWOT是用系统分析的思想将与组织密切相关的内外环境优势、劣势、机会和威胁等各种要素列举出来，然后把这些要素相互匹配起来加以分析，可以用来判定某个组织内在环境的优劣以及外在环境的

---

① White House：National Security Strategy，May 2010，http://www.whitehouse.gov/site/default/files/rss_viewr/national_security_strategy.pdf，最后访问时间为2015年4月27日。

② 吴心伯：《转型中的亚太秩序》，北京：时事出版社2013年版，第72页。

机会和威胁点，从中得出一系列相应的结论，从而以制定组织的对行动策略。①

SWOT 明确标出优势、劣势、机会、威胁四个维度，这四个维度的相互组合也便于基于现实状况制定长远战略。正是由于以上的优势，它也常常被应用于分析国家现实条件，以制定恰当的对外战略。SWOT 分析的缺点：对四个维度各种影响因素量化受主观因素影响较大，缺乏科学性；该模型过于集中在范围比较狭窄的外部环境，偏重于静态分析，强调战略的单个维度而忽视了战略成功的其他必要因素②。例如：许多学者在利用 SWOT 分析模型列出四个维度后，又会对每个维度的具体项目进行评分，如列出优势维度后，对优势内的 4 个项目根据自己的理解进行打分，据其在优势中影响的大小评“1～5”分，然后再根据分析加权重，这种量化的形式虽然很具有科学性，但评分标准及权重都打上了深刻的主观因素的烙印，实质是缺乏科学性的。

本文将扬长避短，充分利用 SWOT 分析方法中明确列出优势、劣势、机会、威胁四个维度的优点，同时规避其量化时受主观因素影响较大的缺点，利用逻辑推理而不是评分和权重来确定美国可能的战略选择。首先借助 SWOT 分析模型明确地列出美国海洋联盟的优势、劣势、机会、威胁，然后对它们进行组合——SO、ST、WO、WT，对这四种组合进行逻辑分析，推理得出美国利用海洋联盟的可能选择，这就为中国主动出击，针对美国可能的战略安排，对症下药制定积极的海洋战略提供了基础。

三　对美国海洋联盟战略选择的 SWOT 分析

（一）内部要素分析

1. 列出优势（S）

第一，联盟体系相对稳定，且可做有限调整。联盟体系内的国家同美

① 刘新华：《中国发展海权的战略选择—— 基于战略管理的 SWOT 分析视角》，《世界经济与政治》2013 年第 10 期。

② Carl Shapiro and Hal R. Varian, *Versioning: The Smart Way to Sell Information*, Harvard Business Review, Vol. 76, No. 6, 1998, pp. 106 - 114.

国建立了明确的同盟关系，权利和义务相对明清晰。美国在二战后建立的联盟同英国19世纪通过灵活的“大陆均势”政策确立的同盟关系相比，更加稳定。联盟内部结构可做有限调整，随着中国的崛起，美国传统的联盟结构在应对地区挑战方面显得捉襟见肘。因此，美国将“轮毂－轮辐”状的地区政策架构转变成“网络”状的地区政策架构，丰富了美国赖以实现其亚太政策目标的手段，有助于夯实其亚太战略依托。[①] 但这种结构性的调整是有限的，它的联盟性质决定了它不可能吸纳一些真正的崛起大国，只能纠结于一些地区小国加入对新兴国家的遏制中来，是加剧了地区矛盾，不可能真正维持地区稳定。

第二，地区盟友为美国实施“濒海战略”、“前沿存在”及插手地区事务，提供了重要的战略依托和地缘优势。因应新的安全环境，美国分别于1992年、1994年、1997年公布三个战略文件，其海军战略由“海上战略”转向“濒海战略”，战略重心转向濒海地区和中小国家海军。[②] 这一战略的目标在于，期望通过控制制海权处于争夺状态的“濒海地区”，实现科贝特式的“由海至陆”战略，即：海军通过海洋影响大陆事务的战略。濒海战略要求海军能够实现前沿存在，盟友的地缘优势又助力美国濒海战略，为美国介入崛起国周边争端提供支持。

第三，使美国战略选择多元化，由于美国海洋联盟主导着海洋秩序，美国可以自由地利用海洋通道，因此有着更丰富的战略选择。从历史上看，控制海洋的国家可以实施离岸平衡战略、均势政策、接触遏制或战略收缩。

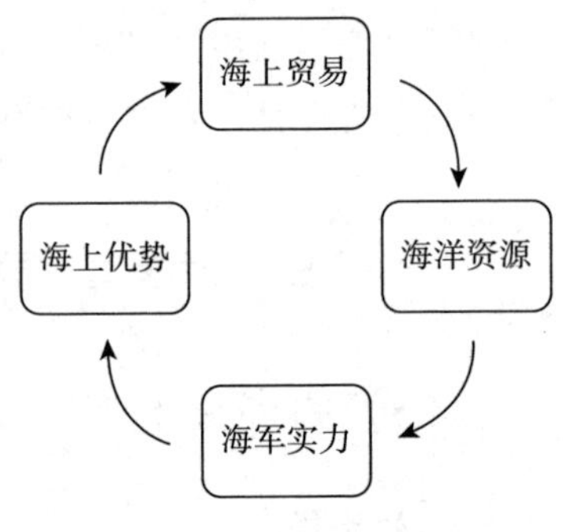

图1　良性的海洋循环

第四，内部的良性循环，为同盟特别是美国在实现全球贸易利益分配中的优势，反过来支撑美国的海洋霸权。英国学者杰弗里·蒂尔指出，一些海洋国家相比海军国家而言有更大的优势，“威尼斯人，荷兰人和英

① 周方银：《大国的亚太战略》，北京：社会科学文献出版社2013年版，第43页。

② 师小芹：《论海权与中美关系》，北京：军事科学出版社2012年版，第261～263页。

国人治下，以及在稍逊一筹的葡萄牙人，西班牙人和法国人治下形成了海洋军事和商业的良性循环，以各种各样的方式为海军提供着支撑”[①]。这种良性的海洋循环不断为美国及其海洋联盟提供主导世界海洋秩序的资本。

2. 列出劣势（W）

第一，美国主导的联盟体系僵硬，具有深刻的冷战思维，容易导致对抗。美国主导的海洋联盟建立之初是为了遏制苏联，有着深刻的冷战思维。此外，美国把日本、英国、以色列分别作为在亚洲、欧洲和中东的核心盟友，这些核心盟友的存在就是为了防止出现一个区域主导性国家，是美国二战后纠集的维持美国霸权的联盟，它有着维护既得利益、防范崛起国的目的，这就决定联盟不可能接纳地区崛起国的权力增长或对区域的主导，因此联盟的存在往往导致大国对抗。

第二，维持联盟的成本高昂，并且严重依赖美国财政和海军力量。为追随国提供安全产品是主导国家维持权威的基础，因此，主导国就需要维持一支强大的军队，但这给主导国带来了巨大的财政压力，一旦主导国经济衰退，联盟就难以为继。

第三，联盟内存在的盟友间的矛盾难以掩盖。美国建立的联盟体制是存在内部矛盾的，首先，联盟附属国与主导国之间的矛盾：国际秩序中的主导国为了获取和保持权威必须建立有利于附属国的政治秩序且不滥用附属国授予它们的权威。[②] 只要不满足以上两点，联盟内的矛盾就会显现，比如主导国向附属国提供安全承诺是以附属国牺牲部分主权为基础的，主导国对权力的滥用往往会导致矛盾激化。其次，联盟内附属国之间的矛盾：联盟内部国家利益的差异或冲突，往往导致内部矛盾，这些矛盾可以在美国强大影响力下或面对共同的安全威胁时得到缓解，但由于国家利益冲突而难以消除，比如在亚洲韩日之间的矛盾。

---

① 〔英〕杰弗里·蒂尔：《21 世纪海权指南》，师小芹译，上海：上海人民出版社 2013 年版，第42 页。

② 〔美〕戴维·莱克：《国际关系中的等级制》，高婉妮译，上海：上海人民出版社 2013 年版，第 94 页。

（二）外部要素分析

1. 列出机会（O）

第一，适应全球化趋势，推动以海洋联盟为核心的海洋安全合作，获得主导海洋秩序的合法性。在全球化的背景下，维持海上航行自由和海洋秩序符合各国的普遍利益，如果海洋秩序成为美国霸权的副产品，那么必然能为其霸权提供合法性。

第二，崛起国造成的地区恐慌为美国及其海洋联盟介入地区事务提供了借口。

第三，为应对多元威胁，发展进行海上合作的伙伴。“伴随着海洋价值多元化的是海上威胁的多样化”，面对多样化的威胁，美国也越来越感觉到自身能力的局限性，逐渐由原来的单边行动向多边行动过渡，“简言之海军面临的形势是复杂的，既要遂行诸多非战斗任务，又要越来越多地与其他国家一起行动”①。美国为了应对20世纪90年代以来新的全球海上安全问题，提出了“千舰海军计划”，由于进展不顺利，后来又被改称为“全球海上伙伴关系倡议”，这说明美国似乎转向建立一个“一致行动，应对共同的威胁，维护各国共同利益的非正式联盟”②。

2. 列出威胁（T）

第一，崛起国对既有海洋秩序的不满。“美国在很大程度上依赖海洋进口极为重要的战略物资，能否自由利用海洋是关系到美国命运的大事，海上优势必不可少。”③ 美国谋求的是无论在和平时期或战时都能自由利用海洋，谋求的是对海洋的主导权。但是美国对海洋的自由利用可能会危及其他国家公海无害自由航行的权利，美国的一些行为往往处于法律的模糊地带。这使得其他依赖海上贸易的海洋国家颇为不安，被排除在美国海洋联盟之外的国家对本国的海上生命线充满忧虑，这就导致崛起国家对美国主

---

① 师小芹：《论海权与中美关系》，北京：军事科学出版社2012年版，第275页。

② Geoffrey Till, *New Direction in Maritime Strategy? Implications for the U. S. Navy*, Naval War College Review, 2007.

③ 〔美〕小约翰·莱曼：《制海权：建设600艘舰艇的海军》，海军军事学术所译，北京：军事科学出版社1991年版，第152页。

导的海洋权力结构的不满。鉴于美国主导的联盟在全球或地区安全事务中处于主导地位，在全球利益分配中也是既得利益者，崛起国家随着经济和政治影响力的提升，也会要求具备与其自身实力相匹配的国际地位，这必然会与既有联盟产生矛盾。

第二，遭受联盟内国家的“绑架”，被迫卷入冲突。美国在联盟中处于主导地位，会通过签订安保条约等形式为附属国家提供必要的安全保障，但这种保护国与被保护国的关系有可能被一些国家利用，进而实施机会主义和冒险政策，当矛盾升级最终导致冲突后，美国很可能被盟友“绑架”，被迫卷入地区战争。

第三，中小国家日益提升的海权意识。随着海洋在资源和安全方面地位的提升，世界各国纷纷发展海上力量，要求维护或扩展海洋权益，美国难以在世界各海域都维持海上力量的优势地位。

第四，国际海洋法对海上强权的冲击。三次联合国海洋法会议的召开，特别是 1982 年《联合国海洋法公约》（以下简称《公约》）的通过，使得各海洋国家对海洋的主权范围显著扩大，关于专属经济区的规定也维护了广大发展中国家的海洋权益，海上强权国家对海洋的控制范围大大缩小，打击了西方海上强权，随着各国对海洋法的普遍遵循，《公约》对海上强权的约束作用日益明显。

（三）美国利用海洋联盟的战略选择

优势 - 劣势 - 机会 - 威胁矩阵（SWOT 战略矩阵）是能够帮助决策者制定四种战略的重要匹配方法，这四种战略包括：优势 - 机会（SO）战略、劣势 - 机会（WO）战略、优势 - 威胁（ST）战略和劣势 - 威胁（WT）战略。[①] 其中，SO 是利用优势把握机会；ST 是利用优势回避威胁；WO 是利用机会克服劣势；WT 是将劣势降到最小并避免威胁。[②] 下面就对美国利用海洋联盟的这四种战略组合进行分析。

---

① Heinz Weihrich, *The TOWS Matrix: A Tool for Situational Analysis*, Long Range Planning, Vol. 15, No. 2, 1982, p. 61.

② 〔美〕弗雷德·R. 大卫：《战略管理（上）》，李东红、陈宝明等译，北京：清华大学出版社 2003 年版，第 196 页。

表1　SWOT战略矩阵

内部 外部	S 1. 体系稳定结构可有限调整（轮辐－网络）。 2. 为美国的“濒海战略”“前沿存在”，提供地缘战略依托。 3. 多种战略选择的自由：离岸平衡、均势、接触遏制、战略收缩。 4. 美国联盟主导海洋秩序，可以自由利用海洋且拥有解释权。	W 1. 体系僵硬，冷战思维显著，容易导致对抗。 2. 维持联盟的成本高昂，且严重依赖主导国的军事和财政力量。 3. 联盟内部矛盾难以消除。
O 1. 适应全球化趋势，推动海洋合作，维持海洋秩序，加强合法性，接近一般利益。 2. 利用崛起国造成的地区恐慌介入地区事务。 3. 为应对多元威胁，推动世界各国海上合作。	SO	WO
T 1. 崛起国对既有海洋秩序的不满。 2. 容易遭盟友的机会主义战略的“绑架”。 3. 中小国家海权意识提升对海洋秩序的冲击。 4. 国际海洋法对海洋秩序的积极影响。	ST	WT

1. SO战略：首先，美国及海洋联盟为维护西方主导的海洋秩序，面对海上多元威胁，在以海洋联盟为核心主导海洋秩序的同时，注重发展在和平时期进行海上合作的非盟友的伙伴国。其次，利用美国霸权地位和海洋联盟提供的支撑，在调整并升级联盟结构的基础上，利用崛起国造成的地区恐慌，采用“濒海战略”，加强海军的“前沿存在”，介入崛起国周边争端，向同崛起国存在矛盾的国家提供明确支持和安全承诺，共同遏制崛起国家，维持地区均势，在地区事务中担任“参与者”的角色。这种战略更加接近于“均势战略”：均势作为一种行动指南，可以指导采取理性行动的

政治领袖，准备组织联盟来对抗破坏平衡的力量。① 美国冷战之后的重要战略就是防止出现一个能主导欧亚大陆的大国，而实现这一战略的手段就是维持地区均势。

2. ST 战略：美国利用其霸权地位和盟友的支撑，适当调整联盟结构，为避免被盟友绑架导致同崛起国直接对抗，一方面在有节制地提供安全承诺的前提下，利用盟友防范崛起国，让盟友承担更多的地区责任。另一方面又对盟友进行约束，维持地区盟友针对崛起国的低烈度对抗，在地区事务中担任“仲裁者”的角色，防止出现一个大陆霸权国。这种战略更加接近于“离岸平衡战略”：离岸平衡手（off shore balancer）是霸权国为了维持世界海洋主导权在维持地区均势上的一种战略，离岸平衡手在维持均势时，往往依托区域大国，倾向于“推卸责任”——离岸平衡手遭遇到潜在的霸主时，他们倾向于将责任推给其他的大国，而不是亲自对抗这些威胁，大多数大国都会选择推卸责任而不是均势策略。②

综合 SO 和 ST 战略来看，无论美国采用哪种战略，都会依托现有联盟加强美国海军的“前沿存在”，其中 SO 战略下其海洋联盟的“前沿存在”倾向于围堵中国和对大陆安全环境的塑造，而 ST 战略下倾向于维持海洋秩序，应对濒海地区的威胁。

3. WO 战略和 WT 战略：在可预见的未来，美国虽然实力相对衰减，但其主导的海洋联盟依然优势（S）明显大于劣势（W），并且大部分的劣势都可以通过优势得到化解。首先，体系僵硬，冷战思维显著容易导致对抗的威胁，可以通过美国对海洋联盟内部结构的调整，从中获得更大的相对优势而化解；其次，同盟内部矛盾被美国依然强大的政治经济影响力所掩盖，矛盾的激化只能等待美国的继续衰落；此外，当前美国强大的军事和政治影响力足以维持联盟的正常运转，只有等待美国进一步衰落，劣势才会凸显。

总之，鉴于联盟的优势明显并且可以抵消大部分劣势，美国更多地会寻求 S 的搭配。SO 战略进攻性明显，更符合均势战略。ST 战略会更多地维

---

① James E. Dougherty, Robert L. Pfaltzgraff, Jr., *Contending Theories Of International Relations: A Comprehensive Survey*, 5th edition, Peking University press, p. 42.

② 〔美〕米尔斯海默：《大国政治的悲剧》，王义桅、唐小松译，上海：上海人民出版社 2008 年版，第 285 页。

持现状并推卸责任，符合离岸平衡战略。因此，美国最有可能采取的是 SO 和 ST 战略。

四 中国积极的海洋战略选择

通过上文对美国海洋联盟的 SWOT 分析可知，美国采取 SO 和 ST 战略可能性较大。无论美国采用何种战略，中国都需要保持并加强同美国的良性互动，并且注重对周边国家的经略，特别是陆上大国，防止海陆同时受敌，因为从历史上看，崛起国挑战海洋霸权均以失败告终，并且海洋霸权国只有通过寻求陆地盟友才能实现对陆地大国的遏制。SO 战略更接近于“均势政策”，在这一战略下，美国通过给予中国的敌对国家明确的安全承诺，并将它们纳入同盟，谋求削弱和围堵中国，中国周边安全环境会进一步恶化。由于中国的崛起的特殊性在于中国是在单极体系下的崛起，在单极体系下，相对于其他国家而言，主导大国享有巨大的实力优势。[①] 单极格局下，各种实力资源不成比例地集中到主导大国手中，这显著地提高了次等大国制衡主导大国的实力门槛。[②] 在这样的情况下，中国如果面对美国的遏制鲁莽地选择同美国对抗无异于是自掘坟墓，也正中越南等国的下怀，它们会主动加入美国的阵营中去遏制中国，中国将更加缺乏行动自由，又何谈主动出击和有所作为？因此，在美国选择 SO 战略时，中国要做的就是通过各种手段引导或迫使美国放弃参与围堵中国的“均势战略”，推动美国采取 ST 战略。美国采用 ST 战略类似于“离岸平衡战略”或“推卸责任”，在这种情况下美国给予同盟安全承诺有限，其盟友采取机会主义战略的风险提高，中国可作为的空间较大。具体来说：首先，中国要在维持中美关系稳定发展的前提下，避免过分刺激美国，导致其重返 SO 战略；其次，在美国采用 ST 战略的情况下，中国应在继续同美国广泛合作的前提下，积极应对周边国家的海洋争端并拓展海权。

---

① 吴心伯：《转型中的亚太秩序》，北京：时事出版社 2013 年版，第 71 页。

② William C. Wohlforth, *The Stability of a Unipolar World*, International Security, Vol. 24, No. 2, 1999, pp. 5 -41.

（一）美国选择SO战略，中国应谨慎扩展海权，积极融入美国主导的海洋秩序，推动美国由SO向ST战略过渡

美国在采取SO战略的情况下，一方面会积极用“均势战略”和“濒海战略”围堵中国，另一方面又会积极推动海上合作，中国可作为空间较小。面对美国积极的濒海战略，中国要谨慎通过强硬的方式拓展海权，避免刺激美国主导的海洋联盟，重点通过参与海上合作拓展海上影响力。融入美国主导的海洋秩序不等于要加入美国海洋联盟，而是要积极参加美国主导的海上合作，维护以航海自由为核心的海洋秩序。主要是指在面对充满敌意的海洋联盟时，要释放足够的善意，通过参与维护其主导的海洋秩序，减少美国对中国发展海权的疑惧，避免与美国及其海洋联盟直接对抗。具体是指，针对美国积极平衡中国的SO战略，中国需要在对周边海洋冲突保持战略型克制的同时，重点展开同美国的互动，通过各种方式确保中美关系平稳发展，为中国进一步参与塑造亚太海洋秩序构架提供良好的环境。除了巩固内政，加强中美相互依赖，表达中国和平崛起意愿，加强对周边国家和争端的经略，以及继续巩固国防之外，在海洋战略方面中国需要重点关注以下几点。

1. 寻求融入美国海洋联盟主导的海洋秩序，以同美国展开合作的方式拓展中国海上影响力。融入海洋秩序不等于完全接受秩序或参与联盟。首先，美国主导的以“海洋航行自由”为核心的海洋秩序是各国海洋利益的“最大公约数”。中国改革开放以后通过海上贸易取得的巨大发展说明中国也是这一海洋秩序的受益者，因此维持现有“海洋航行自由”和海洋秩序也符合中国的利益。其次，在SO战略下，为应对多元威胁，美国也有意愿发展在和平时期进行海上合作的伙伴。2007年美国海军战略文件《21世纪海上力量合作战略》的一大特征就是强调盟友和朋友之间的一体化合作，在濒海空间，盟友和友好国家可以为美国提供独特的补充，通过合作，美国既可以利用联盟或者友好国家弥补美国的劣势，还可以借此要盟国分担代价。[①]“如果美国能够认识单边行动难以保护美国利益，美国未来20至30年间的海上战略应着眼于建立海上合作，在和平时期进行海上合作的伙伴，

① 师小芹：《论海权与中美关系》，北京：军事科学出版社2012年版，第279～280页。

并不必须在战时是美国的盟友。”[①] 可见，发展非盟友的海上合作伙伴也有利于美国维持海洋秩序。这就为中国融入美国主导的海洋秩序，参与海上合作提供了机会。

2. 中国海军应适应海洋合作的趋势，兼顾并逐渐由现代海军向后现代海军过渡。中国在建设海洋强国的过程中应注重让海军顺应海上合作的趋势，杰弗里·蒂尔根据一国经济发展和海洋化的程度，将各国海军分为三种类型：前现代海军、现代海军和后现代海军，后现代与现代的区别是：后现代本质上是一个以体系为中心思考战略的方法，与我们较熟悉的常规的、传统的、现代的以国家为中心的方法大相径庭。[②] 以国家为中心的现代海军强调独立行动，要求对海洋进行排他的独立控制，并且怀疑海上合作；但是以体系为中心的后现代海军强调集体行动和以合作求安全，对海洋控制方面强调包容和非军事的管理监督，它们建成的海军往往是“贡献型海军”，即：这些国家认可资源的有限性限制了国家单独解决自身安全问题的能力，相信需要采取集体的海上努力，并了解实施这种战略是会失去作战和政治独立性。[③] 这种贡献型海军存在于一些北欧国家，虽然亚太地区仍然以现代海军国家为主，但后现代以体系为中心，强调合作安全、集体安全仍然是历史发展的趋势。这就要求中国在解决岛礁争端时应该立足现实主义和国家利益，但作为一个区域大国，也应该有理想和自由主义情怀，倡导集体安全与合作安全，积极参与并引导周边国家走向海上合作。随着全球化的发展，各国相互依赖加深，“复合相互依赖普遍存在时，一国政府不在本地区内或在某问题上对他国政府动用武力”[④]，海军的一部分作用逐渐转向海军外交等一些非军事职能。

由于世界各国特别是亚太国家比较依赖南海海域的航行安全，中国应以南海为突破口，树立中国维护海上航行自由的形象。首先，中国在处理

---

① Timothy D. Hoyt, *The United States and Maritime Strategy: A Parochial View from the U. S. Naval War College*, Orbis, 2007, pp. 577 - 584.

② 〔英〕杰弗里·蒂尔：《21世纪海权指南》，师小芹译，上海：上海人民出版社2013年版，第3页。

③ 〔英〕杰弗里·蒂尔：《21世纪海权指南》，师小芹译，上海：上海人民出版社2013年版，第14页。

④ 〔美〕罗伯特·基欧汉、约瑟夫·奈：《权力与相互依赖》，门洪华译，北京：北京大学出版社2012年版，第24页。

海洋争端，特别是像南海这类涉及重要世界航道的海域争端时，谨慎运用海上封锁、排他性控制和军事手段，对海域的管辖尽量不要危害航行自由原则。其次，在南海提供更多海洋公共产品，同时也引导东南亚国家在南海的合作，积极参与海上合作，对海域的管辖要少一些排他性和控制，多一些包容性和管理。

（二）美国选择 ST 战略，中国在积极拓展海权的同时，要寻求与美国海洋联盟的共存

在选择 ST 战略的条件下，美国一方面会利用盟友遏制中国，在有限支持盟友的同时采用“离岸平衡”和“濒海战略”战略，平衡中国崛起。另一方面，为了避免同崛起大国的对抗，对中国采用既接触又遏制的战略。中国可作为空间较大，在继续同美国海洋联盟展开海上合作并且相对尊重美国势力范围的同时，恰当运用海上力量拓展中国海权。谋求与美国海洋联盟的共存不等于完全接受现有海洋秩序和权力分配，而是在谋求与美国海洋联盟和平共处的前提下，利用海上力量拓展中国海权，通过参与或建立与美国海洋联盟重叠但非排他的海上合作制度，逐步弱化海洋联盟对海洋秩序和海上权力结构的主导作用，用渐进的方式修正现有海洋秩序。除了运用经济和地缘优势逐渐加强同周边国家的合作，利用美国同盟内部矛盾，降低联盟对中国的威胁之外，中国在建设海洋强国，谋求与美国海洋联盟共存的过程中应侧重以下战略。

1. 恰当运用海上力量拓展海权。在美国选择 ST 战略的情况下，美国海洋联盟的“濒海战略”和“前沿存在”主要是为了应对濒海地区对海洋秩序的威胁，中国可以通对海上力量的运用获取在近海地区的制海权，并有节制地向大洋拓展海权。

第一，积极应对美国的“濒海战略”，利用海上力量维持中国在东海、南海海域的主导权。美国拥有在大洋地区的绝对控制，但濒海地区是海权的争夺区，妨碍了美国通过海洋向陆地施加压力或投送兵力进而影响大陆事务，因此进入 21 世纪以来，美国提出了“濒海战略”，企图加强对濒海地区的控制，通过前沿存在加强对陆地事务的影响。有学者认为，中国控制第一岛链内的东亚濒海地区，将是对美国在西太平洋的优势和美国在东亚的战略防御圈的重大挑战，东亚地区的势力均衡将被打乱，因而美国不

能接受中国在东亚濒海地区的制海权。[①] 美国的濒海地区显然包括中国的东海和南海，但东海和南海对中国的生存和发展至关重要，中国必然要积极应对，维持在中国近海的制海权。东部沿海是中国改革开放以来取得经济成就的集中地带，可以说东部地区是中国经济的核心，也是拉动中国跻身世界强国的引擎。此外，台湾也处于中国近海，我国统一进程与海权的实现进程是一致的，台湾是中国进图太平洋的前沿基地，是拱卫中国东部地区经济黄金地带的前锋。[②] 南海不仅仅是我国传统的历史性水域，而且事关我国主权和发展利益，这体现在两个方面：一方面，南海是我国进入印度洋的必经海域，维持对南海海洋政治的主导权，也就维护了我国海上通道的安全，增强了中国的影响力。另一方面，我国近年来面临的主要问题都集中于近海地区，这些地区也是最容易遭到敌国入侵的地理边缘地带，中国迫切需要维持在近海海域的制海权，将海洋作为维持我国经济核心地带的缓冲区：在和平时期，中国可以利用东海和南海丰富的海洋资源为东部经济发展提供支持；在战争时期，中国可以利用东海和南海进行预警和防御。中国应该在东海、南海等关乎中国安全、发展的海域，维持海上优势，并且具备战时运用制海权展开封锁和兵力投送的能力。

第二，利用一支“存在舰队”，在印度洋扩展海上影响力，谨慎并克制地在西太平洋扩展海权。美国采用ST战略的话，中国在同美国海洋联盟展开合作，在提高美国对中国发展海权的容忍度的基础上，适当增强对本国海上生命线和海外贸易的保护。印度洋是中国的海上生命线“马六甲—北印度洋—波斯湾”的重要环节。虽然中国无意谋求在印度洋的制海权，但也不能让我国的海上生命线完全处于别国的控制之下，“绝不能认为如果我们没获得制海权就意味着彻底失去了它”。由于海洋不同于陆地的特征——无法实现舰队长时间的绝对控制。因此，“处于争端状态的制海权才是战争的常态”，科贝特提出了一种阻止敌人掌握制海权的方法：通过防御性的舰队作战，通过“存在舰队”战略，保持舰艇处于积极的存在状态。[③] 虽然科

① James R. Holmes and Toshi Yoshihara, *Chinese Naval Strategy in the 21st Century: the Turn to Mahan*, New York, NY: Routledge, 2008, p. 122.

② 张文木：《论中国海权》，北京：海军出版社2010年版，第9页。

③ 〔英〕朱利安·S. 科贝特：《海上战略的若干原则》，仇昊译，上海：上海人民出版社2012年版，第160～163页。

贝特的这一方法是为应对海战而提出的，但这并不妨碍我们在和平时期利用“存在舰队”，加强中国海权在我国海上生命线上的影响。如果说印度洋对中国发展影响重大，那么西太平洋海域对中国主权安全至关重要，从历史上看西太平洋海域是外国干涉中国主权的主要通道，此外我国台湾问题仍然没有解决，中国应该以东海为基础，向西太平洋扩展影响力，但西太平洋一直以来是美国海洋联盟的重要势力范围，对美国安全相对重要，中国在向西太平洋扩展海权的过程中要保持战略克制，避免过分刺激美国。在美国巨大政治军事影响力下，寻求解构美国主导的海洋联盟的结果只能是被孤立和遏制，理性的选择不是寻求解构而是弱化其联盟的影响。

2. 在寻求融入美国主导的海洋秩序的前提下，通过建立、参与和培育多边海上合作机制，弱化美国海洋联盟主导权，使得现有海洋秩序更加符合中国的利益诉求。首先，参与美国海洋联盟的海上合作，在美国海洋联盟内部同相关国家展开互动，积累信任和共识，弱化联盟内国家对中国海权的疑惧。在美国采用 ST 战略的情况下，中国有更多的机会参与美国主导的多边海上安全合作，逐渐融入美国主导的海洋安全构架中，通过合作减少美国海洋联盟对中国发展海权的敏感性。其次，中国应积极参与并塑造由东盟主导的多边海洋合作机制，平衡美国海洋联盟的影响力。第一，东盟具有重要的地缘位置，是连接印度洋和太平洋、亚洲与大洋洲的十字路口，再加上马六甲海峡对中国海上生命线的重要性，中国只有主动参与东盟主导的多边海洋合作，才能更好地参与维护我国航道安全和地区海洋秩序。第二，中国南海争端中的国家都是东盟成员，有一些也是美国的盟友，越南、菲律宾等国试图将东盟在南海问题上结成一个整体同中国谈判，这必然会增加南海问题的复杂性。但是，中国若游离于东盟海洋合作之外，议程必然会被美国及其盟友或越南等国操纵，使得解决南海问题更加困难。基于这些因素，中国必须积极参与东盟海洋合作机制来平衡其不利影响，使得东盟内海洋机制的议程设置、最终决议更符合中国的利益。再次，中国应该推动建立功能性的海洋合作制度，引导周边国家开展海洋合作。美国在维持全球主导权的过程中，常常把制度作为一种战略工具来使用，对美国而言，制度常常不是为了推动地区合作，而是为了实现权力竞争和制衡。因此，通过建立一些具有重叠功能的制度，美国不但能够介入地区事务，还能弱化原有合作机制，导致制度间的竞争。中国应建立以解决现实、具体问题为目的的周边合作机制，减少美国建立重叠合作机制的机会。同域外国家相比，中国在推动周边海洋合作方面有着优越的地缘优势，在渔业、海洋资源开发、海洋环境保护方面同周边国家有着许多共同利益，对这些共同利益进行挖掘和培育，推动双边或多边的海洋合作机制的形成，为未来解决海洋争端和完善海洋秩序积累资本。具体来说有两种策略：第一，面临海上岛礁争端，中国可以推动建立双边海上危机管控机制。这种双边机制不仅符合通过双边谈判解决岛礁争端的主张，更有利于防止冲突升级，为解决岛礁争端提供和平的前提。第二，推动建立在非传统安全方面的双边或多边海上合作机制。这种基于现实问题而产生的海洋合作机制，不但能够排除域外国家介入，还为利用其“溢出效应”推动周边国家之间在传统安全方面的合作提供了基础。最后，中国还可以通过发展和“准盟友”的海上安全合作，应对并引导美国海洋联盟的行为，面对美国及其海洋联盟针对中国的海上行动，比如海上军事演习，中国可以通过进行中俄海军演习加以反制，让美国及其海洋联盟了解到中国具有结成海洋联盟的选择，从而产生对美国海洋联盟行为的引导作用。

Initiative Choice of China′s Ocean Strategy: Integration and Coexistence

—Based on the SWOT Analysis of Strategic Choice for America's Marine Alliance

Cao Wenzhen　Li Wenbin

Abstract: After the world war ii, in order to maintain global hegemony, the United States build up a marine alliance. Facing the marine alliance led by U. S, China have to make prediction of the using of the ocean alliance by America in order to make the positive ocean strategy. This paper use SWOT model to analyze the strategic choice for America's Marine alliance, then make the conclusion : US will use SO and ST strategy. In this case, the most important thing is to avoid U. S taking the SO strategy, namely: on the premise of maintaining the healthy development of Sino-U. S relations, China should take an active participation in maritime cooperation to mantain Marine order and promote China's navy have more "post-modern navy" qualities; Second, under the strategy of ST, China should use the marine strength to extend sea power, and through building up marine cooperation mechanism to weaken the influence of marine alliance, then we can seek the co-existence with the marine alliance led by U. S.

Key words: ocean strategy, marine alliance, SWOT, integration, coexistence

论海洋硬实力的“柔性”运用对提升海洋软实力的意义

——兼论海洋硬实力与海洋软实力的辩证关系[*]

王　琪　崔　野[**]

摘要：海洋硬实力与海洋软实力是构成国家海洋实力不可分割的两个方面，两者相互区别、相互联系、相互作用。海洋硬实力是海洋软实力的基础和支撑，因此要想提升一国的海洋软实力，需要重视海洋硬实力的决定作用，“柔性”运用海洋经济实力、海洋科技水平、海洋军事力量等各种硬实力资源。在建设海洋强国的实践中，我们应坚持“软硬兼顾，海陆统筹，柔性运用，促进转化”的思路，持续发展并“柔性”运用海洋硬实力，促进海洋软实力资源要素转化为实际的影响力。只有这样，才能在根本上提升我国的海洋综合实力。

关键词：海洋硬实力　海洋软实力　“柔性”运用

1990 年，美国哈佛大学教授约瑟夫·奈提出“软实力”（soft power）理论，通过分析文化、价值观等软力量在国际竞争中的重要作用，力图构建理解国际竞争和分析国家综合实力的新的理论框架，从而超越了传统的以军事和经济等硬实力为主的国家综合实力分析范式。① 此后，软实力理论风靡国际政治话语体系，在诸多领域得到广泛应用，并对一些国家的内政

* 本文系国家社科基金重大项目“中国海洋文化理论体系研究”（12&ZD113）、中国海洋发展研究中心重点项目“海洋强国建设中如何加强海洋软实力研究”（AOCZD201306）的阶段性成果。

** 作者简介：王琪（1964～　），女，山东高密人，中国海洋大学法政学院教授，博士，研究方向为海洋行政管理、海洋软实力；崔野（1991～　），男，黑龙江鹤岗人，中国海洋大学法政学院行政管理专业硕士研究生，研究方向为海洋行政管理。

① 黄金辉、丁忠毅：《中国国家软实力研究述评》，《社会科学》2010 年第 51 期。

外交产生了实质性的影响。在《软实力》一书中，奈认为软实力是“一种通过吸引而非强迫获得预期目标的能力”[①]，其来源主要包括文化、政治价值观和外交政策三个方面[②]。在我国，学界和政界也逐渐兴起了研究软实力的一般理论和具体方面的热潮，并影响了党和政府的决策，例如党的十八大明确提出要“推动社会主义文化大发展大繁荣，提高国家文化软实力”，这就体现了软实力在国家建设中的重要作用。

具体到海洋领域，在党的十八大提出“海洋强国”战略和我国海洋维权斗争形势日益复杂的背景下，海洋软实力作为国家软实力的一个重要组成部分，正在发挥着越来越重要的作用。正如学者罗自刚所说，政府海洋行为致力谋求海洋硬实力和海洋软实力的协同增长而又以海洋软实力的建设为新的战略着力点[③]。然而，学术界在对海洋软实力进行研究和讨论时，往往“就软论软”，倾向于直接从构成海洋软实力的各个要素入手来提升一国的海洋软实力，强调海洋软实力与海洋硬实力之间的差异和各自的特性，而忽视了两者之间的内在统一和相互转化。本文在分析海洋硬实力与海洋软实力辩证关系的基础上，以海洋硬实力的主要资源要素：海洋经济实力、海洋科技水平和海洋军事力量为切入点，讨论海洋硬实力的“柔性”运用方式对于提升一国海洋软实力的重要促进作用。

一　海洋硬实力与海洋软实力的辩证关系

海洋硬实力是指一国在国际海洋事务中通过军事打击、武力威慑、经济制裁等强制性的方式，逼迫他国服从、认可其行为目标，以实现和维护其海洋权益的一种能力和影响力。海洋硬实力主要来源于雄厚的海洋经济实力、先进的海洋科技水平、强大的海洋军事力量等。与海洋硬实力相对，海洋软实力是指一国在国际海洋事务中通过非强制的方式运用各种资源，争取他国的理解、认同、支持和合作，最终实现和维护国家海洋权益的一种能力和影响力[④]。也就是说，海洋软实力通常是一种无形的吸引力，能够

---

① 〔美〕约瑟夫·奈：《软实力》，马娟娟译，北京：中信出版社 2013 年版，第 8 页。

② 〔美〕约瑟夫·奈：《软实力》，马娟娟译，北京：中信出版社 2013 年版，第 15 ~ 16 页。

③ 罗自刚：《海洋公共管理中的政府行为：一种国际化视野》，《中国软科学》2012 年第 7 期。

④ 王琪、季晨雪：《提升我国海洋软实力的战略意义》，《山东社会科学》2012 年第 6 期。

通过海洋意识和相关制度潜移默化地吸引、影响和同化他人，使之相信或认同某些准则、价值观念和制度安排，以达到吸引别人去做海洋软实力拥有者想要做的事情[①]。海洋软实力的来源主要包括海洋文化、海洋意识、海洋价值观、海洋（外交）政策、海洋发展模式等方面。在厘清海洋硬实力与海洋软实力各自内涵的基础之上，笔者认为，二者的辩证关系主要体现在以下几个方面。

（一）相互区别

第一，二者的性质不同。海洋硬实力是国家海洋实力中有形的物质要素，一般可以量化和测量，如海洋经济的总量、海洋科技创新能力、海军武器装备水平等，均可以通过量化来把握其影响力；而海洋软实力是无形的、能够影响他国意愿的精神力量和制度因素，很难做到精确量化和测量。权力性质和来源的差异，决定了二者之间的相对独立性，也导致二者发挥作用方式的不同。

第二，二者的作用方式不同。海洋硬实力通过军事打击、武力威慑、经济制裁等强制性的方式直接作用于他国，作用方式明显，具有直接性、见效快的特点；而海洋软实力通过交往、对话、协商、文化传播、价值观念渗透等非强制性的方式潜移默化地影响他国，具有柔和性、潜在性、长期性的特征。作用方式的柔和与否，是区分海洋硬实力与海洋软实力的重要标准之一。

第三，二者的谋得方式不同。海洋硬实力的提升离不开对有形资源的耗费，虽然在经济全球化的条件下这些资源的配置具有国际性，但绝大部分可在国家内部获取，是一种内源性获得方式；而海洋软实力作为一种无形资产，具有扩散性和共享性的特征。在信息化时代，一国增强自身海洋软实力要靠各种媒介传播自己，辐射力越大，发挥的功效就越显著，其海洋软实力也就越大。因此，海洋软实力具有明显的外源性特征[②]。

第四，二者的作用效果不同。海洋硬实力建立在事实的基础之上，目标指向弱势方的有形资源或技术、市场等，作用效果不持久；而海洋软实

---

① 王琪、刘建山：《海洋软实力：概念界定与阐释》，《济南大学学报》（社会科学版）2013年第2期。

② 武铁传：《论软实力与硬实力的辩证关系及意义》，《理论导刊》2009年第5期。

力则建立在文化、制度及价值观的基础之上，追求“不战而屈人之兵”，目标直指人心，作用效果持久。但需要指出的是，在面对紧迫威胁或突发状况时，海洋硬实力往往比海洋软实力的作用效果明显。

（二）相互联系

海洋硬实力和海洋软实力构成了国家海洋实力中不可分割、不可或缺的两个方面，每一方都要通过对方来说明自己，失去对方就等于失去自身。海洋硬实力与海洋软实力之间并非存在着明显的界限，只不过是在具体时空环境中彰显的程度不同而已。

海洋硬实力是海洋软实力的基础，海洋软实力往往需要以海洋硬实力为存在载体。海洋软实力的提升离不开强大的海洋硬实力，没有一定的海洋硬实力作为支撑，则无论是海洋文化的对外传播、国民海洋意识的形成，还是国家海洋模式的吸引力，都成了无本之木、无源之水。同样，海洋软实力在很大程度上能够为硬实力的发展提供一个良好的环境，进而有助于硬实力的发挥及提升。海洋软实力既可以与海洋硬实力因素中的所有方面结合起来整体运用，也可以与海洋硬实力因素中的某些或某个方面结合起来分别运用。此外，海洋硬实力与海洋软实力相互制约，任何一方的使用不当都会影响到另一方的作用效果。

需要指出的是，海洋硬实力与海洋软实力的发展并不一定都是同步的，也就是说，海洋硬实力与海洋软实力都具有一定的相对独立性。有些国家，如新西兰、西班牙、希腊、荷兰等国，他们的海洋军事力量或海洋经济实力并不是十分强大，但由于其或具有悠久的海洋历史与文化，或具有先进的海洋治理模式与理念，或奉行广受欢迎的海洋外交政策，因此他们的海洋软实力远强于各自的海洋硬实力。正如约瑟夫·奈所说，“一些国家的政治影响大于它们的军事实力和经济实力，这主要是因为它们在考虑国家利益时涵盖了一些具有吸引力的目标，诸如经济援助和维和等”①。而有些国家，比如日本，虽拥有较强的海洋经济、海洋科技和海洋军事实力，但由于日本拒绝承认侵略历史、与邻国海洋领土争端不断、奉行扩张性的海洋

---

① 〔美〕约瑟夫·奈：《软力量——世界政坛成功之道》，吴晓辉译，北京：东方出版社 2005 年版，第 24 页。

外交政策、威胁地区安全与稳定，其海洋软实力就会大打折扣，有损于该国在国际社会上的形象和受欢迎度。

（三）相互作用

海洋硬实力与海洋软实力的相互作用包括正向作用与负向作用两个方面。二者的良性协同力即为正向作用，即海洋硬实力与海洋软实力通过非线性的相互作用产生协同发展、相互促进的现象，表现为积极有序的状态①。这种关系的关键在于发挥二者的正向效应，即海洋硬实力对海洋软实力的促进作用与海洋软实力对海洋硬实力的补充作用，这是提升一国海洋综合实力的重要途径。

海洋硬实力的正向效应首先体现在其可以为海洋软实力提供“硬背景”，是海洋软实力的保障。海洋硬实力在谋求国家利益，维护国家海洋权益，解决领海、岛屿争端方面扮演者重要角色，发挥着决定性的作用。强大的海洋军事力量、雄厚的海洋经济实力和先进的海洋科技水平能够在国家内部形成巨大的凝聚力，在国际社会形成强大的影响力，为海洋软实力的建设提供强有力的支撑。其次，海洋硬实力的合理利用可以直接转化为海洋软实力，海洋硬实力的投资会带来更多的海洋软实力回报。海洋经济、海洋军事、海洋科技具有优势的国家相对于弱势国家具有很强的吸引力，容易形成一种效仿行为，这便形成了强国的海洋软实力资源，使强国的战略目标更容易实现。最后，海洋硬实力的正向效应也体现在国际机制的塑造和政治议题的设置上。海洋强国可以凭借其海洋硬实力的优势，将本国的战略意图、行为意志、国家利益上升到国际机制的建设层面，并取得其他国家的认同，使其海洋硬实力在国际社会中的运用具有合法性，其行动可以更加自如。

海洋软实力的正向效应首先在于其可以为海洋硬实力提供合法性解释，开拓海洋硬实力的战略空间，赢得国际社会的认可和支持。海洋硬实力是一种对抗性实力，使用不当往往会产生较大的负面作用。海洋软实力是海洋硬实力的无形延伸，它的提升可以创造一种有利于海洋硬实力运用的环境，减轻海洋硬实力不当运用所产生的负面效应。其次，海洋软实力能够

① 胡南：《硬实力与软实力的正反向关系研究》，《长春教育学院学报》2010年第1期。

在技术上推动海洋硬实力的发展。海洋软实力包括文化、知识、信息等资源，这些资源能够促进海洋军事、海洋经济和海洋科技实力的提升。在信息革命时代，知识、信息等成为决定海洋硬实力强弱的重要因素，发达国家经济的发展和军事革命的进步，几乎都是以知识、信息的进步和广泛应用为特征的。最后，海洋软实力可以在一定程度上弥补海洋硬实力的不足。一些沿海国家如加拿大、澳大利亚、新西兰、荷兰、斯堪的纳维亚国家等，它们在海洋政治、海洋治理和海洋环境保护上的影响力远远大于其经济实力和军事实力，这些国家通过塑造领导能力、文化的吸引力、价值观念的感召力等弥补了海洋硬实力的不足。

当然，海洋硬实力与海洋软实力之间的相互作用并不总是正向的，一国若过度使用硬实力以达成既定目的，有可能造成对软实力的损伤①。由于海洋硬实力是一种强制性实力，其运用过程中往往暴露出赤裸裸的特性，这对树立正面的国家形象和国家公信力是有害的。与此相对，海洋软实力在国际社会中的运用不当，会导致其在发挥作用时过于“软”，对国家明确的战略目的难以起到支撑作用，甚至会造成其他国家对该国全方位的排斥。此外，由于海洋软实力具有非垄断性的特征，不仅政府掌握一些海洋软实力资源，社会及民众手中也有相当部分，这就使得海洋软实力的使用有时会与海洋硬实力的目标背道而驰。

综上所述，海洋硬实力与海洋软实力的关系不是“一个硬币的两面”，而是“毛与皮”的关系，“皮之不存，毛将焉附?”从这个意义上讲，不要过分夸大软实力的作用②。因此，若想提升我国的海洋软实力，不仅要直接从构成海洋软实力的各个资源要素着眼，更要发展与“柔性”运用海洋硬实力，进而增强我国的海洋综合实力，建设海洋强国。

二　海洋硬实力的“柔性”运用对提升海洋软实力的意义

如前所述，海洋硬实力是海洋软实力的基础和支撑，“建设强大的海洋

① 王印红、王琪:《浅析海洋软实力研究中的几个基本问题》,《东方行政论坛》(第一辑)2011年卷。

② 王印红、王琪:《浅析海洋软实力研究中的几个基本问题》,《东方行政论坛》(第一辑)2011年卷。

硬实力，这是一个在官方乃至民间双重层面获得高认同率和支持率的战略问题"①。正因如此，一国提升其海洋软实力的途径不仅包括直接从海洋软实力的各个组成部分着眼，更包括对构成海洋硬实力的各个资源要素的"柔性"运用。而所谓的"柔性"运用，主要是指一国既不凭借其强大的军事力量武力威慑他国，也不以其雄厚的经济实力制裁他国，更不会直接将自己的意志强加给他国，而是以一种温和的、长期的、非功利性的、非扩张性的方式来运用各种海洋硬实力资源，进而实现他国对本国的认同、理解、支持和追随，达到提升其海洋软实力的目的。下面，本文以海洋经济实力、海洋科技水平、海洋军事力量这三个海洋硬实力的基本构成要素为切入点，论述海洋硬实力的"柔性"运用对提升海洋软实力的重要意义。

（一）海洋经济实力

现代海洋经济是指为开发海洋资源和依赖海洋空间而进行的生产活动，以及直接或间接为开发海洋资源及空间而进行的相关服务性产业活动，这样一些产业活动形成的经济集合即被视为现代海洋经济的范畴。海洋经济主要包括海洋渔业、海洋交通运输业、海盐业、海洋船舶工业、海洋油气业、滨海旅游业等产业。在形成海洋软实力的各个要素中，无论是海洋文化的对外传播，还是海洋政治议题的创设，或是海洋外交政策发挥功效，都需要以强大的经济，特别是海洋经济作为支撑。然而，如果某个国家不当地运用自身的海洋经济实力，则很容易产生"海洋经济霸权"，引起他国的反感，严重损害该国的海洋软实力。海洋经济实力的"柔性"运用主要体现在以下几个方面。

首先，海洋经济的"柔性"运用体现在促进海洋文化发展这个层面。海洋文化作为海洋软实力最重要的资源要素之一，必然会受到经济基础的制约。按照学者的一般理解，海洋文化既包括海洋意识、海洋宗教观念、海洋艺术、海洋知识、海洋法律制度等"软件"部分，也包括海洋设施、海洋组织、海洋产品等"硬件"部分②。发达的海洋经济，不仅可以在表层上直接促进海洋设施的提供、海洋组织的成长和海洋产品的丰富，更可以

---

① 罗自刚：《海洋公共管理中的政府行为：一种国际化视野》，《中国软科学》2012 年第 7 期。

② 许维安：《论海洋文化及其与海洋经济的关系》，《湛江海洋大学学报》2002 年第 5 期。

潜在地为海洋意识的树立、海洋艺术的发展、海洋制度的完善提供物质基础和精神动力，进而由表及里地推动海洋文化的发展，提升一国的海洋软实力。此外，在构成海洋经济的各个产业中，海洋文化产业属于海洋经济与海洋文化的交叉部分，既有典型的经济特性，又有突出的文化特性，是体现海洋文化价值和经济功能最好的传载形式①。因此，发达的海洋经济可以在深层次中为海洋文化产业的发展奠定坚实的基础，实现海洋文化的大发展、大繁荣。

其次，经济援助、共同开发海洋资源等方式是海洋经济“柔性”运用的重要体现。当某个国家具有强大的海洋经济实力时，它既可以通过经济制裁或诱导的方式强迫他国遵循自己的意志，也可以通过经济援助、共同开发海洋资源、扩大海洋贸易等方式潜在地影响对方的行为取向，毫无疑问，后者的代价更小，作用效果更持久，更有利于海洋软实力的提升。一国具有强大的海洋经济实力，势必会对他国产生强烈的吸引力，在此基础上，如果该国可以将自身具有的经济优势转化为他国能够切身感受到的利益，则这种吸引力将会内化为认可、依赖和追随，从而在无形中提升该国的海洋软实力。

此外，海洋经济的“柔性”运用还体现在向他国输出先进的海洋发展模式和海洋经济政策、海洋人才及劳动力的跨国移动、涉海企业的国际贸易、培育涉海社会组织的成长、支持民间交流等方面，而这些都是提升一国海洋软实力的重要途径。

（二）海洋科技水平

在信息化时代，科技水平对一个国家发展快慢和强弱的影响越来越大，已成为决定一国综合国力的重要因素。在海洋领域，海洋科技水平不仅是海洋硬实力的重要组成部分，其合理恰当的运用，也会对提升海洋软实力产生巨大的促进作用。由于“科技”是一个范畴极广的概念，既包括人才、器物、技术等有形的表层层面，也包括科技制度、科技战略、创新能力、研发环境等无形的深层层面，无法一概而论，因此，本文从表层与深层两

① 刘堃：《海洋经济与海洋文化关系探讨——兼论我国海洋文化产业发展》，《中国海洋大学学报》（社会科学版）2011 年第 6 期。

个层面出发，分析海洋科技的“柔性”运用对海洋软实力的作用。

在表层层面，海洋科技的“柔性”运用方式主要体现为海洋技术与信息的国际交流与共享。当今世界，各国面临的发展障碍和技术困境存在一定的相似性，当某个国家在某一方面取得科技突破时，如果能够突破国别的界限，在不危害国家安全和国家利益的前提下，与他国共享先进的科技成果，则不仅有利于双方的共赢，更有利于增强本国的吸引力、感染力和亲和力。以海洋灾害预警为例，由于技术所限，很多沿海国家或岛国无力在台风、海啸、火山等自然灾害发生前做出准确的预报，常常造成巨大的人员和财产损失，而如果某一海洋科技强国能够预测出即将发生的灾害，并将这一信息及时反馈给可能受到灾害影响的国家，则不仅可以在最大限度上减轻灾害造成的损失，更能够得到受助国及其国民由衷的感激、认可和追随，提升该国的声望。

在深层层面，海洋科技的“柔性”运用方式主要体现为海洋科技战略、政策、体制等深层因素的对外传播。这些深层的因素一旦形成，便具有一定的稳定性和导向功能，体现着相应的主体价值观念和理性诉求。因此，这些深层因素一旦被他国接受，则他国不仅会长时间地去学习、借鉴、模仿，而且会逐渐改造自身以使其适应现实的发展。以美国为例，美国政府近年来积极利用海洋科研机构、跨国公司、海洋组织等机构以及学术论坛、科技交流等形式，向印度尼西亚、越南、加勒比海国家以及各岛国等推广自己的海洋科技发展道路、研发环境、扶植政策、科技产品等，对这些国家的科技进步产生了一定的影响，并在一定程度上促进了美国在这些国家内海洋软实力的提升。

需要特别指出的是，在海洋环境污染日益严峻的现实背景下，海洋科技可以为海洋环境的保护与治理提供技术支持，这也是海洋科技“柔性”运用的重要方式。海洋具有流动性、边界模糊性等特性，由此决定了治理海洋环境需要各国的综合行动，单方面的治理无法取得长久的成效。海洋科技的进步及共同使用，可以有效改善海洋环境质量，实现海洋的可持续发展，造福全体人类，这也是提升一国海洋软实力的重要手段。

（三）海洋军事力量

本文所指称的海洋军事力量既包括完全性质上的海洋军事力量，即一国正规军中的海军与空军，也包括准军事性质的、具有一定的武器使用权的海洋执法队伍，如美国海岸警卫队等准军事力量。海洋军事力量不仅可以在战时抵御他国打击，维护国家海洋权益，也可以在平时促进国家间的交流与合作，维护地区的安全与稳定。海洋军事力量的“柔性”运用也被称为海洋军事力量的非战争军事行动，适时适度地采取这些行动，不仅有利于树立一个友好、温和的形象，也有利于提升该国的海洋软实力，并以最小的代价达到事半功倍的效果。海洋军事力量的非战争军事行动主要包括以下几个方面。

第一，打击海盗和恐怖主义，维护航道安全。随着全球经济一体化趋势的不断扩展，海洋贸易、海洋资源开发及运输成为越来越多国家的重要生命线，由此也衍生出了海盗、海上恐怖主义、偷渡、贩卖人口等威胁国际安全的现象。而海洋军事力量，特别是海军，在打击海盗和恐怖主义、维护航道安全方面发挥着无可比拟的巨大作用。打击海盗和护航是海洋军事力量“柔性”运用的重要体现，这对于获得他国，特别是弱小国家的认同与依赖，对于树立良好的国际形象和声望，对于提升该国的海洋软实力，具有重要的意义。

第二，在自然灾害和事故中提供人道主义援助。由于人类涉海活动的程度不断加深，范围不断扩展，加之自然灾害的突发性，近年来海洋自然灾害和海洋事故呈高发态势，造成巨大的人员和财产损失。由于海洋所具有的特殊的自然地理特征，民间力量及陆上组织很难在海洋自然灾害和事故中发挥救援的作用，而海军凭借其先进的技术装备、丰富的救援经验和久经训练的士兵，可以在短时间内迅速组织起有效的救援行动，将损失降到最低程度。海洋军事力量参与人道主义救援，可以极大促进援助国与受助国之间的外交关系，加深受助国对于援助国的认同感和亲近度，进而有助于提升该国的海洋软实力。

第三，开展国际交流与合作。海洋经济中的中外关系呈现高度关联的态势，特别是海洋安全影响因素呈现多样性、复杂性和交错性的特点，这就决定了政府职能中应该包括加强海洋国（及一国之内不同地区）之间的交流与合作这一重要职能①。海军作为开展国际交流与合作的一种新的载

① 罗自刚：《海洋公共管理中的政府行为：一种国际化视野》，《中国软科学》2012 年第 7 期。

体，正发挥着日益重要的作用：海上联合军演能够威慑海上恐怖主义及其他敌对势力，维护地区和平稳定；海军之间的访问，可以减少双方不必要的敌意和误解，加深两国之间的相互理解和信任。近三十年来，中国海军不断驶出国门，开展形式多样的国际交流活动，树立了中国海军和平发展的良好形象，极大地促进了我国海洋软实力的提升。

近些年，我国的海洋军事力量逐渐重视对其自身力量的“柔性”运用，这对于提升我国的海洋软实力起着至关重要的作用。但我们也必须清楚地认识到，面对传统安全威胁和非传统安全威胁的相互交织，面对日益严峻的海洋维权形势，海洋军事力量的任务更加艰巨。非战争军事行动作为应对和消除安全威胁的重要手段，其影响力还有待进一步提升。

三 提升我国海洋软实力应坚持的原则

海洋硬实力与海洋软实力是相辅相成、相互制约的两种实力形态，海洋软实力的高低强弱不仅直接取决于其各种构成要素的水平，还会受到海洋硬实力等因素的影响。基于此，笔者认为，为从根本上增强我国的海洋实力，应秉承“软硬兼顾，海陆统筹，柔性运用，促进转化”的思路。具体来说，在实践中应坚持以下几条原则。

第一，大力发展海洋硬实力。海洋硬实力与海洋软实力是构成一国海洋综合实力的两个基本方面，而海洋硬实力在其中起着基础性和决定性的作用。如果一国的海洋硬实力不够强大，那么其“柔性”运用的效果将会是疲软的，海洋软实力的提升更是无从提起。从这个意义上来说，只有具备了强大的海洋硬实力，才能对他国产生吸引、仿效或威慑的作用，才能为其“柔性”运用提供基本的载体。因此，在建设海洋强国的实践中，必须持续发展生态高效的海洋经济、先进发达的海洋科技和能够满足国防需要的海洋军事力量，从根本上增强我国的海洋硬实力，并为海洋软实力的提升奠定坚实的物质基础和文化依托。

第二，“柔性”运用各种海洋硬实力资源。在具备了较强的海洋硬实力的基础之上，其作用方式就变得至关重要。就目前各国的实践来看，海洋硬实力的基本作用方式仍是强制性地发挥作用，“柔性”运用只是一种处于从属地位的作用方式。而如前文所述，以合理、适度的方式“柔性”运用一国海洋硬实力中的某些资源要素，可以在很大程度上提升该国的海洋软实力。目前，我国正在建设“21 世纪海上丝绸之路”，东南亚、南亚等的一些国家纷纷表示响应并参与到建设中来。我们应抓住这一有利的历史契机，加强与相关国家在海洋资源、渔业领域的合作与开发；通过产业转移、人才和劳动力的跨国流动以及适度的经济援助等方式促进欠发达国家的经济发展；积极向外输出我国先进的海洋科技，促进海洋科技的跨国交流和相互借鉴；共同维护地区内的海洋安全，为“21 世纪海上丝绸之路”的建设创造和平稳定的外部环境等。这些措施不仅有助于各国的共同发展，也在很大程度上促进了我国海洋软实力的提升。

第三，促进各种海洋软实力资源要素转化为实际的影响力。海洋文化、海洋价值观、海洋管理体制、国民海洋意识等只是构成海洋软实力的资源要素，而这些要素要想真正对他国产生吸引力和影响力，还需要转化为海洋软实力。海洋软实力转化——将海洋软实力资源转化为行为结果——是一个关键的中间变量，仅仅拥有海洋软实力资源并不能保证一个国家得到想要的结果①。就我国来说，我国拥有丰富的海洋软实力资源，如天人合一的海洋文化、和平发展的海洋价值观、人海和谐的海洋发展观、与负责任大国相匹配的海洋政策等，但这些资源并不会自动生成海洋软实力，要产生海洋软实力还要对上述资源进行转化。从国家主体的角度来看，可将这种转化分为主动性转化和非主动性转化两种：主动性转化是指针对特定的对象，主动运用一定的资源要素以实现某种既定目标，如为了对外传播我国的海洋文化，我国举办各种海洋文化节、海洋文化周等活动；非主动性转化是指主体没有针对某个特定对象运用自身的资源，但有关主体的相关信息会通过其他渠道从侧面被其他国家所了解，从而对他国产生吸引力，如我国的海洋政策通常并不针对某一特定国家，但在其实施过程中所产生的良好政策效果会引起他国的认可与效仿，实现由资源向结果的转化。

总之，在建设海洋强国的实践中，我们既要持续发展并“柔性”运用海洋硬实力，也要大力弘扬我国悠久的海洋文明、灿烂的海洋艺术、亲善的海洋政策等海洋软实力资源要素，并促进其转化为实际的吸引力和影响

① 王琪、毕亚林：《海洋资源及其转化：对海洋软实力的新解读》，载徐祥民主编《海洋法律、社会与管理》第 5 卷，北京：社会科学文献出版社 2014 年版，第 137 ~ 148 页。

力。只有这样，才能实现海洋硬实力与海洋软实力的共同发展，才能在根本上提升我国的海洋综合实力。

A Study on the Significance of the Flexible Using of Ocean Hard Power on Enhancing Ocean Soft Power

—Also on the Relationship between Ocean Hard Power and Ocean Soft Power

Wang Qi　Cui Ye

Abstract: The national ocean power is consist of the ocean hard power and the ocean soft power. Both of them are different from each other, while interrelated and interacted. Just because of the ocean hard power is the foundation of the ocean soft power, in order to enhance a nation's ocean soft power, we need to use the ocean hard power in a flexible way, such as ocean economic strength, ocean scientific strength, ocean military power, and other ocean hard power resources. In the universal practice of constructing the maritime power, we should adhere to developing the ocean hard power, using the ocean hard power in a flexible way, and promoting the elements of ocean soft power into the actual influence and attraction. Only in this way, can we enhance China's comprehensive power of ocean fundamentally.

Key words: ocean hard power, ocean soft power, flexible using

日本海洋强国发展之路及其启示*

宋宁而**

摘要：日本的海洋强国发展之路经历了“海洋渐强而国不强”的第一阶段、“海洋强以促国强”的第二阶段、“海洋强以复国强”的第三阶段和“海洋强以标榜国强”的第四阶段。日本海洋强国之路既符合世界大国从海洋发迹而成为强国的一般发展规律，也有着其国家与社会发展的固有特点。探析日本强国之路可知，以“海洋强”为手段致力于“强国建设”才是海洋强国的正确路径；海军是海洋开发活动的守卫者，海洋开发活动才是建设海洋强国的核心任务；日本历史已证明，不符合社会发展真实需求的海洋国家战略不会取得成功，但仍应警惕其可能对我国海洋强国建设事业及中日关系所造成的损害。

关键词：海洋强国　富国强兵　贸易立国　海洋国家论　海洋立国

自从党的十八大提出“海洋强国”这一国家战略目标以来，学界就展开了“如何实现海洋强国”的探讨。实现海洋强国要以史为鉴，也要以他国经验为鉴。追溯以往可知，世界大国的崛起几乎都始于海洋。这些大国既大致遵循“发迹于海洋，打开国际市场，赢得生存空间，并最终获得大国地位”的一般规律，又走出了各不相同的轨迹。把握各海洋强国的发展之路并加以借鉴，是我国建设海洋强国的必要前提。

* 本文系姜春洁主持的浙江省哲学社会科学重点研究基地课题“日本‘海洋国家论’的建构及其影响研究”（14ZDDYZS09YB）的阶段性成果。

** 宋宁而（1979～　），女，上海人，中国海洋大学法政学院社会学研究所讲师，博士，研究方向为海洋社会学。

一　日本海洋强国发展之路的研究价值

邻国日本堪称海洋强国，这一点从日本的国家崛起过程中清晰可见。这个孤悬于东海之外的岛国长期默默无闻，直到明治维新后崛起，国力日渐发达；在历经甲午海战与日俄海战后，海军实力开始令世界刮目相看，以至野心日益膨胀，直到第二次世界大战一发不可收，终因战败而几近覆灭；却又在二战后不久凭借“贸易立国”的国策重新振作，迅速跻身经济大国之林；直至近期，不仅对外愈发频繁、广泛、深入地插手各领域国际海洋事务，在钓鱼岛、竹岛（韩国称独岛）、北方四岛（俄占）等主权及其他海洋权益归属问题上与周边各国关系日趋紧张，同时对内加强海洋国家战略的顶层设计，海洋强国形象日益凸显。研究日本海洋强国发展之路，不仅可以为我国海洋强国建设提供借鉴，也会使我国在如何处理中日关系上得到启示，助推我国海洋强国建设顺利前行。

二　日本海洋强国的发展历程

日本的海洋强国发展之路可大致分为四个阶段，分别是自古至江户时代的第一阶段、明治维新至第二次世界大战的第二阶段、二战后的第三阶段以及进入 21 世纪后的第四阶段。

（一）“海洋渐强而国不强”的第一阶段

日本海洋强国的发展源头要追溯到古代，并历经中世，直至近世，[①] 这是日本海洋强国发展的第一阶段。这一阶段可概括为“海洋渐强而国不强”。

早在大和时代，日本就已有遣唐使的派遣，与新罗、渤海国等海外诸国也有了交流，只是当时贸易并不兴盛。进入平安时代中期，发生在日本周边海域及内海上的战乱严重威胁到日本的稳定，特别是，濑户内海这一时期已成为沿海庄园贡品及其他商品的运输要道，同时更是首都近畿地区

① 对日本史的阶段划分一般是，平安时代及此前为古代，12 世纪镰仓幕府建立至 16 世纪室町幕府灭亡为中世，江户时代为近世，明治维新至第二次世界大战为近代，战后为现代。

经九州西北海岸通往东亚海域各国的中枢航道，其安定与否事关国家兴衰，在武士势力逐步抬头的平安时代后期成了兵家必争之地。平安末期，濑户内海被朝廷权臣平清盛的平氏一族纳入势力范围，平清盛在大轮田泊、牛窗、敷名泊等地兴建港口，整顿内海航道，促使当时的日宋贸易兴盛一时。[①]

到了室町幕府时代，第三代将军足利义满向明朝派去使者，日明勘合贸易由此开启。[②] 到了室町幕府后期，武将织田信长统治日本后，开始积极开展与欧洲的葡萄牙、西班牙及东南亚各国之间的南蛮贸易，并凭借这一时期从欧洲传入的火绳枪等武器在乱战中取胜。

到了近世的江户时代，江户幕府积极推动朱印船贸易，日本与中国、朝鲜、琉球、东南亚的贸易也因此兴盛一时。江户初期的御用商人河村瑞贤受德川幕府之命开辟日本列岛东、西海岸的两大航线，进一步贯通了濑户内海通向东海、日本海、鄂霍次克海及太平洋的航运路线。濑户内海的航运业正式进入黄金期。同时，内海沿岸很多港湾与潮间带得到了开发，开拓出大量新田种植农作物，并通过千石船、辩才船把农产品运往全国各地以做商品交换，环内海区域成了全国流通经济的枢纽。虽然此后幕府历代统治者开始逐步实行的海禁减缓了对外贸易的步伐，但日本航运业及其相关产业的发展壮大已成大势所趋。

必须注意到，尽管到江户时代为止，以濑户内海为中心的海上贸易及其他海洋事业发展已趋繁荣，对国家经济的影响也越来越大，但直至德川幕府统治末期的1853年，美国海军准将马休·佩里率舰队驶入江户湾浦贺海面之时，日本也只是一个处于封建割据状态下的东海岛国，不仅无法与英、法、葡萄牙、西班牙等欧洲海洋大国比肩，即使在东亚各国中，国力也不算突出。因此，至此为止的日本可谓海洋事业渐强，而国力仍不甚强，但也正是这一阶段的积累和发展，为下一阶段奠定了基础。

（二）“海洋强以促国强”的第二阶段

江户时代末期，日本惊悉一直被自己视作学习榜样的中国竟在鸦片战

---

① 〔日〕武光诚：《由海而来的日本史》，东京：河出书房新社2004年版，第77页。

② 由于当时东亚海域倭寇活动频繁，为区别于海盗，日明之间的贸易船使用了勘合符，这一时期的贸易也称勘合贸易。

争中不堪一击；转眼间，美国军舰已兵临城下，德川幕府被迫签订《日美亲和条约》，这一系列事实的发生极大地刺激了日本的海防危机意识。无论是当时的德川幕府，还是此后取而代之的明治政府，都坚信军备，特别是海防的近代化是那个时代日本生存的根本。自此，日本的海洋强国发展正式进入了“海洋强以促国强”的第二阶段。

海防脆弱和国力羸弱的危机感促使日本一些青年武士推翻幕府，将大政奉还天皇，并在政治、经济、社会各领域大兴改革，加速了日本海洋强国发展的进程。明治维新的目标是旨在促进日本现代化和西方化的所谓“脱亚入欧”，所实施政策的核心则是“富国强兵”。“日本近代教育之父”福泽谕吉的一番诠释准确概括了这一政策的本质：“政府保护人民，人民勤于商业，政府战斗，人民获利，此所谓富国强兵是也。”福泽又进一步阐释道：“观今日文明发展之大趋势，战争是独立国家伸张权义之术，贸易则是一国国力生辉之征兆。”[①] 在福泽看来，“富国”与“强兵”是日本提升国力的两种相辅相成的手段：政府通过加强海防军力来提升国力，人民则通过通商贸易来增强国力。

“富国”国策具体落实下来就是“殖产兴业”政策，具体内容就是运用国家政权的力量，以各种政策为杠杆，用国库资金来加速资本原始积累过程，并且以国营军工企业为主导，按照西方的样板，大力扶植日本资本主义的成长。一方面需要继承并发展幕藩体制下的传统产业政策；另一方面又要国家强制力来进行自上而下的产业革命，对西洋产业技术和制度进行强行移植和培养。[②] 所实施的具体措施主要包括以下几方面：第一，雇用欧美产业技术人员来日本负责产业技术开发，同时派遣岩仓使节团与留学生赴海外考察，学习产业技术；第二，为对抗外国商社，通过财政资金的援助，培养本国贸易商社，发展大型贸易金融机构；第三，对生丝与茶叶等特定产业进行针对性扶持，以实现出口；第四，利用江户时代末期形成的区域性商品市场，特别是以濑户内海沿岸区域为中心的物流系统与资金链，在此基础上建设全国性商品市场。[③] 引进海外技术，积累贸易所需资金，建立全国性商品市场，定向培养出口产业，这些围绕通商贸易展开的措施无

---

① 〔日〕冈田俊平：《“商权恢复”与联合生丝荷预所》，《成城大学经济研究》1960 年第 12 期。

② 〔日〕浅田毅卫：《明治前期殖产兴业政策与政商资本》，《明大商学论业》1985 年第 2 期。

③ 〔日〕冈田俊平：《“商权恢复”与联合生丝荷预所》，《成城大学经济研究》1960 年第 12 期。

疑是成功的，在政府的大力扶持下，从19世纪80年代中期起，工业革命席卷一切工业部门，而以纺织业为重点的轻工业发展得特别迅速，仅用了十年左右，日本已从棉纺织品进口国变成为一个棉纱出口国。日本俨然通过通商贸易实现了国力渐强。

殖产兴业的推行还产生了一些附带效果。政府的资金扶持政策使得一些商人得以迅速积累资本，他们中有些原本就是江户时代的御用商人，如三井、住友、鸿池等财阀；有些则是幕府末期动荡岁月里发家的新商人，如岩崎弥太郎、安田善次郎、古河市兵卫等。[①] 这些被称为“政商”的财团在迅速的资金积累与势力膨胀过程中，加速了日本政府开辟海外市场的步伐，并为这一行动提供了充足的资金支持。“富国”的财富既然多多益善，“强兵”就是“富国”最好的利器，武力开辟海外市场是“富国强兵”国策实施的必然结果。

“强兵”的重中之重就是海军建设。这一举措可分为以下几方面。第一，大力发展造船业，建造战斗力精良的舰队。当时，三井、三菱、川崎等财团奉国家之命发展海运业与造船业，但所造轮船绝不限于货轮和客轮，更重要的是军舰，日本造船业从那时起就具备了明显的海军主导特点。第二是海军人才培养，这项事业早在明治维新前就已开始。德川幕府继1855年在长崎港设立海军传习所之后，1864年又设立了神户海军操练所，不仅培养海军军官，还开设海军工厂；1876年、1881年和1907年，此后的明治政府又分别建立海军兵学校、海军机关学校和海军经理学校，全面培养海军将校人才。第三，国家财政的全面支持。明治政府成立以来，专门聘请英国海军专家在海军学校教授技战术，明治天皇甚至带头节衣缩食，省下经费专供海军。日本海军军力由此迅速增强，他们一面励精图治，一面伺机而动，先后发起了侵略我国的甲午海战以及此后的日俄海战。

两场战争的胜利全面确立日本海上强国的地位，但也正是海军的这一系列胜利把日本逐步引上依靠军力开拓海外生存空间的侵略道路。海军不再是保护日本海上贸易和防御外敌入侵的守卫者，摇身变为侵略他国的先遣部队，从朝鲜到我国东北，再到整个中华大地以及东南亚各国，日本增强国力的方式不再是维护海上利益，而是通过海洋到达并控制彼岸大陆，

---

① 〔日〕浅田毅卫：《明治前期殖产兴业政策与政商资本》，《明大商学论业》1985年第2期。

妄图依靠不断扩张本国国土，成为所谓的“大陆帝国”。当扩张的野心膨胀到疯狂的地步时，迎接军国主义的只能是灭亡的结局。

（三）“海洋强以复国强”的第三阶段

第二次世界大战以法西斯的彻底覆灭而告终，日本的海洋强国之路也由此走进“海洋强以复国强”的第三阶段。日本政府没有对战争中犯下的罪行进行必要的反省，却对军国主义给其国家利益造成的损害进行了一定的反思，最终在美国的占领与保护下，吉田茂的“轻军备、重经济”思想一举成为战后重建的指导方针。对这一方针最好的诠释来自吉田茂本人：“日本是一个海洋国，显然必须通过海外贸易来养活九千万国民。既然这样，那么日本在通商上的联系，当然不能不把重点放在经济最富裕、技术最先进，而且历史关系也很深的英美两国之上了 …… 这样做最简便而有成效 。总之，这不外乎是增加日本国民利益的捷径 。”[1] 换言之，吉田茂的强国战略就是在日美同盟大框架下为日本对外贸易往来与经济发展服务，以此达到恢复国力之目标 。

有了明确方针的指引，相应的改革随即全面展开。除了修改宪法，改革天皇制、议会制、内阁制、中央集权制、司法制度等政治制度革新外，改革的重点还在于经济政策，特别是其中的产业政策。产业政策的实施是有步骤的、计划性的，也往往是牺牲局部以保全整体的。从经济恢复期到经济高速增长期，以及此后的产业合理化调整期、结构转换期、经济全球化时期，日本每阶段的产业政策都带有明显的重点扶植倾向，是基于不同阶段目标有步骤进行的。[2] 显然，日本产业政策并非经济团体压力下的产物，而是主要依据国家发展的需要所采取的“行政指导”，因此当某一产业偏离发展需要时，如养蚕业等，牺牲该产业即成为必然选择。[3] 产业政策由负责国际贸易和国内产业发展的通产省制定，并由控制整个国家金融命脉

---

① 〔日〕吉田茂：《十年回忆》（第一卷），韩润棠等译，北京：世界知识出版社 1965 年版，第 10 ~ 11 页。

② 刘昀献、刘华欣：《战后日本的产业政策及其特点》，《南阳师范学院学报》2004 年第 10 期。

③ 〔美〕Eamonn Fingleton：《看不见的繁荣系统》，〔日〕中村仁美译，东京：早川书房 1997 年版，第 184 页。

的大藏省配合共同实施，最终收获了巨大成功，以生产出口商品来带动本国经济发展的“出口导向型经济”模式基本形成，战后一片废墟的日本只用了10年多的时间便进入了经济高速增长期，并在20世纪60年代一跃成为继美国之后的世界第二经济大国，国力恢复速度之快甚至让西方媒体坚信，日本产业政策是个“阴谋论”。[①] 日本真正实现了“海洋强以复国强”。

（四）“海洋强以标榜国强”的第四阶段

经历了1973年和1979年的两次石油危机以及1985年的“广场协议”[②]，日本经济到了20世纪80年代后期，反而因股价和地价的暴涨而在各项经济指标上达到了空前的高水平，但是由于资产价格上升无法得到实业的支撑，泡沫经济开始走下坡路。地价的急速下跌导致日本各大银行不良贷款纷纷暴露，日本金融遭受重大打击。政府实施的增支减税政策反而导致公共部门进入21世纪后债台高筑。此时日本业界又意识到，本国的信息技术早已大幅度落后于美国。[③] 自此，日本迎来了经济发展的长期不景气。虽然日本至今仍是经济实力全球第三、科技国力仅次于美国的毋庸置疑的经济大国，但本国经济的不景气和作为邻国的我国的和平崛起造成了巨大的心理落差，加之冷战结束带来了世界形势的新发展和日本国内政治的新变化，追求“政治大国”“正常国家”的呼声渐涨，“中国威胁论”等言论也甚嚣尘上。进入21世纪以来，日本开始全面调整国家发展战略，海洋强国之路走到了以“海洋之强”来“标榜国力之强”的第四阶段。

这一阶段的海洋强国举动首先体现在“日本是海洋国家”的定位上。这一国家定位的论证由学界、政界、舆论界及经济界著名人士共同参与完成的，它是日本近期国家战略的指导思想。其中，最突出的表现当属以伊藤宪一为理事长的“财团法人日本国际论坛”所启动的为期四年的“海洋国家研讨小组”系列研究项目，他们在1999年、2000年和2001年连续推

---

① 〔美〕Eamonn Fingleton:《看不见的繁荣系统》，〔日〕中村仁美译，东京：早川书房1997年版，第445页。

② 1985年9月22日，世界五大经济强国（美国、日本、西德、英国和法国）在纽约广场饭店达成“广场协议”，基于美元过高所造成的贸易赤字发表五国共同声明，宣布介入汇率市场，此后日元迅速升值。

③ 日本内阁府经济企划厅：《平成12年度经济报告》，http://www5.cao.go.jp/j－j/wp/wp－je00/wp－je00－0020j.html，最后访问时间为2015年4月27日。

出三部集体著作[①]，对日本政界及社会各界影响极大。在书中他们指出："日本应该积极探索，强化海洋同盟——日美基轴的基础，遏制中国，通过强化东盟的坚定性，开拓建立东亚多元合作体制。如果能做到这一步，日本就实现了名副其实海洋国家的历史使命。"[②] 由此可见，日本要建设"海洋国家"就需要"依靠并拉拢"所谓"海洋国家"的美国和东南亚各国，来"遏制"进而"围堵"被称为"大陆国家"的中国，日本"海洋国家战略"的国际政治本质显露无余。

这一期间海洋强国建设行动也体现在"海洋立国"战略的顶层设计上。2005 年，日本国家智库海洋政策研究财团在其提交给政府的《面向 21 世纪海洋政策提案》中明确提出了"海洋立国"的基本理念，以及制定法律与完善行政机构这两项"当务之急"。[③] 在这一建言下，2007 年通过的《海洋基本法》成功描绘了"海洋立国"的设计蓝图。第一，横向的所涉领域涵盖了"海洋开发利用与海洋环境保全""海洋安全确保""海洋科学知识的充实""海洋产业的健全发展""海洋资源、环境、交通、安全的综合管理""海洋事务的国际协调"等各方面，涉及国内及国际政治、军事、经济、文化等各系统，堪称齐全。第二，纵向的行政管理体制建设上，建立海洋综合政策本部，首相任本部长，内阁官房长官和海洋政策担当大臣任副本部长，除以上大臣外的所有国务大臣任本部成员。第三，时间上，规定了政府五年一度的《海洋基本计划》的制定责任，继 2008 年第一期之后，2013 年的第二期已出炉，日本政府需要依据海洋领域相关情况的变化及时制定和调整相应国家规划。以上各项充分体现了日本政府为实现"海洋立国"所进行的系统化、层次化、统筹化设计。

该阶段海洋强国建设的另一个重要表现是频繁插手国际事务。20 世纪 90 年代苏联解体宣告冷战的终结，也使得原本隐藏在美苏两极对立世界格局之下的区域性宗教问题、民族问题等日益凸显，日本参与国际安全保障

---

① 这三部著作分别是 1999 年的《日本的身份：既不是西方也不是东方的日本》、2000 年的《21 世纪日本的大战略：从岛国到海洋国家》、2001 年的《海洋国家日本的构想——世界秩序与地区秩序》。

② 〔日〕伊藤宪一监修《海洋国家日本的构想——世界秩序与地区秩序》，东京：财团法人日本国际论坛森林出版社 2001 年版，第 165 页。

③ 日本海洋政策研究财团：《海洋与日本：面向 21 世纪海洋政策提案》，东京：日本财团 2006 年版，第 7 页。

的机会逐渐增多。从 1990 年海湾战争到 2001 年的阿富汗战争，再到 2003 年的伊拉克战争以及 2009 年至今的索马里亚丁湾护航，日本自卫队日趋活跃，发展其独立军事力量的意图十分明显。目前的安倍政府正在积极筹划修改宪法，力图赋予日本自卫队海外军事行动以国内法上的依据。此外，对国际事务的参与也包括海洋科考、海洋捕捞等海洋开发活动。近年来，日本借“科研考察”的名义实施捕鲸，与世界禁止商业捕鲸的大趋势公然对抗；同时，强化北极考察，整修北极科考点，建造破冰船；日本“地球”号勘探船近年来连续刷新最深海底钻探的世界纪录；日本渔业船队航迹遍布北至格陵兰以南、南至南极半岛的世界各大公海海域，远洋渔业生产异常活跃。

近期日本海洋强国建设中最突出的问题当属与邻国间的海洋权益争端。日本与俄罗斯之间存在北方四岛（俄占）的领土争议，与韩国之间又有着竹岛（韩国称独岛）领土纷争，围绕我国领土钓鱼岛主权的争端无疑已是近期中日关系的焦点。近期，日本海上保安厅的经费一再增加，自卫队则与美国海军陆战队公然进行“夺岛”联合军演。显然，日本不惜以破坏东亚海域安定为代价，来实现他们所要的“海洋强国”。

这一阶段，日本战后“轻军备、重经济”的务实精神已远去，取而代之的是在国际海洋事务的方方面面表现强硬，制造争端，以海洋之“强”掩盖一些领域的国力之“弱”。正如“海洋立国”这一提案所表述的，海洋既为“立国之本”，则以“海洋强”来“标榜国强”就顺理成章了。

三　日本海洋强国之路的发展特点

回顾日本的海洋强国之路，以日本历史经验为鉴，既能有助于验证世界海洋强国发展的一般规律，也可借此洞悉日本特有的发展特点。

首先，从以上四个阶段的发展历程来看，日本海洋强国之路符合世界大国从海洋发迹而成为强国的一般发展规律。在第一个发展阶段完成之际，日本认识到海洋对经济、政治、文化的重要性，面对西方列强的侵略，又痛感海防之羸弱，于是在下一阶段通过强化军备的“强兵”和殖产兴业的“富国”一跃而成东亚强国；第二次世界大战后，是“贸易立国”的战略思想成功引导日本崛起为经济大国；进入 21 世纪后，虽然日本政府推行的

“海洋立国”战略政治色彩浓重，但有效的顶层设计方案客观上对提升日本的军事力、科技力和经济力有着助推作用。可见，日本确实是发迹于海洋而国力变强的。

其次，日本各阶段的海洋强国战略都是社会发展到一定阶段的必然产物。经济基础决定上层建筑，日本海洋开发的社会经济基础是国家战略得以成形的决定性因素。海民群体在列岛社会有着悠久的历史，正是这些从事渔业、盐业、水运业、海商业，或以海上掠夺及获取海洋资源等方式为生的海民群体[①]在近代之前开创的海洋事业为明治维新奠定了坚实的经济基础，“富国强兵”在很大程度上正是基于幕藩体制下的海民社会力量完成的；明治时代后期开始的对外扩张，一个重要的推动力正是来自那些在“殖产兴业”中成功崛起的“政商”，他们依靠政府力量迅速积攒财富，成为财阀，对更多财富的渴望促使这些利益集团动用其政治影响力，加速了日本从自强者向侵略者的转变；二战后的日本政府之所以提出“贸易立国”的发展战略，正是当时的执政者基于社会发展需求做出的明智判断：战后复兴的唯一路径就是制定有效的产业扶持政策，通过产品出口来振兴产业经济，实现产业发展的良性循环。近期的“海洋立国”战略虽然从某种意义上说是日本特定利益集团助推的产物，但也不能否认，日本渴望走出泡沫经济阴影，重现战后经济奇迹，并希望在海洋技术力、经济力等各方面走在世界前沿。

再次，历史经验证实，已成形的海洋强国战略对列岛社会海洋事业的发展有着引导、助推的巨大影响力，明治维新和二战后的重建极大地推动了日本社会的产业振兴和经济繁荣，但历史同样告诉我们，极端、片面的海洋强国战略只会对列岛社会的发展造成致命伤害。明治政府推行“富国强兵”国策的初衷是抵御西方列强，为列岛社会的自强不息指明方向，但这项国策推行之初就已确立的“国家要通过强兵来维护国力”的精神却因此后几次海战的日方胜利而被过分强化，进而“神话”，日本当时的执政者最终忘记了保护国民的初衷，在军事扩张的道路上越走越远。

同理，二战后，日本政府对其“应以海上通商贸易为立国之本”的判断是准确的，可正因为吉田茂及此后的执政者共同创造的“海上通商国家

---

① 宋宁而：《日本海民群体研究初探》，《中国海洋大学学报》（社会科学版）2011 年第 1 期。

模式"[①] 为日本带来了经济的高速增长，这一执政理念中的"海洋国家论"才会如此深入人心，以至此后屡屡被当作理论工具，用以"全盘反思国家战略的前提和政策基础"[②]，以及与同样是所谓"海洋国家"的英、美、东南亚各国结盟，以达到围堵、遏制被称为"大陆国家"的中国的国际政治目的。对抗中国或许能给日本社会营造"日本依旧国力强大"的心理慰藉，或许会满足日本某些特定集团的政治利益，却绝不会对日本国力提升带来任何实质性帮助，反而可能对日本强国之路造成难以逆转的损害。这一点，只需看日本政府在一手制造所谓"钓鱼岛国有化"风波之后，日本对华贸易所遭受的巨大损失就已不言自明。

四　日本海洋强国之路的启示

探析日本海洋强国之路启示良多，既有值得我国借鉴的经验，又不乏需引以为戒的教训，更启迪了我国在海洋强国的建设过程中所需具备的、关于如何处理中日关系的认识。

启示首先来自对"海洋强"与"国力强"之间关系的认识。"海洋强国"一词大致可做三解："海洋强大的国家"，即海洋强大是目标；"以海洋致国强"，即海洋强大是手段，目标是强国；"海洋强大的国家 + 以海洋致国强"，即海洋强大是阶段性目标，同时也是强国的手段。[③] 历史上，日本列岛海洋事业渐趋繁荣，但那时的"海洋强"主要是就海洋经济对国家的重要性而言的，幕府统治下封建割据的日本既缺乏足够的海防力量，也谈不上国强；是中国在鸦片战争中的败北和西方列强的坚船利炮带给了日本强烈的危机意识——海防与通商双双强大才是那个弱肉强食时代中国家生存的根本保障，"海洋强"由此被确立为达到"国力强"的手段；这一手段的施行是如此成功，以至于它的作用和地位被无限放大，被战胜冲昏了头脑的日本统治者们竟把"海上军事力量的强大"等同于"帝国的国力强

---

① 这一模式具体是由高坂正尧在其著作《海洋国家日本的构想》（中央公论社，1965 年）中提出的。

② 〔日〕船桥洋一：《日本战略宣言——迈向民生大国》，东京：讲谈社 1991 年版，第 28 页。

③ 徐祥民：《区分对"海洋强国"的三种理解》，载中国海洋发展研究中心编《中国海洋发展研究文集》，北京：海洋出版社 2013 年版，第 17 页。

大”，最终给世界各国人民，也给其国民带去了深重的灾难；战后的日本执政者意识到过分夸大“海上军事力量强大”的危害性，提出了军事依赖美国、集中精力发展出口贸易的“海上通商国家模式”，此时，“海洋强”又一次成为提升国力的手段；但也正是战后迅速崛起的经济奇迹赋予日本国家上下以“日美同盟才是日本强国保障”的深刻印象，再加上明治时期日本的崛起一直被认为应归功于“日英结盟”，于是就此得出“日本是海洋国家，所以必须与同为海洋国家的英美结盟”[①] 的结论；当日本政府确立“海洋立国”战略之时，海洋已成为强国的根本，“海洋强”成了“国力强”的代名词。

从日本历史经验中可知，当日本把“海洋强”作为“国强”的手段，施行“以海洋致国强”的发展战略时，每每能够收获成功，明治维新后的崛起以及二战后的复兴充分说明了这一点。可是，当日本把“海洋强”等同于“国力强”，以“建设海洋强大的国家”来置换“建设强大国家”的概念时，却会屡屡受挫。明治时代后期的军国主义道路几乎给日本带来灭顶之灾，现如今日本在其周边海域所挑起的种种争端也只是在自寻麻烦。虽然，特定阶段中，日本政府的初衷是把“成为海洋强大的国家”当作“强国”的阶段性目标，但从后来的发展来看，这往往导致一国上下因沉浸在“海洋强”的自我陶醉中而忘记发展的最终目标，以至在强国之路上迷失方向。

以邻国之史为鉴可知，“海洋强大的国家”不应成为我国海洋强国建设的最终目标，甚至不应成为这一事业的阶段性目标，只有以“海洋强”为手段致力于“强国建设”，才是建设海洋强国的正确路径。21 世纪之所以常被称作“海洋世纪”，是因为随着人类海洋开发能力的提升，海洋中可为人类社会所用的利益越来越多，以海洋为手段、载体、平台和对象进行生产与生活，人类社会可以获得更多的福利。当今世界各国纷纷制定海洋战略，为的也是在这个海洋大开发的时代里赢得更大的国际竞争力，获得更多的国家利益。“强国”既然是目标，“海洋强”，更准确地说是“强大的海洋开发能力”就只能是建设强国的手段和路径。日本的经验教训我们应当谨记。

此外，启示同样来自对两种不同的“海洋强”的关系的认识。纵观日

---

① 初晓波：《身份与权力：冷战后日本的海洋战略》，《国际政治研究》2007 年第 4 期。

本海洋强国之路可知，该国的“海洋强”主要表现在两个方面：一是强大的海洋军事力量；二是强大的海洋经济力量。从日本历史上这两者的关系来看，当前者占据主导地位，后者服从调整时，国力只会衰退，第二次世界大战的结局就是最好的证明；相反，当前者服务于后者，后者占据主动优势时，国力会逐渐强盛，明治维新初期的成功是“强兵”服务于“富国”的结果，二战后的崛起也受惠于“轻”军备发展，“重”通商贸易。当前，我国各领域海洋事业发展迅速，强大的海军是推动这项事业顺利进展不可或缺的保障。但建设强大海军的目的应是为海洋事业的顺利发展保驾护航，海军是我国海洋开发、利用实践活动的坚实后盾，而海洋开发活动本身才是建设海洋强国的核心任务。

最后，启示也来自如何在两国同时推行海洋强国战略的时代中正确认识和处理对日关系。进入21世纪以来，中日两国政府都对海洋事业倾注了更多的力量，也都比以往任何时候更重视海洋。同时向海洋用力的海上相邻两国，在资源利益分配、活动规则制定等问题上发生摩擦不足为奇，重要的是能够建立一整套稳定的双边关系处理机制，而制定这一机制的前提就是正确认识日本海洋国家论的本质及其今后走向。

必须看到，日本每次国力提升的成绩都是顺应本国海洋开发事业的社会需要的结果，相反，明治时代后期所出现的迷失也正是违背本国社会的真正需求所致。日本本就具备海洋开发活动的良好社会基础，明治维新的成功更是令日本各领域产业蒸蒸日上，但“富国强兵”这一充满诱惑力的国策却不但没有立足社会，反而通过不断加强的殖民经济、战时体制等政策瓦解了本国的海民社会基础。

今天的海洋国家论也是如此。一些人利用日本泡沫经济崩溃后的衰退和我国近年来经济的持续性增长所造成的日本社会心理落差，借着“海洋国家”这一理论工具，来制造“中国威胁论”，把我国的和平崛起歪曲成对日本的威胁。可是，我国的发展从不曾，将来也不可能是日本社会发展经济的威胁。事实是，日本有着大量在华企业，它们的发展情况普遍良好；日本的企业也承接着大量的对华业务；我国国民日益强大的购买力是日本旅游业、电器业及其他产业赢利的重要支持；日本对我国的贸易依赖程度要远高于我国对日的依赖。中国的崛起是日本社会经济发展不可或缺的保障。相反，日本政府的态度和行为却每每伤及其自身社会经济的发展，野田政府不计后果的“购岛风波”不仅给日本在华企业带来了实质性的巨大损失，更动摇了日企在中国这个大好市场发展事业的决心，原本就在泡沫经济崩溃、金融危机、海啸地震、核能污染中艰难行进的日本产业又一次遭受了原本完全可以避免的重创。安倍政府不承认钓鱼岛“存在主权争议”的态度更是让中日关系时刻处于紧张状态之中，对经济发展的负面影响不言而喻。建设海洋强国的最终目的是提升国力，造福社会，如果违背社会利益的真实需求，那么不仅会将日本社会引入歧途，而且最终也必将为社会发展的洪流所摈弃。

面对中日关系发展受阻的局面，我们一方面应树立信心，坚信日本海洋国家论中那些违背社会发展真实需求的部分最终会为时代所抛弃；另一方面也要警惕，日本政府的态度与行为确实有着极大的危害，历史上两国长期共同努力构筑的中日友好平台会因日本政府不负责任的言行而倒塌，我国海洋开发、保护和利用的各项事业的进程也会因此受阻。我们应制定坚决的、理智的、多元化的应对策略，最大限度避免以上损失。此外也应将日本政界的言行与中日两国经济文化的交流事业进行明确区分，日本依旧是我国最重要的贸易伙伴之一，日本的社会、文化事业依然有太多值得我们学习的方面，如果因政府的不当言行而连带民间交流停滞不前，日本国民固然受害，我国社会发展无疑也会被累及。海洋强国，任重而道远。

The Ocean Strong Country History of Japan and Its Implication

Song Ning'er

Abstract: The history of Japan to become an ocean strong country includes four periods as follows: First, ‘Ocean becoming stronger, but country is not strong’; Second, ‘Ocean's strength making country become strong’; Third, ‘Ocean's strength making country become strong again’; Fourth, ‘Having ocean's strength as country's strength’. Ocean strong country in Japan developed similarly as other ocean strong countries, starting their strong country development from ocean business, but also has its own characteristics. We can get some ideas from this study that "The strength of ocean" should be the approach to get the goal of "Building strong country"; Navy is the guarder of ocean developing activity, while the latter is the core work of "Building ocean strong country"; The history of Japan has proved that some parts of their 'Ocean state strategy' which cannot meet the need of its society will not succeed at last, but it will still hurt our 'Ocean strong country' business as well as Sino-Japanese relation.

Key words: ocean strong country, rich country and strong army, building country with trade, theory of ocean state, building country with ocean

关于北极国际争端问题的研究综述

杨振姣　齐圣群[*]

摘要：21世纪以来随着北极地区战略和能源地位的增强，北极地区国际争端问题也受到了国内学者的高度关注。具体来看，北极争端主要集中在三方面：专属经济区及大陆架的划界问题；北极地区的资源问题及航道开发问题；北极地区的管理机制问题。北极五国也提出了相应的对策来捍卫各自在北极地区的权利与利益。面对北极问题，作为发展中国家的中国更是要：在认清北极争端现状的基础上积极参与到北极事务中去；在遵守国际秩序的前提下和平治理；通过多边合作实现共同治理；创新北极治理机制，多管齐下。总之，未来北极国际争端问题的研究在公共管理方面仍有很大的发展空间。

关键词：北极　国际争端　研究述评

全球气候变暖带来的不仅仅是北极冰层的逐渐融化，北极地区丰富的自然资源、潜在的地缘战略地位、对全球气候变化的重大影响以及巨大的经济和科研价值，也随之受到世界各国的高度关注。北极问题变得越来越热门，各国学者也针对北极问题做了一系列的研究。学者多从法学、政治学和国际关系的角度出发介绍北极争端的具体内容，其存在的原因，近年来各国应对争端的具体举措，以及我国的一些应对策略。其中的一些颇具影响力、具有学术导向的研究成果，推动着我国积极主动地参与北极研究。

---

* 杨振姣（1975～　），女，辽宁丹东人，中国海洋大学法政学院副教授，博士，主要研究方向为公共管理、海洋政策；齐圣群（1988～　），女，山东莱芜人，中国海洋大学法政学院土地资源管理专业研究生；研究方向为土地资源管理。

一 北极问题争论的焦点

综合各专家学者的观点，北极问题争端主要集中在三方面：专属经济区及大陆架的划界问题；北极地区的资源问题及北极航道的开发问题；北极地区的管理机制问题。

首先，专属经济区及大陆架的划界问题。周良指出，由于地理位置和历史原因，对北极的争夺主要在加拿大、美国、丹麦、挪威和俄罗斯北极五国之间展开，争夺主要围绕海上边界和沿岸大陆架的划分以及北极航道控制权展开（因此本文讨论的北极国家主要指北极五国）。[①] 最具争议的有"美国和加拿大之间对于阿拉斯加大陆架划分问题的争端，加拿大和丹麦之间的汉斯岛归属争端，俄罗斯与丹麦、挪威、加拿大有关罗蒙诺索夫海岭的归属之争最为激烈"。[②] 20 世纪 50 年代加拿大率先宣布对北极享有领土主权，20 世纪 80 年代美国里根总统抛出"美国在北极地区享有关键性利益"的论断；北约成立后，在从阿拉斯加到冰岛的北极线上，建立导弹防御系统，部署强大的军事力量。丹麦紧跟其后也提出了北极罗蒙诺索夫海岭与格陵兰岛连在一起，以证明丹麦对北极拥有合法权利。吴慧指出，1982 年的《联合国海洋法公约》规定任一沿海国可以拥有自领海基线量起 200 海里的大陆架和专属经济区，在一定条件下，沿海国还可以拥有自领海基线量起 200 海里以外、350 海里以内或 2500 米等深线 100 海里以内的外大陆架。[③] 总之，各国都在为自己深入北极地区努力寻找依据。

其次，北极地区的能源、资源开发问题。有些国家甚至还企图将其划入本国的领海，以便及早掌握北极丰富的自然资源。在全球能源资源渐少的情况下，北极作为继中东后的第二大能源宝库，必然受到各方势力的争夺。李连祺总结道：俄罗斯为实现其对北极资源的主权控制坚持以扇形原则、先占原则和自然延伸原则为法律依据来实现北极利益最大化。[④] 2003 年，美国擅自向一些国际石油公司拍卖北极的天然气开采权，此举无异于

① 周良：《北极权益争端中的中国姿态》，《党政干部参考》2011 年第 6 期。

② 李绍哲：《北极争端与俄罗斯的北极战略》，《俄罗斯学刊》2011 年第 6 期。

③ 吴慧：《"北极争夺战"的国际法分析》，《国际关系学院学报》2007 年第 5 期。

④ 李连祺：《俄罗斯北极资源开发政策的新框架》，《东北亚论坛》2012 年第 4 期。

暗示“北极是属于美国的”。[①] 张侠、屠景芳也指出：对于美国，控制全球油气资源将作为长期控制全球经济的必要手段，而北冰洋预期的巨大油气增量于美国对全球油气资源的控制能力是增强还是削弱更是具有重要的战略意义。[②]

再次，北极的航道开发问题。北极航线的开通不但使人类可以容易地接近北极的资源，而且还能够形成一条新的、便捷经济的国际战略通道。北极航线成为各国争夺的焦点，引发了关于北极航线争端的国际问题。而对于北极资源和航道的开发不管在北极五国还是非北极国家都颇具争议。例如，俄罗斯和加拿大都声称包括航道在内的北极水域属于其内水范围，外国船只通过须获得它们的准许；而重视海上通行权的美国不承认两国对北极水域的主权，主张东北航道和西北航道均为用于国际航行的海峡，适用《联合国海洋法公约》规定的“过境通行制度”。[③]

最后，关于北极治理模式构建的争议。柳思思指出：现在有关北极的三种机制都存在局限：“扇形原则”只有利于俄罗斯和加拿大；“环北极八国、五国机制”明显将其他国家（包括中国）排除在北极治理之外；“全球共管北极”被所有环北极国家反对。[④] 王晓苏指出：意在维护北极八国“特权”的框架并非解决国际北极问题的最佳途径。[⑤] 史春阳认为北极争端首先是利益之争，我们今天所说的北极之争实际上是海洋与北极冰盖区的归属争议，这些区域的资源、航运和战略地位引人垂涎。[⑥] 治理机制上的争议无疑使北极问题更加复杂。

二　北极国际争端产生的原因

通过对前人研究成果的分析可看出北极国际争端产生的原因在于其重

---

① 严双伍、李默：《北极争端的症结及其解决路径——公共物品的视角》，《武汉大学学报》（哲学社会科学版）2009 年第 6 期。

② 张侠、屠景芳：《北冰洋油气资源潜力的全球战略意义》，《中国海洋大学学报》（社会科学版）2010 年第 5 期。

③ 郭真、陈万平：《北极争议与中国权益》，《唯实》2014 年第 3 期。

④ 柳思思：《“近北极机制”的提出与中国参与北极》，《社会科学》2012 年第 10 期。

⑤ 王晓苏：《北极争端将何去何从?》，《中国能源报》2011 年 9 月 26 日，第 9 版。

⑥ 史春阳：《“北极五国”争北极》，《世界知识》2010 年第 22 期。

要的战略地位、能源资源和通航价值。陆俊元指出，北极国家纷纷出台新北极政策，其政策取向的共同出发点是资源利益、环境利益、地区经济与社会发展的需要，其中美国和俄罗斯等国还包含深远的安全利益的考虑。畅言也指出，北极地区的战略地位越来越重要，这主要体现在战略位置、能源资源、航道等三个方面。[①]

（一）北极地区战略地位的重要性

潘正祥、郑路指出，早在美苏争霸时期，北极地区就作为双方争夺的战略要地而备受关注。冷战结束后，北极地区的经济意义、军事意义、战略意义都十分突出，北冰洋位于亚洲、欧洲、北美洲的顶点和结合点，拥有联系3大洲的最短航线，自然是兵家必争之地。[②] 曾望提出，俄罗斯有评论家曾经说过，谁主导了北极谁就主导了世界军事舞台的制高点。[③] 程保志提出，北极争议的主要原因首先便是地缘战略因素。[④] 独特的战略位置使北极成为各国必争之地。

（二）丰富的资源、能源

北极地区是地球上的一大能源宝库，拥有世界上最大的铁山、将近1/10的世界煤炭资源、1/4全球未勘探的石油和天然气，被称为“第二个中东”。[⑤] 北冰洋海底蕴含着大量的钴、镍、铅、锌、金、银、金刚石、石棉等矿产资源，还有丰富的水产渔业资源等。随着全球变暖，北极地区逐渐成为一个开放的资源宝库。美国地质调查局2008年的报告表明，在全球尚未探明但可开采的矿藏量中，13%的石油和30%的天然气蕴藏在北极地区，此外，北极地区还有储量高达1万亿吨的煤炭资源。[⑥] 这导致北极五国都极力将领海和专属经济区向北冰洋扩展，以期在北极地区占有更广阔的海域，获得

① 畅言：《北极烽火 俄美加等国北极争夺战及我国的对策》，《舰载武器》2007年第10期。

② 潘正祥、郑路：《北极地区的战略价值与中国国家利益研究》，《江淮论坛》2013年第2期。

③ 曾望：《北极争端的历史、现状与前景》，《国际资料信息》2007年第10期。

④ 程保志：《刍议北极治理机制的构建与重要权益》，《当代世界》2010年第10期。

⑤ 张侠、屠景芳：《北冰洋油气资源潜力的全球战略意义》，《中国海洋大学学报》（社会科学版）2010年第5期。

⑥ USGS, “Arctic Oil and Gas Report, A USGS fact sheet from July 2008”, http://geology.com/usgs/arctic-oil-and-gas-report.shtml.

更多的资源，这必然导致北极国家在领海、岛屿以及专属经济区的主张相互冲突。

（三）航道问题

每年“西北航道”会有几个月的时间可以通航，随着全球气候的变暖，北极冰川将进一步融化，这将使北极航道成为北美洲、欧洲和东北亚国家之间最快捷的通道。有了这条航道，从欧洲开往亚洲的船只将不必绕道巴拿马运河，航程大大缩短，运输成本和时间成本大大减少。据估计，北冰洋航线的启用，可使全球航运业每年节省数十亿美元，甚至还有可能推动世界贸易重心的转移。有关专家认为，北极航道将改变世界贸易格局，形成以俄罗斯、北美、北欧为主体的超强的环北极经济圈，进而影响整个世界的经济和地缘政治格局。谁控制了北极航道，就等于控制了世界经济的新走廊。周良提出，北极地区作为航道的重要性必然引起对其利用的争端，北极航道的利用和管辖问题在北极争端中占据了突出位置。[①] 钟声指出，北极航道的开通和北极开发也将对全球航运、贸易甚至能源供应产生重要影响。这些问题都涉及北极和非北极国家的利益，需要各方携手应对。[②] 王建忠介绍，随着北极冰融现象的加剧，北冰洋内可能出现“通航大道”。北极的变化深刻影响着中国未来海上运输，尤其是对中国与北美洲、欧洲国家的海上运输影响巨大。[③]

三　北极国家的应对策略

受地缘政治、历史等因素影响，北极争端主要集中于北冰洋沿岸五国（俄罗斯、美国、加拿大、丹麦和挪威）。周良提出，北极五国为捍卫各自在北极的利益，不仅纷纷制定北极战略，加强对北极资源的控制和开发，而且还不断强化在北极的军事存在，为将来可能爆发的军事冲突做准备。[④] 同时各国又将冲突控制在一定的界限内，力图将非北极国家排斥在外，通

① 周良：《北极权益争端中的中国姿态》，《党政干部参考》2011 年第 6 期。
② 钟声：《积极参与北极合作》，《人民日报》2013 年 3 月 22 日，第 5 版。
③ 杨亮庆、王梦婕：《北极冰融暗藏中国发展良机》，《共产党员》2008 年第 18 期。
④ 周良：《北极权益争端中的中国姿态》，《党政干部参考》2011 年第 6 期。

过双边合作在北极国家内部解决这些冲突。

（一）美国的“相对低调”策略

自美苏冷战时期，北极作为战略高地便颇受重视，虽然之后的20年内一直采取“相对低调”的政策，但美国从未放松过对北极利益的争夺。白佳玉指出，自1983年第一部《美国北极政策指令》签发以来，美国在北极国家安全、能源开发、海上贸易、科学考察和环境保护等方面都取得了一定成就。[①] 美国更是在《2009年美国北极政策指令》中将北极纳入其全球战略体系。李益波总结道：2013年美国在战略上更加重视北极地区，把北极放在战略优先地位，以应对在该地区面临的机遇与挑战；并声称要做北极“负责任的管理者”而非“领导者”。[②] 魏旭、赵旭指出，美国对北极问题的态度是以强调国土安全利益为核心，鼓励北极资源开发，并注重北极科考。对于北极航道，美国一直坚持认为其属于国际航道，外国船舶有无害通过的权利。[③]

（二）俄罗斯的“主动出击”策略

俄罗斯作为北极地区最重要的大国，在北极地区拥有得天独厚的地缘优势，且北极地区对其具有重要的经济、军事、安全价值。刘新华认为，在政治上，俄罗斯高层非常重视北极地区，不仅成立了与北极直接相关的机构，出台了利用北极的政策文件，还在国际上的各种场合力争对自己有利的决议；在国际上，俄罗斯频频采取主动措施，推动国际社会认可、承认自己在北极的特殊利益。[④] 李绍哲指出，俄罗斯“北极战略”详细规定了其在北极地区社会发展、军事安全、生态安全、信息技术和通信、科学技术以及国际合作领域的目标和任务，通过采取政治、科学、军事、经济和法律等多项战略措施来实现这些战略利益。[⑤]

---

① 白佳玉、李静：《美国北极政策研究》，《中国海洋大学学报》（社会科学版）2009年第5期。

② 李益波：《美国北极战略的新动向及其影响》，《太平洋学报》2014年第6期。

③ 魏旭、赵旭：《北极地缘政治格局新特点》，《中国石化》2012年第5期。

④ 刘新华：《试析俄罗斯的北极战略》，《东北亚论坛》2009年第6期。

⑤ 李绍哲：《北极争端与俄罗斯的北极战略》，《俄罗斯学刊》2011年第6期。

（三）加拿大的“积极争取”策略

赵雅丹指出，加拿大政府近年来意图从行使主权、促进经济和社会发展、环境保护和善治四方面入手，全面提高其处理北极事务的合法性和能力。[①] 在尊重国际法和外交合作的基础上努力实现国家利益的最大化；不断增强其在北极理事会中的权威；主动扩展北极理事会议程的深度和范围，以符合加拿大利益和价值观的方式促进北极地区的繁荣和稳定。彼得·哈里森指出，加拿大在北极地区新的治理结构应是：将联邦权力下放、潜在资源的开发、有效的环境管理以及双边和多边合作模式。[②] 桂静认为加拿大政府基于环境、安全和经济等原因在申明对北极地区的管辖权的基础上，通过修订北极现行法律、制定新的北极战略、加大北极水域的科学研究、加强海岸警卫队船舶能力建设维护其利益。[③]

（四）丹麦、挪威

丹麦、挪威作为北冰洋沿岸国家，其在资源、航道、科考方面的态度对北极事务也有深刻影响。周良认为与丹麦相关的北极争端主要有丹麦与加拿大之间的汉斯岛争端、与美国的格陵兰岛争端。[④] 陈明义总结道：丹麦在2012年8月发布《2012－2020年丹麦王国的北极战略》并在2012年初宣布任命首位驻北极大使，以达到参与北极的事务，维护丹麦在北极地区的权益的目的。[⑤] 畅言称挪威把《斯瓦尔巴德条约》作为“护身符”，以保护环境为由，称其他国家的冰层钻探技术不成熟，在开采北极石油时会造成环境污染，试图以国际舆论的压力迫使其他国家止步。[⑥]

---

① 赵雅丹：《加拿大北极政策剖析》，《国际观察》2012年第1期。

② 彼得·哈里森、钱皓：《加拿大北极地区：挑战与机遇?》，《国际观察》2014年第1期。

③ 桂静：《加拿大北极应对策略评析》，《中国海洋大学学报》（社会科学版）2011年第1期。

④ 周良：《北极权益争端中的中国姿态》，《党政干部参考》2011年第6期。

⑤ 陈明义：《关注北极，积极参与北极的科考、环保和资源开发》，《福建论坛·人文社会科学版》2013年第7期。

⑥ 畅言：《北极烽火 俄美加等国北极争夺战及我国的对策》，《舰载武器》2007年第10期。

四 中国在北极争端中的重要举措及应对策略

（一）中国应对北极争端的重要举措

随着北极问题的升温，中国作为“非北极国家”或者说是“近北极国家”对北极问题也开始重视，不过相对于北极五国其起步较晚、参与的力度相对较小。中国真正意义上参与到北极问题中是从1991年挪威邀请中国到北极参加挪威、俄罗斯、冰岛、中国四国的科学考察团开始的。随后高登义带着五星红旗登上北极，并与其他三国科学家合照留念。1995年中国科协组织了北极考察队，在北极进行了科学考察，并于第二年加入了国际北极科协委员会。[①] 随后1999年、2003年、2008年、2010年、2012年，中国北极科考队共对北极地区开展了五次综合科学考察，实施了中国首次跨越北冰洋的科学考察，成功首航北极东北航道和高纬航道，完成冰岛访问交流任务。[②] 2013年在瑞典北部城市——基律纳召开的北极理事会第八次部长级会议批准中国等六国成为该组织正式观察员国。[③]

在面对北极争端问题上，我国一直在积极努力地参与到北极事务中去，寻找各国和平相处的临界点，但相对于北极国家无论是参与力度还是发言权都大打折扣。北极理事会的排他性导致了其他非北极国家都没有决策权，其提出的“三个必须承认”也严重限制了我国参与北极事务的权利，这对我国行使对北极地区的海洋权利也极为不利。

（二）中国应对北极争端的策略

面对北极国际争端问题的层出不穷，中国作为负责任的大国，有义务也有权利参与到北极事务中去。处理好北极问题不但有利于北极地区的可持续发展，也会对北冰洋新秩序的构建乃至对全球的多极化格局具有重大影响。因而我国在对待北极问题时既要发挥联合国常任理事国的作用，维

---

① 王林：《北极——中国在研究什么》，《共产党人》2001年第1期。

② 秦华江、王建华：《“正式观察员国”地位保障中国在北极正常活动》，《新华每日电讯》2013年5月17日，第8版。

③ 张喆：《中国加入北极理事会有利于北极环保》，《东方早报》2013年6月1日，第9版。

护北极地区的秩序与公平，阻止个别国家的霸权主义，又要合理地开发利用北极资源维护北冰洋的公海地位。北冰洋新秩序的建构会不断需求中国建设性地参与，并承担更多的国际责任。而且，中国在经济实力上，越来越能够肩负更重的国际责任，这也是中国作为负责任大国的体现。具体来说要做到以下几点。

1. 在认清北极争端现状的基础上积极参与到北极事务中去

面对北极争端，我国在参与过程中既要摸清现状，维护自己应有的权利，又要着眼未来，直面挑战。程保志提出，参与构建北极治理国际机制首先要明确自己的权利，进行正确的角色定位；既要看到我国目前在北极事务中的参与度不高，又要坚定地维护我国的参与权。[①] 罗婷指出，要坚决维护北冰洋的公海地位。《联合国海洋法公约》规定，北冰洋国际公共水域以及海底区域是全人类的共同遗产，面对北冰洋沿岸国家要求最大限度地扩大其外大陆架的形势，中国可以联合其他非北极国家，积极行动起来保卫国际海底区域。[②] 程保志提出，作为《联合国海洋法公约》和《斯瓦尔巴德条约》的缔约国，中国有权在北极相关海域航行、科研和从事资源勘探开发活动，有权在斯岛所属地区依法平等地从事海洋、工业、矿业和商业活动。[③] 赵雅丹认为，中国需要深入了解北极带来的挑战，充分认识到，若北极航线开通，中国的战略地位反倒可能降低。有了航线或资源开发的场所，还必须考虑中国是否同时有保护南北航线的能力、保护诸多海外利益的能力。[④] 王新和指出：在逻辑上，中国北极身份决定其北极利益，而经济利益是北极利益的阶段性特征，“非北极国家”和“近北极国家”的身份并不能满足北极经济利益特征要求，鉴于此，从不同层面优化北极身份是实现北极经济利益与“和谐北极”目标的有益途径。[⑤] 总而言之，既要明确：由于地理位置的限制，相较于北极国家，中国不能在北极拥有自己的专属经济区；但是要积极维护依据《联合国海洋法公约》我国在北冰洋地区公

---

① 程保志：《刍议北极治理机制的构建与重要权益》，《当代世界》2010 年第 10 期。

② 罗婷：《北极海洋权益争端研究》，硕士学位论文，华东师范大学，2011。

③ 程保志：《中国参与北极治理的思路与路径》，《中国海洋报》2012 年 10 月 12 日，第 4 版。

④ 吴宇桢、陈慧稚：《“身份升级”：中国需更深入了解北极》，《文汇报》2013 年 5 月 16 日，第 4 版。

⑤ 王新和：《国家利益视角下的中国北极身份》，《太平洋学报》2013 年第 5 期。

共海域享有的资源开发、分享、利用的权利以及通航权（无害通过制度）；认真研究海洋公约与国际法为我国参与北极事务寻求法律依据。

2. 在遵守国际秩序的前提下和平治理

赵琳琳提出，多数国家表示愿意根据海洋法解决争端，北极开发要合作不要冲突。虽然在开发的过程中出现了各种各样的冲突，但实际开发状态还是比较和谐的。这源于他们的利益动机、运营成本及不愿他国介入的心理。[①] 程保志提到中国的相关治理主张要充分体现“人类共同利益”“人类共同关切”这些具有伦理性意味的观念，明确反对非法掠夺和侵占。[②] 陶平国提出，北极问题既涉及国际力量对比的变化，又涉及国际法体系的有效性问题，中国应该主张在北极建立一个和平、中立、非军事化和无核化的和平、洁净和全人类共享的北冰洋。[③] 因此，只有通过和平的方式参与北极事务、开发利用北极地区才能实现多方位的“共赢”。

3. 通过多边合作实现共同治理

北极问题不是单个国家或几个国家的问题，它是全球性的国际议题。例如其生态问题、融冰问题等与全球安危息息相关。史春阳指出，应该让北极成为合作之地。有关利益各方应该抛开自身狭隘的利益开展合作，包括建立各种联系，发掘有效的沟通渠道，形成共同立场，在北极地区的开发与管理关系上寻找最佳的平衡点。[④] 秦倩、陈玉刚对冷战期间的北极合作进行了梳理，并指出中国应加强与其他极地科研大国强国之间的合作，加强与欧盟、新兴国家等非北极国家的合作，促进北极事务对所有国家的开放。[⑤] 董跃等指出我国在制定极地考察法规的过程中，一方面应当汲取其他国家制度中的先进经验，另一方面对于其中对外国考察活动的规制应当做出反应。[⑥] 陆俊元指出，解决北极问题要加强同北极国家以及北极理事会等国际组织的交流与合作，积极探索符合我国利益的合作途径与方式，扩大

① 赵琳琳：《北极开发：要合作不要冲突》，《中国石化报》2012 年 9 月 14 日，第 8 版。
② 程保志：《中国参与北极治理的思路与路径》，《中国海洋报》2012 年 10 月 12 日，第 4 版。
③ 陶平国：《北极主权权利争端研究》，硕士学位论文，复旦大学，2009。
④ 史春阳：《“北极五国”争北极》，《世界知识》2010 年第 22 期。
⑤ 秦倩、陈玉刚：《后冷战时期北极国际合作》，《国际问题研究》2011 年第 4 期。
⑥ 董跃等：《北极国家对北极考察管理制度之比较研究》，《中国海洋大学学报》（社会科学版）2010 年第 2 期。

和深化合作内容。[①]

4. 创新北极治理机制，多管齐下

潘敏指出，北极理事会虽然吸纳中国等国成为北极理事会正式观察员国，然而，由于北极理事会对非北极国家参与其中有着严格的限制，作为其观察员国我国能行使的权利还很少，不应盲目乐观。中国还是要另辟途径，多管齐下，参与北极地区的活动。[②] 何光强、宋秀琚进一步对王逸舟提出的“创造性介入”北极事务管理的外交新理念进行了探讨，对这一新提法实施的客观条件主观条件进行了分析。[③] 吴雪明认为应立足于全人类的共同利益，以北极地区的和平稳定、适度发展、生态保护、合作共赢为基本目标，从北极圈、环北极、近北极、外北极等多个层次，从北极圈内部变化、自内向外的影响、外部动向以及由外而内的影响等多个视角，构建一个系统的北极治理评估体系。[④] 秦倩、陈玉刚指出应在国家层面建立整体一致的中长期北极策略，明确策略定位，并将中国北极权益的维护与拓展纳入中国的整体发展战略。[⑤] 秦佳萌、申耘宇分析了国际上三种解决北极争端的方式：《南极条约》模式的北极化、《斯瓦尔巴德条约》模式、在现有国际法框架下解决北极争端；并指出最后一种得到多数国家的支持，是最为现实可行的解决方式。[⑥] 目前的北极治理机制无法有效地应对日益紧迫的北极事务的治理，必须出台更为有效的北极治理机制。[⑦] 潘敏提出：在处理北极问题上应强调搁置争议，共同开发，充分发挥联合国作用；其次要加大北极研究投入，加强国际交流与合作；最后，进一步促进与北极原住民合作不失为一条有效的途径。[⑧] 要成立专门的北极研究机构和相关工作小组，

---

① 陆俊元：《北极国家新北极政策的共同取向及对策思考》，《国际关系学院学报》2011 年第 3 期。

② 潘敏：《中国参与北极事务应多管齐下》，《经济参考报》2013 年 6 月 18 日，第 5 版。

③ 何光强、宋秀琚：《创造性介入：中国参与北极地区事务的条件与路径探索》，《太平洋学报》2013 年第 3 期。

④ 吴雪明：《北极治理评估体系的构建思路与基本框架》，《国际关系研究》2013 年第 3 期。

⑤ 秦倩、陈玉刚：《后冷战时期北极国际合作》，《国际问题研究》2011 年第 4 期。

⑥ 秦佳萌、申耘宇：《北极争端及其解决模式探析》，《政法论坛》2011 年第 8 期。

⑦ 孙凯、郭培清：《北极治理机制变迁及中国的参与战略研究》，《世界经济与政治论坛》2012 年第 3 期。

⑧ 潘敏：《论中国参与北极事务的有利因素、存在障碍及应对策略》，《中国软科学》2013 年第 6 期。

确定北极发展战略规划以及相应政策。需要制定以国家为主体身份的北极战略，以此领导中国的北极行动、处理北极事务；研究中国管理北极活动的相关法律法规，规范管理与北极事务相关的各项活动，便于对中国在北极地区的各类活动进行管理，使中国的北极活动有法可依，因此应积极思考北极活动的法律建设问题。①

五　对北极国际争端问题研究的评价及展望

总体上说，北极国际争端问题自20世纪开始，伴随着世界格局、国际形势的变化而日益受到关注，到今天已经成为各国高度关注的焦点问题。对这一问题的研究视角也在不断丰富，内容也不断推陈出新，大量有价值的研究成果不断涌现，并呈现出以下三大特点。

第一，在研究角度上，展现出跨学科及交叉研究的趋势。如从法学、政治学、国际关系学、历史学、公共管理学、环境学、地理学的角度展开的研究。这既丰富了北极国际争端问题理论体系，又符合北极国际争端问题的演化趋势；既体现了这一问题的国际化趋势，又体现了研究的“本土化”倾向。但需要指出的是，大多数研究仍然沿用了政治学、国际关系的范式，社会学、公共管理理论等视角的研究依然偏弱。第二，在研究内容上，呈现出既重视历史经验的总结又注重对现实问题的分析。相关研究对不同国家在不同阶段针对北极国际争端问题所采取的有效措施进行了梳理，并对我国现阶段针对北极国际争端问题的应对策略进行了研究，不同领域的学者提出了丰富的设想和措施。许多应对策略也都具有实际应用价值。但是其研究多局限于对各国争端这一事实的以及争端出现原因的静态描述，对于多重条件约束下的具体的参与模式与解决争端的有效机制未做深入分析。第三，从研究结果看，缺乏对经验事实的观察以及提供机制与方式的提炼，强调理论推演而缺少可行性考虑，政策指导意义不强。总之，对于北极国际争端问题的研究仍处于起步阶段，没有形成系统的理论框架，尤其是对具体可行的能够使我国有效地参与到北极事务中的对策还有待进一步深入研究。

① 王越、王磊：《中国如何应对北极地区形势新变化》，《当代经济》2013年第3期。

综上，关于北极国际争端问题的研究虽然已经取得了一定成果，但其研究成果还需接受实践的检验，从这个意义上说，开展深层次的研究仍具有较大拓展空间。为此，对未来的研究提出以下几点建议。首先，相关理论探讨有待深入，研究视阈仍需扩大。尽管近年来关于北极国际争端问题的研究视角不断丰富，理论研究也取得了一定的突破，但是，研究中出现了严重的学科发展不平衡，法学、政治学、国际关系学研究众多，在以后的研究中希望能够多从公共管理学、社会学、经济学等角度对这一问题进行研究探索。其次，对于北极国际争端问题的成功案例的总结、分析有待加深。对国内外北极国际争端问题的成功案例，应去粗取精，去伪存真，尤其要对相对成熟的争端解决模式进行总结和推广，以此完善和推动北极国际争端的解决。与此同时，还应结合各国、各争端的实际情况，具体问题具体分析，提炼出适合的争端解决机制，重视解决对策的针对性、可行性和有效性。最后，应倡导研究方法的多样性与科学性。以往的研究多采用归纳式逻辑架构，定性分析及归纳评价的比较多，而定量分析的研究方法使用偏少。因此，应进行全面而系统的调查研究，以获取准确翔实的资料，并对其进行统计分析，提高政策的科学性和针对性。同时，还可以使用比较研究法、案例分析法、内容分析法等开展研究工作。

Overview of International Disputes on Arctic Issues

Yang Zhenjiao　Qi Shengqun

Abstract: Since the new century, with the enhancement of Arctic's energy and strategy status, the international disputes of Arctic have also been highly concerned about domestic scholars. Specifically, the Arctic dispute focused on three areas: the division of territorial sovereignty; exploitation of the resources, channels in the Arctic regions issues; the management mechanism of Arctic. Five Arctic coastal countries have put forward corresponding countermeasures to defend their rights and interests in the Arctic region. Facing the Arctic Issues, as a developing country, China has to: recognize the status quo and participate in it actively; obey laws and public morality to carry peaceful governance; multilateral cooperation, joint governance; innovative mechanisms, multi-pronged approach. In a word, future studies about Arctic international disputes in public administration still have much room to development. And hoping this overview research studies Arctic issues is benefit for the future study of international disputes.

Key words: The Arctic, international disputes, studies review

海洋法学

OCEAN LAW

南极环境影响评价制度的运行及其完善*

刘惠荣　王贵敏**

摘要：《南极条约》确立了和平利用南极和保护南极生态环境的基本宗旨，《关于环境保护的南极条约议定书》将南极环境影响评价制度确立为对南极环境和生态保护具有里程碑意义的重要制度。本文通过实证研究南极条约体系以及南极条约协商国的南极环境影响评价制度，剖析其基本架构、内在价值以及运行实效，发现南极环境影响评价制度存在环境影响评价标准不明确、《议定书》效力范围受限、环境影响评价实施效果难以保障等缺陷，因此，完善南极环境影响评价制度的对策是明确环境影响评价的标准、为南极条约非缔约国参与南极环境影响评价开辟路径、落实拟议活动开展的最终决定权主体、扩大环境影响评价对象范围、构建完善的南极环境影响评价制度。

关键词：南极环境影响评价制度　《关于环境保护的南极条约议定书》　IEE　CEE

1959 年签署的《南极条约》标志着南纬 60 度以南的南极地区开始了和平利用、科学研究、维护南极环境的新时代。南极独一无二的地理环境造就了她极其脆弱的生态特征，保护南极生态环境已成为人类的共识。《南极条约》生效后，在科技进步的推动下，人类南极活动能力显著增强，探险、

* 本文系刘惠荣主持的中国极地战略基金重点项目“南极条约协商国南极立法实践与相关理论研究”（项目编号 20120203）的阶段性成果，亦得到南北极环境综合考察与评估专项资助。

** 作者简介：刘惠荣（1963～　），女，山东济南人，中国海洋大学法政学院教授，博士生导师，主要从事国际环境法研究；王贵敏（1991～　），女，山东莒县人，中国海洋大学法政学院环境法专业硕士研究生。

科考活动余温尚存，科考之外的其他南极活动日益增多，增速极其迅猛的是南极旅游活动，旅游热潮势不可挡。根据国际南极旅游业者协会的统计，2001～2002年度去南极旅游的有18000人，此后每年以10%～15%的速度递增，在2007～2008年旅游季节中，游客数量近4.5万人[①②]，2013年11月至2014年3月也达到近4万人次，过去的10年中，到南极旅游的人数增加了3倍以上。在这种形势下，各国意识到，人类在南极愈加频繁的活动势必会对南极脆弱的环境造成更大的威胁，规制人类活动、保护南极环境迫在眉睫。1991年《关于环境保护的南极条约议定书》（以下简称《议定书》）签署，确立了南极环境影响评价制度（EIA），该制度成为规制南极活动，防止其对南极生态环境造成损害的一项重要的前置审查制度。但在南极旅游、科考等活动的开展疾如雷电的今天，南极环境影响评价制度实际运行状况如何？是否足够完备以满足制度设计的初衷？这是本文探讨的主要内容。

一　南极环境影响评价制度的由来及其价值

（一）南极环境影响评价制度

环境影响评价，是指在实施对环境可能有重大影响的活动之前，就该活动所发生的环境影响进行调查、分析与评价，并在此基础上提出回避、减轻重大环境影响的措施与方案，经过对各项结果综合考虑和判断并公开审查后，决定是否实施该活动的一系列程序的总称。南极环境影响评价制度的目的在于对人类在南极地区活动所带来的环境变化，包括环境的污染、生态的破坏以及环境因子总量的增减进行预先的调查、预测和评定，并据此提出回避、减轻重大环境影响的措施，由专门评定机构综合各项评定结果进行判断并经公开审议后，对于该项活动的实施与否做出决定。诚如环境影响评价制度首倡人林顿·戈得维尔在NEPA（美国《国家环境政策法》）颁布20年后撰文所言，“环境影响评价不是做出决定，但是其研究结

---

① 王自磐：《中国南极旅游开发探讨》，《旅游学刊》2003年第6期。

② 凌晓良、温家洪、陈丹红等：《南极环境与环境保护问题研究》，《海洋开发与管理》2005年第5期。

论应当在政策和决定形成过程中予以考虑并在最终的选择中有所反映，因此，它应当是决策程序的一部分”。①

南极条约缔约国1975年通过的《南极探险和科考站活动行为准则》被认为是南极环境影响评价制度的雏形，它的附件中包含了环境影响评价的基本原则，如“描述拟议活动”、“评价其潜在的好处以及潜在的影响”以及“评价其他可替代活动”等；1983年通过的XII-3号决议在此基础上又增添了许多重要的观点，为后来初步环境影响评价（IEE）和全面环境影响评价（CEE）制度的建立奠定了基础；最后定型于1991年的《议定书》及其附件中的附件一即为“环境影响评价”。1999年6月，ATCM颁布了一部反映最新成果、内容更加详细的《南极环境影响评价指南》。自此，南极环境影响评价制度得以确立和完善。从环境保护的层面上看，南极环境影响评价制度实施的意义在于：引导、鼓励人类根据南极生态环境的自身特点，在南极地区极为有限的环境承载力范围内有意识地安排预测、规划行为，规范、约束其在特定环境容量中的行为方式，从而实现人类活动与南极脆弱环境间动态的平衡，最终达到人与自然和谐统一的目标。

（二）南极环境影响评价制度的价值及其特征

《南极条约》确立了冻结对南极的领土主权要求、和平利用南极以及维护南极环境三大宗旨，其后《议定书》将环境影响评价的制度确定下来是对维护南极环境这一宗旨的延伸。《议定书》中明确了保护对象是“南极环境及依附于它的和与其相关的生态系统以及南极的内在价值，包括其荒野形态的价值、美学价值和南极作为从事科学研究，特别是从事认识全球环境所必需的研究的一个地区的价值”，并本着“规划和从事在南极条约地区的活动应旨在限制对南极环境及依附于它的和与其相关的生态系统的不利影响”的思想设计了南极环境影响评价制度，置南极生态利益于突出地位。

南极环境影响评价制度是预防原则的体现，根据拟议活动的性质及对环境可能造成的危害程度对拟议活动量体裁衣，将拟议活动导入不同的评估程序，采取不同的预防措施。具体地，它根据拟议活动可能会对环境造

① See Caldwell, LK, 1989, “Understanding Impact Analysis: Technical Process, Administration, Reform, Policy Principle”, in Barlett, Rv (ed), *Policy through Impact Assessment*, Greenwood Press, Westport Ct, p. 9.

成小于、相当于或大于“轻微或短暂”的影响的判断，将评价分为“初始阶段”、“初步环境评价”和“全面环境评价”三个层次进行，追求环评手段与人类活动强度的严丝合缝，这种细致入微的环评方法是为南极量身定做的。南极环境影响评价制度因其保护对象的特殊性而与各国在一般规划或建设项目上所实施的环境影响评价有较大差别，后者虽然也以环境容量为评测依据而将环评分为若干层次进行，但因其环境容量大，划分层次之间的区分度也较为明显，通常会把环境影响分为“重大环境影响”“轻度环境影响”“环境影响很小”。而南极环境影响评价制度所针对的是南极这一独特的地理环境，其环境承载力极其有限，因此环境影响程度的划分仅以“轻微或短暂”影响这一区分标准，并根据相差无几的强度的行动制定相应污染预防措施的做法，追求制度设计上的严丝合缝，更体现出对南极脆弱生态环境特别细致的保护。

总之，南极环境影响评价制度以南极生态环境脆弱的特质为出发点，将环境而非人类利益作为首要关切，其设计理念与《南极条约》的宗旨一脉相承，把生态利益和人类利益统筹考虑，抛弃了传统法上人类利益中心主义的立法思想，在对南极地区人类活动的适度限制下，以维持南极现有生态环境的完好为目标，符合现代环境法“人类和生态共同利益”至上[①]的理念。

二　南极环境影响评价制度运行现状

（一）《议定书》规定的南极环境影响评价制度

《议定书》第3条确立了南极环境影响评价制度的基本原则：“在南极条约地区的活动应根据充分信息来规划和进行，其充分程度应足以就该活动对南极环境及依附于它的和与其相关的生态系统以及对南极用来从事科学研究的价值可能产生的影响做出预先评价和有根据的判定。”此外，《议定书》附件一“环境影响评价”做出了具体要求：所有的南极活动在开始之前必须按照有关国内程序进行基本环境评估，一般称为初步评估（PA）。如果经过初步评估判定一项拟议中的活动只具有小于轻微或短暂的影响，

① 陈泉生：《环境法学基本理论》，北京：中国环境科学出版社2009年版，第229页。

则这项活动可立即进行；反之，则应该准备初步环境影响评价，或者准备开展全面环境影响评价。如果初步环境评价表明或者确定一项拟议中的活动行为很可能具有大于轻微或短暂的影响，则应准备全面环境评价。各缔约国的 CEE 草案应予以公开并分送各缔约国，供各缔约国评议。与此同时，CEE 草案还须于下一届南极条约协商会议（Antarctic Treaty Consultative Meeting，ATCM）之前 120 天提交其审议，同时还应递交《议定书》设立的环境委员会（CEP）。[①] 因此，南极环境影响评价制度实施以“轻微或短暂的影响”为判断标准。

（二）各缔约国南极环境影响评价项目的实施

由上述规定可以看出，南极环境影响评价的启动以及主要工作是在各缔约国进行的，各国应确保南极环境影响评价制度在本国得以实施，实施机制和手段应当主要是制定国内法律。法国学者亚历山大·基斯在论及国际环境法的实施问题时指出：消除国内法律障碍是保障履行国际义务的政策的主要内容之一，“环境条约实施中一个主要困难可能是由于国内法律制度没有能力正确实施国际上制定的、对国内法具有深刻影响的规则”。[②] 由此可见，广义上的南极环境影响评价制度应当既包括《议定书》的有关规范，也包括各缔约国的南极环境影响评价制度，[③] 全面考察南极环境影响评价制度，则须考察各缔约国南极环境影响评价项目的实施实效。

1. 各缔约国南极环境影响评价项目概括

通过南极条约系统（ATS）网站中的 EIA 数据库可以检索到各成员国初步环境影响评价和全面环境影响评价数据。自 1988 年至 2014 年 11 月，共有 30 个国家进行了 1161 项南极活动环境影响评价项目，EIA 文件提交数量排名靠前的缔约国如下图所示。

从统计图中数据可以看出：环境影响评价项目总量排在前列的国家依次是美国、法国、新西兰、德国和西班牙。现有的报告中，CEE 报告不仅

---

① 参见《议定书》附件一“环境影响评价”第三条“全面影响评价”。

② 〔法〕亚历山大·基斯著，张若思编译《国际环境法》，北京：法律出版社 2000 年版，第 357 页。

③ 中国目前尚未正式制定专门的南极环境影响评价法律，《南极活动管理条例》草案中有相关内容。

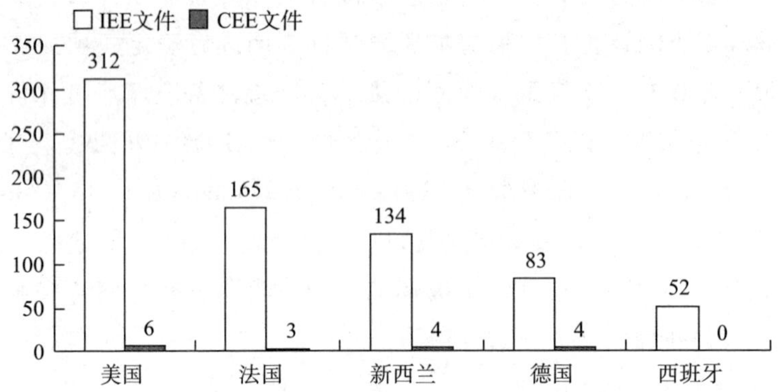

表 1　1988 ~ 2014 年主要南极活动开展国家提交 EIA 文件数量对比

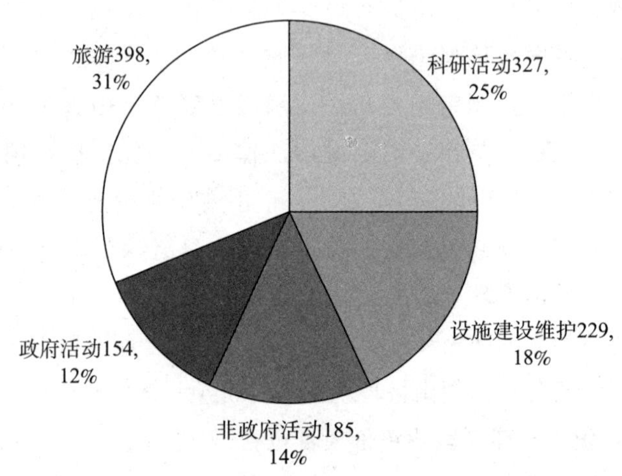

图 1　EIA 报告中南极活动项目类型比较

在数量上少，而且应用的项目类型也较为单一；IEE 报告项目不仅在数量上居多，项目类型也呈现出多样化特点，涵盖范围广，其中旅游活动和科研活动在总活动数量中占据了主要比例。事实上，旅游和科学研究已经取代南极探险成为目前最兴旺的两类人类活动，其中南极旅游成为高端旅游业的宠儿。以下将以向南极条约秘书处提交 EIA 报告数量最多的两个国家——美国和法国的 IEE 报告为例，说明实践中的环境评价报告书的内容与特点。

2. 美、法两国 IEE 报告内容介绍

各缔约国 IEE 报告形式上各不相同，内容上大同小异，共同特点是符合《议定书》附件一中环境影响评价的要求，其中美、法两国开展南极活动最为频繁，从而也促使其环境影响评价报告制度较为成熟，现举两国之旅游活动报告内容以做说明。美国关于旅游活动的IEE报告主要由旅游公司撰写，大体上包含以下内容："船舶和旅游业务介绍"、"活动计划"、"建议活动潜在影响评估"（包括累积影响评价）、"缓解措施"、"替代方案"、"岸上活动产生的废弃物的处理"以及"评估与审核"和最后的"结论"。此外，有些报告在附录中还提及"医疗事件应急预案""船舶营运环境信息和指南""科考人员远征安全计划""物种名单和潜在影响"等。总体来说，美国关于南极旅游活动的IEE报告内容详尽，涉及面广，富有人文关怀色彩，符合《议定书》对初步环境评价内容的要求，而且，附件提供的其他各方面信息充实，有利于南极旅游活动的绿色开展。

法国提交的IEE报告的内容结构与美国的相类似，同样符合《议定书》的规定，只是在"活动计划"里增加了"在紧急情况下对货物和人员的安全行动计划"，并且在"活动的环境影响评估"部分添加了"所建议的活动的影响的自我评估"和"在紧急情况下采取的环境行动"。其中，"所建议的活动的影响的自我评估"部分在报告形式上独具特色，抛弃了传统报告的平铺直叙方式，以问答的形式展开对活动可能产生的环境影响及影响程度的考察，更有利于审阅人对活动整体情况的把握、对可能产生的环境影响的判断以及对活动采取的预防措施的参考。

对于科研活动的环境影响评价报告，各国基本遵守《议定书》的要求进行报告，只是对环境影响的分析更加专业、细致，并加入了自然科学知识，主要利用数据分析的方法进行测量比较。

3. 南极环境影响评价方法

在目前的南极环评实践中，较多使用矩阵列表法来定性识别人类活动对南极环境的影响，即以表格形式列出每项活动的内容及其产生的废物成分将对环境要素（景观、大气、土壤、植被等）产生的影响（影响方式、持续时间、空间范围和影响程度等）。这种方法既可以全面分析每一种活动产生的环境影响，又可以比较不同活动的各项指标差异，从中识别出环境影响最为严重的活动类型。同时，还可以直接针对每一种活动的环境影响状况提出相应的减缓措施，一并体现在上述矩阵中。目前，我国的环境影响评价报告中主要使用该种方法。

在南极环评中，有人也提出使用环境承载力的理论和方法[①]，即以南极生物和生态系统为中心的南极环境所能承受的人类活动带来的物理和化学影响的阈值。这个阈值取决于生物和生态系统的自净能力和抗干扰恢复能力，而研究它的关键是获取理化影响的极值，通过对生物（生态系统）与人类活动影响的相关关系的研究（如剂量/反应关系）可以获取。[②]

由以上分析我们看出，环评制度实施多年来，各缔约国基本能够在国内法范围内按照《议定书》的要求执行环境影响评价，并在具体操作中添加了本国特色，基本符合南极环境影响评价制度宗旨。各国还对本国开展的主要南极活动进行统计学分析，根据开展活动的频次加以分类，据以确定所应采取的相应预防措施。但有所欠缺的是目前各国所采取的评价方法往往科学性欠缺，需要更多地借助高科技进行勘测，以便更加准确地了解环境的状况，从而提出有效的措施。

三　南极环境影响评价制度的不足

《议定书》中第 8 条与附件一的规定构成了 EIA 的基本内容，规定了各缔约国的基本义务，是对各缔约国最低要求的行为规范。然而在实际运行中，评估程序的各步骤之间还存在空隙，反映出上文所述的制度设计中留有法律“灰区”，给予各缔约国很大的自由裁量权，被认为不能为南极环境提供值得信赖的保护方法。

（一）关于《议定书》的适用问题

《南极条约》确立了协商国会议决策机制，南极协商会议成员国（Antarctic Treaty Consultative Parties，ATCPs）是南极事务的决策主体，决策模式采用 ATCM 形式，其决策权通过“协商一致”的表决方式以及具有法律效力的措施、建议、决定等法律文件得以实现。《议定书》及其附件确立了

① 李金香、李天杰：《南极长城站地区环境影响评估理论与方法初探》，《极地研究》1997 年第 9 期。

② 李小梅、李瑞秋、赵俊琳等：《南极环境影响评价现状与特点分析》，《福建地理》2002 年第 17 卷第 1 期。

EIA 的基本架构，其具体实施措施则经由若干次 ATCM 讨论不断加以细化。根据《议定书》规定，缔约国的 CEE 草案应予以公开并分送各缔约国，同时还应递交《议定书》设立的环境委员会以供委员会及 ATCM 审议。[①] 由于非协商国[②]只能应邀参加 ATCM 会议而无权参与决策，因而不能对 CEE 草案进行审议并施加影响。因此，非缔约国对《议定书》所确立的 EIA 可能会与缔约国有立场、态度上的差别，它们实际上也极少开展需要进行 CEE 的活动。

《议定书》确立的 EIA 是否当然适用于南极条约非缔约国？南极地区领土已被冻结，它不属于任何国家主权所有，原则上任何国家、组织或个人都有在南极活动的自由。如果非缔约国在南极开展活动时不受环评约束，在没有进行环境评价并采取预防措施的情况下给南极环境造成损害的可能性也增大，如此，南极生态环境依然得不到全面的保护。从国际法上说，南极环境影响评价制度不能对非缔约国产生当然的条约约束力。根据《维也纳条约法公约》34～38 条的规定："条约非经第三方同意，不得为该方创设权利和义务。如果一个条约有意为第三方设定一项义务，应得到第三方书面明示的接受；如果一个条约有意为第三方设定一项权利，也应得到第三方的同意，但第三方无相反的表示，可以推断第三方接受了该项权利，该条约各当事方不得予以撤销或变更。"这就是国际法上的"条约对第三方无损益"原则。依照这一原则，南极条约非缔约国的第三方国家只要未做出明确表示，即无须受《议定书》中环境影响评价制度的约束，亦无须履行提交环境影响评价报告的义务，因而存在着非缔约国国民在南极活动的环境损害风险。

（二）关于环境影响评价的科学性问题

南极环境影响评价制度科学性的目的是保障环境内在价值的实现。现有的制度在标准和方法上存在着标准模糊、不明确，方法上不能涵盖所有损害的问题，下面将一一表述。

---

① 《关于环境保护的南极条约议定书》附件一第 1～4 条。

② 非协商国为未在南极开展诸如建立科考站或派遣科学考察队等实质性科学研究活动的南极条约缔约国，目前在 50 个缔约国中占 22 个。

1. 评价标准问题

考察各缔约国提交的 IEE 和 CEE 报告可以看到，各国对于 IEE 和 CEE 两种审核的条件标准并未达成共识，尚无统一规定，有时会通过本国自行确定的标准加以判断，必要时会有意降低对环境影响评价的要求、肆意扩大南极活动范围。另外，标准的不确定性无疑会对设立南极环境影响评价制度的初衷造成消极影响，不利于南极生态环境的保护。追根溯源，这种状况的形成源于《议定书》对环境影响评价实施分类的不明晰："一项拟议活动，若已通过 PA 程序评估只具有小于'轻微或短暂的影响'则可以立即进行，否则就要进入 IEE 或者 CEE 程序，除非已确定会有大于'轻微或短暂的影响'。"可以看出，《议定书》仅仅做了一个模糊的"轻微或短暂的影响"的区分描述而并未对何为"轻微或短暂的影响"本身进行科学的、客观的阐释，各缔约国执行标准过于主观。因此，缺乏明确、统一的环境影响评价标准给缔约国提供了有利的回旋之机，可以通过灵活地降低国内法中确定"轻微或短暂影响"的标准或对这一概念做出对其有利的解释而使某项活动得以通过环评程序或只进行初步环境影响评估，避免全面环境影响评价以逃避相应的国际监督。[①]

2. 评价方法问题

环境影响评价制度属于环境法的风险预防制度，其主要目的是防范环境损害发生的风险，但实际中环境损害的发生原因复杂多样，引发环境损害的行为及其后果同样复杂，例如：有些损害是潜在的，不容易觉察到；有些损害是在紧急情况下突发的，难以预知；有些非常轻微的损害会随着重复性的南极活动最终累积成重大损害；还有些损害不能证明其发生与人类活动有直接因果关系，但不能排除二者之间存在间接因果关系等。因此，环评制度难以完全覆盖和预知，只能预测到那些通常情况下会对南极环境造成影响的行为并采取合理措施加以预防或消除。虽然在 2005 年 7 月 15 日于斯德哥尔摩举行的 28 届 ATCM 上历经艰辛地通过了《议定书》的责任附件——《环境突发事件的责任》（以下简称《责任附件》），专门应对紧急情况下的环境损害。但即使这样，环境影响评价制度仍不能涵盖所有的环

---

① 顾婷：《南极旅游——现实挑战与法律应对》，《政治与法律》2010 年第 3 期。

境损害。因此，南极环评制度应努力探索科学的环境影响评价方法，力求使环境影响评价覆盖到最终可能发生的所有损害结果。

（三）关于各缔约国国内相关立法问题

各国开展南极活动都须在开始之前按照有关国内程序进行基本环境评估，各国的审批机关应当按照有关规定区分环境影响预评估（PA）、初步环境影响评价、全面环境影响评价不同的审批程序。以美国为例，每个南极项目在提出之初，都应经过前期环境评价（Preliminary environmental review）的审查，根据美国国内相关环境评价标准预评估其对南极环境带来的直接与非直接影响。其后再根据其评估结果显示的影响程度，将环评分为初步环境影响评价和全面环境影响评价进行。评估结果做出后，该项目负责官员应据此确定可以开展南极活动的名单，公布并在相关部门备份。

从美国的制度实施中我们可以看出：（1）在整个审查过程中，运用的环境影响评价方法及环境影响大小的确定标准都按美国法确定，而其国内法对环境的判断标准是否适用于南极这一生态脆弱的特殊地理事物我们不得而知；（2）负责环境评价的官员在考察拟议活动环境影响的作用力并决定活动环境影响评价类型流向时有很大的自主权，其做出的结论包含个人主观因素，可能影响环境影响评价结果的公平性和有效性。通过美国的例子可以举一反三推测，各国对环境清洁度的要求不同，对环境保护责任感的态度不一，甚至对南极地区资源开发的能力与研究进程不同，这些都会造成各成员国落实环境影响评价制度的效果参差不齐。总之，南极环境影响评价制度难以在各国齐头并进。

（四）关于环境损害的责任

一项制度的有效运作离不开权利义务明确而公平的设置、责任的严格统一以及有效的外部监督。在义务设置上，南极环境影响评价制度因缺少明确统一的环境影响评价标准致使各成员国不能切实履行义务；在权利赋予上，拟议活动开展的最终决定权主体不明晰。《议定书》在附件一的第3条第3～6款中规定了全面环境评价草案的审议程序，仅赋予各缔约国和环境委员会以环评草案的审议权，不包括草案的否决权和最后决定权，决定权主体模糊使得全面环境评价草案予以公开并分送各缔约国及接受评论的规定在一定程度上流于形式，容易导致各缔约国间相互制衡、互相包庇，有碍于环境影响评价制度的实施效果。

与前置性的南极环境影响评价制度相衔接的后续制度是南极环境损害责任制度。二者具有一定的因果关系，密切相关。2005 年第 28 届 ATCM 通过了《责任附件》，但根据南极条约确定的生效规则，[①] 该附件必须在南极条约所有 28 个协商国都予以批准后才能生效，目前尚未生效，责任机制无法真正发挥作用。因违反环境影响评价义务而需要承担的责任，一定是伴随着对南极环境的损害产生的，各缔约国对何谓“环境损害”至今尚未达成共识，因此在环境损害责任体系尚未完善的情形下，环境影响评价制度的责任追究无法落实。此外，如果所造成的环境损害的发生原因被认为并非属于《责任附件》所列出的应予追责范围，则仍会减损环境影响评价制度的设置宗旨。

四　南极环境影响评价制度的完善

（一）关于南极环评制度的适用

在南极条约时代，南极环境影响评价制度存在着协商国与非协商国、缔约国与非缔约国不同适用主体的差别待遇。随着南极活动日渐增多，越来越多的非缔约国国民加入到各种南极活动中，非缔约国是否会恣意地在南极地区为所欲为，如何扩大南极环评制度的适用性，值得深入研究。

首先，从现行规定看，《议定书》已顾及非缔约国的南极活动，呼吁非缔约国开展南极活动时接受 EIA 程序的规制，《议定书》第 13 条第 1 款第 5 项也有提及：“南极条约协商会议应提请任何非本议定书缔约国的国家注意该国、其机构、部门、自然人或法人、船只、飞行器或其他运输工具所进行的任何影响本议定书目标与原则的实施的活动。”[②] 有必要进一步完善相关制度。

其次，从国际法理论看，有必要推进南极条约作为国际习惯法的普遍

① 参见《议定书》第 9 条和《南极条约》第 9 条的规定。
② 《关于环境保护的南极条约议定书》第 13 条第 1 款第 5 项。

效力。条约规则一旦符合相关构成要件并转化为国际习惯法，则将对所有国家产生约束力，[①] 而无须第三国的同意。[②]《国际法院规约》第38条第1款b项对作为国际法渊源的国际习惯的定义是“作为通例之证明而接受为法律者”。国际习惯法有“通例”（general practice）和“法律确信”（opinio juris）两个基本构成要素。现实中目前非缔约国一般为缺乏介入南极事务的实力、与南极事务无直接关联性的发展中国家，他们的南极活动综合国力、技术支撑、资金投入都远远不及缔约国，因而缺少南极事务的话语权。即使这些国家未介入南极事务，应当也认同南极条约所确定的中立、非军事化、科学研究自由和注重环境保护等基本原则，所以构成“法律确信”和“通例”的可能性会随着南极和平利用的发展而不断增大。在国际社会中，国家行为长期受到指导和约束，从绝对的意义上讲，国家不受约束地行事的情况从来没有真正地存在过。[③] 非缔约国虽未被《南极条约》约束，但它不得不受制于来自国际社会尤其是其他缔约国的政治、经济及军事上的施压与制衡，出于国家利益和南极人类共同遗产属性的考虑，它们也会顺势而为，共同遵守《南极条约》及《议定书》的精神。实践中，非缔约国开展某项南极活动的主要方式是与缔约国合作进行，联合进行环境影响评价程序，这样既达到了非缔约国的活动目的，又能借助缔约国环评程序的规定使拟议活动“合法化”，还能促进两国或多国之间的交流合作，应当得到国际社会的广泛提倡。

未来发展应当逐步开放南极条约体系，以解决南极环境影响评价制度适用范围的局限性问题。ATCM和CEP应加强这一方面议题的讨论，鼓励非缔约国通过与缔约国签订双边条约的形式，约定在需要开展南极活动时，将其拟议活动纳入缔约国的EIA程序中，完善环境影响评价程序。

（二）关于明确统一的环境评价标准

“轻微或短暂的影响”标准的确定关系到南极活动如何开展以及环境责任如何承担，南极条约协商国作为南极条约体系的运作中心，应当担负起

① 《维也纳条约法公约》第38条。

② 《维也纳条约法公约》第3条。

③ 何志鹏：《国际社会的法治路径》，《法治研究》2010年第11期。

尽快确定出环境评价标准的责任。应当充分发挥非政府组织的作用。近几十年来，在南极政治与法律决策过程中，一些非政府组织不断地为ATCM提供专业化的咨询服务，例如南极研究科学委员会（SCAR）作为一个非官方咨询机构，常常应ATCM请求就南极科学、后勤、环保和其他技术细节提供专业化咨询；南大洋联盟（ASOC）是一个关注南极环保措施和从事公众环保教育的著名非政府组织，《议定书》的许多条款和附件都出自它之手。[①] 另外，ATCM也为非政府组织设定了观察员地位，非政府组织有权出席并提出科学技术上的观点、建议，供大会讨论、采纳。因此，ATCM应加强与非政府组织之间的技术合作，完善环境影响评价标准。

（三）关于环境影响评价制度的效力

南极条约体系建立伊始即缺乏一个具有国际法主体资格且享有完全法律能力的组织机构[②]负责整个条约体系的运行。与其他南极事务一样，关于拟议的南极活动最终开展与否的决策主体是谁一直存在争议，一种观点主张由提出拟议活动的国家享有草案的最终决定权，另一种观点则主张将最终决定权归于ATCM会议，附件一的第3条第5款规定："除非南极协商会议有机会考虑南极环境保护委员会关于全面环境评估的建议，否则不能作出关于任何拟议活动的最后决定。"该措辞暗示ATCM享有最终决定权，但是《议定书》并没有任何明确规定ATCM有权禁止该项拟议活动的内容。ATCM的决策采用成员国协商一致的原则，该原则源于《南极条约》第9条第4款的规定："本条第一款所述的各项措施，应在派遣代表参加考虑这些措施的会议的缔约各方同意时才能生效。"因此，《议定书》的效力不能当然凌驾于各国之上。未来南极环境影响评价制度的发展完善与南极条约体系组织结构的演进密切相关。纵观数十年发展变化，南极条约体系经历了"去中心化"向局部组织化甚至全面组织化方向的缓慢演变。通过前文对南极环评制度的分析，集中统一且规范的组织结构有助于EIA决策机制的形成，因此，将EIA决策权向ATCM和CEP倾斜，应当是完善这一制度的合

---

① 郭培清：《非政府组织与南极条约关系分析》，《太平洋学报》2007年第4期。

② 陈力、屠景芳：《南极国际治理：从南极协商国会议迈向永久性国际组织?》，《复旦学报》2013年第3期。

理选择。在此基础上，敦促各缔约国完善国内相关立法及其配套制度，与《议定书》条款相衔接，努力实现《议定书》所希冀达到的环境价值明确的环评标准仍是关键。

（四）关于环境损害责任制度的完善

南极环境影响评价制度与南极环境损害责任制度是环环相扣的一个系统的组成部分。首先要明确南极环境损害的含义。沃尔弗罗姆草案将环境损害定义为："因人类活动而给南极环境……造成的任何影响……这些影响从性质上说已超出了可以忽视的程度，除非在从事这些活动之前已经按照《关于环境保护的南极条约议定书》做过评估。"① 南大洋草案则建议将南极环境损害定义为"任何超过可以忽视程度的侵害"。② 综观以上观点，对于南极环境损害的理解，必须是全面的，一定是要符合"保护南极的环境及生态系统，保护南极的固有价值包括其荒野价值、美学价值、从事科研的价值"的基本原则，将一切对南极生态环境造成不可忽视的影响，对南极的生态价值造成减损的行为考虑到规制的范围内。

关于环境损害责任的追究，《责任附件》第 6 条第 3 款明确了经营人的严格责任，国家在一定情况下承担替代责任。严格责任的确立对南极环境的保护无疑是有益的，但是《责任附件》是对紧急事态下突发环境事件的应对，把责任的承担范围圈定在对南极环境造成重大以及有害的影响的偶然事件内。但人们发现，单一项目的开展对环境本身的影响并不大，但一系列关联项目在一定时间和空间内重叠进行，就会对环境产生非常显著的负面影响，这就是累计影响，基于南极生态环境保护的全面性考虑，仅仅注意到"急迫"的新的损害是不够的，还要注意"旧的损害"的复发。因此在明确环境影响评价标准的基础上还应考虑累积影响的测定、评价与追究，进而将累积影响评价的结果作为环境损害纳入环境损害责任体系中去，由活动主体分担责任，这样就建立起了全面环境损害责任追究制度。

---

① Wolfrum, The Chairman's Second Offering Annex on Environmental Liability.

② ASOC Commentary on Chairman Wolfrum's Second Offering Annex on Environmental Liability.

结 语

南极环境影响评价制度的确立是南极生态与环境保护的重要里程碑，环境影响评价制度是预防原则在南极环境保护中的具体体现。《议定书》中的环境影响评价制度根据拟议活动可能对环境造成的影响将评价活动分为三个层次进行，体现了对南极脆弱生态环境的保护。在南极活动正在如火如荼开展的今天，我们更需要南极环境影响评价制度的进一步完善：明晰区分环评报告类型的标准不仅为缔约国履行义务指明方向，更为缔约国环境损害责任承担的依据增加砝码。如何通过“人类共同遗产”理论逐渐让EIA制度具有普世价值，并促使缔约国严格秉承“条约必须遵守”的理念，实现《议定书》规定向国内法转化是未来ATCM必须要思考的问题。最后，应促使《议定书》的《责任附件》尽快生效，并在此基础上逐步构建更为广泛的南极环境损害责任追究制度。

The Antarctic Environment Impact Assessment System Research

Liu Huirong　Wang Guimin

Abstract: The Antarctic treaty established the peaceful use of the Antarctic and the basic aim of the ecological environment protection of the Antarctic. In June 1991, the protocol on environmental protection of the Antarctic treaty signed for a landmark for the construction of the Antarctic environment protection system, the establishment of the Antarctic environment impact assessment system opened up a new course of environmental protection of the Antarctic. Through analysis of the Antarctic treaty system and negotiation of the basic framework of the Antarctic environment impact assessment system, found defects such as the Antarctic environment impact assessment system of environmental impact assessment standard is not clear, the protocol on environmental protection of the Antarctic treaty the effectiveness of limited scope, the effect of the implementation of environmental impact assessment is difficult to guarantee, then put forward some advice like clear of the environmental impact assessment standard, open the way for the parties to participate in the Antarctic environment impact appraisal and build the Antarctic environment damage responsibility mechanism.

Key words: The Antarctic Environment Impact Assessment System, The Protocol on Environmental Protection of the Antarctic Treaty, IEE, CEE

黄河三角洲高效生态经济区环境保护法制保障问题及对策研究*

时　军**

摘要： 黄河三角洲高效生态经济区建设在立法和生态保护上存在不足。根据对立法现状和生态状况的分析，我们提出以下对策：制定以生态保护为前提的山东省《黄河三角洲高效生态经济区管理条例》；建立以黄河水利委员会为依托的黄河三角洲高效生态经济区水资源保障和水污染防治协调机制；完善以黄河三角洲生态保护为基本目标的公民参与制度。

关键词： 黄河三角洲高效生态经济区　环境保护　法制保障

高效生态经济，是指具有典型生态系统特征的节约集约经济发展模式。在产业类型上，形成由清洁生产企业组成的循环经济产业体系；在产业布局上，形成由若干生态工业园区组成的生态产业群；在生产工艺上，做到无废或少废，实现生产过程再循环、再利用，最终表现为整个经济体系高效运转，实现经济、社会、生态协调发展。从黄三角高效生态经济区几年来的建设实践中，我们发现黄三角生态区建设存在立法和生态保护上的不足。

一　黄河三角洲高效生态经济区的立法现状与生态状况

2009 年 12 月国务院正式发布了《黄河三角洲高效生态经济区发展规划》（国函〔2009〕138 号）（以下简称《发展规划》），黄河三角洲高效生

---

* 本文系教育部哲学社会科学发展报告建设项目“中国环境法制建设发展报告”（11JBGP044）的阶段性成果。

** 时军（1970～　），女，中国海洋大学法政学院副教授，法学博士，主要研究方向为环境与资源保护法学。

态经济区建设是我国第一个以“高效生态经济”为功能定位的国家级区域发展战略。

（一）黄河三角洲高效生态经济区的立法现状及不足

近几年来，山东省出台了大量优惠政策支持黄河三角洲高效生态经济区的发展。中共山东省委、山东省人民政府2010年5月23日发布了《关于贯彻落实〈黄河三角洲高效生态经济区发展规划〉的实施意见》（鲁发〔2010〕9号）。之后，山东省人民政府相继出台了《关于金融支持黄河三角洲高效生态经济区发展的意见》（鲁政发〔2010〕51号）、《关于黄河三角洲高效生态经济区未利用地开发利用的意见》（鲁政发〔2011〕36号）等文件。

在黄河三角洲所辖区市，东营市委、市政府2010年7月21日出台了《关于贯彻落实〈黄河三角洲高效生态经济区发展规划〉的实施意见》，作为东营市贯彻落实国家《发展规划》的纲领性文件，从总体要求和任务目标、生态建设和环境保护、基础设施建设、构建高效生态产业体系、推行土地管理和土地利用方式改革、推进城乡一体化发展、建立健全政策支撑体系和切实加强《发展规划》实施工作的领导等八个方面做出安排部署。此后，中共潍坊市委、潍坊市人民政府2010年9月1日发布了《关于贯彻落实鲁发〔2010〕9号文件精神加快黄河三角洲高效生态经济区建设的实施意见》。淄博市高青县人民政府2010年9月3日发布了《关于贯彻落实〈黄河三角洲高效生态经济区发展规划〉实施意见重点工作部门分工的意见》。德州市委、市政府2010年9月10日出台了《关于抢抓黄河三角洲高效生态经济区建设机遇促进乐陵市、庆云县加快发展的实施意见》。滨州市人民政府2010年10月20日发布了《山东省滨州市黄河三角洲高效生态经济区发展规划》。山东省及有关地市发布的关于黄河三角洲高效生态经济区建设的规范性文件，见下表。

黄河三角洲高效生态经济区规范性文件简表

发布部门	文件名称	文号	发布时间
中华人民共和国国务院	黄河三角洲高效生态经济区发展规划	国函〔2009〕138号	2009年12月1日
中共山东省委、山东省人民政府	关于贯彻落实《黄河三角洲高效生态经济区发展规划》的实施意见	鲁发〔2010〕9号	2010年5月23日

续表

发布部门	文件名称	文号	发布时间
山东省人民政府	关于金融支持黄三角高效生态区发展的意见	鲁政发〔2010〕51号	2010年5月27日
山东省人民政府	关于黄河三角洲高效生态经济区未利用地开发利用的意见	鲁政发〔2011〕36号	2011年9月14日
山东省人民政府	关于建立山东半岛蓝色经济区和黄河三角洲高效生态经济区建设重点工作协调推进制度的通知	鲁政办字〔2011〕72号	2011年6月14日
山东省人民政府	山东省对金融机构支持山东半岛蓝色经济区和黄河三角洲高效生态经济区建设奖励资金管理办法（试行）	鲁政办发〔2011〕73号	2011年12月5日
山东省国家税务局	关于做好支持黄河三角洲高效生态经济区开发建设工作的通知		2010年3月5日
山东省发展和改革委员会、山东省财政厅	山东半岛蓝色经济区和黄河三角洲高效生态经济区建设专项资金管理暂行办法	鲁发改投资〔2011〕628号	2011年6月7日
中共东营市委、东营市人民政府	关于贯彻落实《黄河三角洲高效生态经济区发展规划》的实施意见		2010年7月21日
中共潍坊市委、潍坊市人民政府	关于贯彻落实鲁发〔2010〕9号文件精神加快黄河三角洲高效生态经济区建设的实施意见	潍〔2010〕18号	2010年9月1日
潍坊市人民政府	潍坊市黄河三角洲高效生态经济区生态环境控制功能区划	潍政办字〔2011〕40号	2011年3月15日
淄博市高青县人民政府	关于贯彻落实《黄河三角洲高效生态经济区发展规划》实施意见重点工作部门分工的意见		2010年9月3日
中共德州市委、德州市人民政府	关于抢抓黄河三角洲高效生态经济区建设机遇促进乐陵市、庆云县加快发展的实施意见		2010年9月10日
滨州市人民政府	山东省滨州市黄河三角洲高效生态经济区发展规划		2010年10月20日

这是目前指导黄河三角洲高效生态经济区建设的政策性文件。很明显，这些规范性文件很少规定生态建设与环境保护事项和相关行为规范，这些规范性文件也缺乏整体性。另外，黄河三角洲高效生态经济区建设的实践中缺少普通民众对环境保护和生态文明建设的主动参与。因此，要实现国务院《发展规划》确定的总体目标，亟待完善省级立法，为该区域生态建

设和环境保护提供法制保障。

《发展规划》提出黄河三角洲高效生态经济区要主动加强与周边地区特别是天津滨海新区、辽宁沿海经济带等的经济交流和技术合作，形成优势互补、错位发展的新格局。相比其他几个区域发展规划，辽宁和天津的地方立法工作做得比较及时。国务院 2009 年 7 月发布《辽宁沿海经济带发展规划》，2010 年 5 月 28 日辽宁省第十一届人民代表大会常务委员会第十七次会议通过并公布了《辽宁沿海经济带发展促进条例》，自 2010 年 7 月 1 日起施行。天津滨海新区也早在 2002 年 10 月就发布了《天津滨海新区条例》。还有，国务院于 2008 年 1 月发布《广西北部湾经济区发展规划》，2010 年 1 月 24 日广西壮族自治区第十一届人民代表大会常务委员会第十三次会议通过并公布了《广西北部湾经济区条例》，自 2010 年 3 月 1 日起施行。这些经济区建设发展都循着先制定法规，再依法发展的路径。

黄河三角洲高效生态经济区没有这样一个专门“条例”。现有的国家和地方立法不能给生态经济区建设中的生态环境提供有力的法律保护。

（二）黄河三角洲高效生态经济区生态状况呼唤法制保障

通过调研我们发现，相较于其他经济区，黄河三角洲区域经济发展的结构性矛盾和深层次问题还很突出，经济社会与人口、资源、环境协调发展的任务繁重，发展高效生态经济面临着较为严峻的挑战。当前存在的主要问题和不足：一是经济快速发展与环境承载力之间的矛盾十分突出。随着黄河三角洲地区经济快速发展，大量工业项目的投产、大规模的资源开采，对生态环境承载力带来更大压力，也产生一系列新的环境问题。二是对生态建设与环境保护的资金投入不足。生态建设与环境保护的资金投入与生态环境保护的需要还有很大差距。三是农村生态环境保护问题更加突出。水体、土壤污染治理和生态系统恢复面临更大困难，在农村尚未建立和完善垃圾、污水处理机制和设施的情况下，农村的面源污染进一步加剧。农产品的质量安全、农村的生态环境都面临着越来越大的压力。

在山东省黄河三角洲高效生态经济区建设办公室 2010 年和 2011 年发布的《黄河三角洲高效生态经济区发展情况总结报告》中，我们看到的大多是“地区生产总值”“规模以上固定资产投资”“地方财政收入”“进出口总额”等这样的数据。而国务院《发展规划》中确定的一些约束性指标，如“单位 GDP 能耗降低率”“万元工业增加值用水量降低率”“工业固体废弃物综合利用率”“主要污染物排放总量降低率”“城市污水集中处理率”“林木覆盖率”等指标却未见描述。经济区建设的实践没有切实遵从“生态优先”的发展定位，各项建设给这一区域环境造成的污染越来越严重，生态损害有进一步扩大的趋势。

黄河三角洲地区的环境污染、生态破坏等环境问题比较突出。黄河三角洲地区属淡水贫乏地区，淡水资源短缺，近年来黄河三角洲水资源总量呈现不断减少的趋势，而开发和利用量却不断增大，水资源供需矛盾突出，严重制约着黄河三角洲地区的综合开发和经济发展。[①] 黄河三角洲地区水资源的特点是客水资源丰富，而本地水资源贫乏。黄河客水为该区的主要供水水源，随着黄河水资源的不断开发利用，黄河两岸引水量逐年增加，范围不断扩大，黄河下游来水量呈现逐渐减少的趋势。[②] 根据利津水文站水文统计资料，2009 年黄河径流量仅为 132.90 亿立方米，相较 1956 ~ 2000 年黄河 315.35 亿立方米的年均径流量偏少 57.9%，比 1987 ~ 2000 年黄河 142.84 亿立方米的年均径流量偏少 7%[③]。山东省引用黄河水的总量还要受到国家分配的每年 70 亿立方米的指标的限制。一方面水资源贫乏，另一方面，水污染问题却十分严重。根据环保部门对河道水质监测的分析结果，黄河三角洲境内的重要河流及过境河流均属污染河流。[④] 据 2011 年第 1 期《山东省重点水功能区水质通报》的数据，东营的水功能区水质达标率为 0，滨州的达标率仅为 14.3%，[⑤] 水质污染较为严重。流经黄河三角洲的河流的水质情况总体呈现出黄河水质较好，其他河流水质污染严重的状况。其中，小清河、支脉河、广利河等河流属严重污染级别。近年来黄河干流的水质

① 曹建荣等：《黄河三角洲水资源变化特征及其优化配置》，《人民黄河》2010 年第 6 期。

② 袁祖贵：《黄河三角洲资源开发与环境地球物理学应用》，东营：中国石油大学出版社 2008 年版，第 34 页。

③ 《2009 年黄河水资源公报》第 8 页，黄河网，http://www.yellowriver.gov.cn/other/hhgb/，最后访问时间为 2013 年 9 月 9 日。

④ 袁祖贵：《黄河三角洲资源开发与环境地球物理学应用》，东营：中国石油大学出版社 2008 年版，第 35 页。

⑤ 《山东省重点水功能区水质通报》2011 年第 1 期，山东水利网，http://www.sdwr.gov.cn，最后访问时间为 2013 年 7 月 26 日。

有明显好转。自 2005 年至今，黄河水质总体保持为Ⅲ级。[①] 但是其他以小清河为代表的较小河流的水质污染状况仍然非常严重。此外，黄河三角洲沿海水域污染状况也十分严重。2008 年《渤海海洋环境质量公报》数据显示，渤海海域以莱州湾的海水污染最为严重，其中夏季严重污染海域面积达渤海总面积的 26%；渤海湾的海水污染也比较严重，其中夏季严重污染海域面积达渤海总面积的 11%。[②] 黄河三角洲沿海水质主要受到石油、COD、挥发酚、总无机氮、总无机磷等污染物的污染。究其原因，主要是由油田开发、工业和生活污水、农业和水产养殖污染所致。严重的海洋污染导致近岸海洋渔业资源衰退、海洋生物多样性下降，海洋生物生存环境遭到破坏，甚至带来一系列生态灾害。

黄河三角洲地区由黄河泥沙新塑而成，成土时间晚，草甸过程短、海拔低，淤层薄，海相盐土母质所含大量盐分升至地表导致土壤盐渍化。不合理的垦殖，破坏了原有的生态平衡。[③] 黄河三角洲地区生态环境脆弱地带主要有海陆交错带、水陆交错带、干湿交错带、城乡交错带等，各种生态环境的脆弱地带错综复杂地交织于黄河三角洲，导致黄河三角洲总体环境呈现出脆弱性的特点。[④]。黄河三角洲位于黄河入海口，海岸线长达 693 公里，陆地生态系统和海洋生态系统彼此交汇、相互影响，形成了广阔的沿海滩涂区域。大面积新生的滩涂和低海拔的沿海土地由于植被稀少，地下水位过高，生态环境十分脆弱，如果利用不当，一旦破坏就很难恢复。黄河三角洲地区有多条河流经过，该区域内陆地生态系统与水生态系统相互交错，形成了广阔的黄河滩地和坑塘水库的边缘地，随着降水量的增加或减少，陆地和水域的区域交互转换，生态系统的演替表现出极不稳定的状况。黄河三角洲拥有全国最大的湿地，面积广阔的湿地与农田、草地等相互交织、相互演替，湿地生态系统也具有不稳定性。黄河三角洲地区发展起步较晚，城市的扩张速度非常快，城市和乡村接合部往往植被稀疏，在

---

① 参见张高生、李克勤、战立伟《现代黄河三角洲湿地动态变化及保护对策》，《生态环境学报》2009 年第 1 期。

② 《2008 年渤海海洋环境质量公报》，国家海洋局网站，http://www.soa.gov.cn，最后访问时间为 2013 年 7 月 29 日。

③ 荆树柱：《黄河三角洲土地资源可持续利用研究》，《滨州教育学院学报》1999 年第 2 期。

④ 于锡军、莫大伦：《黄河三角洲环境脆弱带与农业发展研究》，《农业环境保护》1998 年第 4 期。

城市化进程中城乡交错带的生态环境保护工作容易被忽视。

所以，在黄河三角洲高效生态经济区的建设中，我们要实现《发展规划》提出的“坚持生态优先，实现可持续发展”的发展目标，“有法可依”是关键。应当从建立与完善法律制度开始，逐步实现黄河三角洲高效生态经济区各项事业的制度化与规范化。

二 加强黄河三角洲高效生态经济区环境保护法制保障建议

按照国务院《发展规划》的目标要求，黄河三角洲高效生态经济的发展，要体现可持续发展理念，推进产业结构生态化、经济形态高级化，实现开发与保护、资源与环境、经济与生态的有机统一。为此，山东省立法机关应当加快推进黄河三角洲高效生态经济区地方立法工作。把生态建设和环境保护放在首要位置，充分考虑资源环境承载能力，正确处理好生态建设与经济建设的关系，在保护好生态环境的前提下谋崛起，进一步增强可持续发展能力。根据对黄河三角洲高效生态经济区建设中存在的问题的分析，尤其是针对立法上的不足以及生态保护存在的问题提出如下建议。

（一）制定以生态保护为前提的山东省《黄河三角洲高效生态经济区管理条例》

制定《黄河三角洲高效生态经济区管理条例》（以下简称《管理条例》），明确黄河三角洲高效生态经济区发展原则、管理体制，明确保障措施以及加强监督考核等。

《管理条例》应当坚持以生态优先为黄河三角洲高效生态经济区发展的第一原则。《发展规划》实施的要求是：“以资源高效利用和生态环境改善为主线，率先转变发展方式，着力优化产业结构，着力完善基础设施，着力推进基本公共服务均等化，着力创新体制机制，提高核心竞争力和综合实力，打造环渤海地区具有高效生态经济特色的重要增长区域，建成全国重要的高效生态经济示范区。”黄三角高效生态经济区建设必须转变经济发展方式，由“高投入、高能耗、高污染”的粗放型发展转变为“低消耗、低污染、高效益”的集约型发展，在保持经济发展速度的同时，提高经济发展的质量和效益。

在《管理条例》中可以考虑规定以下内容：（1）黄三角高效生态经济区发展应当转变经济发展方式，遵循科学规划、合理布局，统筹兼顾、良性互动，发挥优势、集约发展，保护环境、可持续发展的原则。（2）山东省人民政府和黄三角高效生态经济区的各市人民政府及其有关部门安排的交通、建设、科技、水利、农业、林业等建设资金应当重点支持国务院《发展规划》确定的相关区域。（3）山东省人民政府及黄三角高效生态经济区的各市人民政府应当积极推进黄三角高效生态经济区生态建设，加强生态林、自然保护区、水源涵养区、重要地质遗迹、湿地、草地、滩涂和生物物种资源的保护，维护生物多样性和植物原生态，恢复和增强生态服务功能，确保生态安全。（4）黄三角高效生态经济区开发建设应当严格实行环境影响评价制度，实行严格的排污许可证和污染物总量控制制度，落实污染物减排考核和责任追究制度。利用环境规划、环境监测等环境法制手段，严格限制高污染、高排放、高能耗产业投资项目，严格执行环境保护标准，推进集中供热和垃圾、污水集中处理等设施建设。大力发展循环经济，推进清洁生产，加快低碳技术研发、示范和产业化，完善节能减排指标体系、监测体系和考核体系，有效利用太阳能、水能、风能等可再生能源和新能源。（5）山东省人民政府及黄三角高效生态经济区的各市人民政府应当加强黄三角高效生态经济区水资源管理，严格实行水资源管理制度，加强水资源保护，实行严格的建设项目水资源论证、取水许可和用水总量控制与定额管理相结合的制度，合理开发利用和节约水资源。（6）黄三角高效生态经济区开发建设应当积极探索资源集约节约和持续利用的有效途径，建立完善资源开发保护长效机制，推进土地、水、矿产和海域资源高效利用。建设和完善生态环境监测预警系统以及监督执法体系。

在黄河三角洲高效生态经济区发展战略的实施过程中，应当始终按照国务院《发展规划》确定的目标与要求，不断对照经济发展运行中已经和可能产生的环境污染、生态破坏等问题，做到“预防为主”，防患于未然。只有这样，才能真正实现《发展规划》确定的生态良好、经济发展的总目标。

（二）建立以黄河水利委员会为依托的黄河三角洲高效生态经济区水资源保障和水污染防治协调机制

黄河不仅是维系黄河三角洲生态平衡的关键因素，也是黄河三角洲地区经济社会发展的基础性自然资源和战略性经济资源。黄河三角洲高效生态经济区建设需要充裕安全的黄河水资源。黄河三角洲地区淡水资源十分匮乏，地下水主要为咸水或微咸水，许多土地盐碱化程度较高，黄河水是这一地区最重要的淡水资源。在长期的河、海、陆相互作用下，黄河三角洲形成了独特的区域生态系统。黄河水直接决定着黄河三角洲内动植物种类、数量和分布状况，决定着湿地生态属性和生态质量的好坏。黄河过流时间的长短、流量的大小、注入渤海淡水泥沙含量的多少等，直接影响着三角洲地区的生态质量和发展趋势。而且，这些来水的水质必须是安全的，才能保证黄河三角洲的生态安全。

黄河三角洲高效生态经济区成为国家区域协调发展战略的重要组成部分，这不仅为黄河三角洲地区的发展带来重大机遇，也必然会对黄河水资源的调度与管理提出新的要求。国家授权黄河水利委员会对黄河水资源实施统一管理和水量统一调度。根据这一情况，山东省黄河三角洲高效生态经济区建设办公室应当积极与黄河水利委员会开展水资源分配方面的协调，建立水资源保障和水污染防治协调机制。做好黄河水资源的分配与河流污染治理工作，保证河流具有充足的水量、顺畅的水流、合格的水质是三角洲高效生态经济区健康发展的基本保障。

把有限的黄河水资源配置好、使用好是黄河三角洲经济区建设面临的最艰巨的任务之一，科学确定黄河水资源分配量，提高水资源供应保障能力，统筹调配淡水资源，科学利用地表水，合理利用地下水，控制地下水超采等是三角洲建设必须解决的问题。加强水利设施、防风暴潮和引供水体系建设，加大黄河入海流路治理力度，加强海咸水入侵治理，扩大再生水、海水和微咸水利用规模等，也是经济区建设应摆在重要位置的工作。此外，还要采取积极的措施进行生态修复，维持黄河河口地区生态系统的稳定性和生物多样性。利用汛期黄河调水调沙对自然保护区湿地实施生态补水，对黄河三角洲自然保护区受损湿地进行适度人工修复，同时协调好与海洋、滩涂资源保护的关系，避免过度人工干预，防止湿地生态系统继续遭受破坏。加强汇入黄河河流的污染治理工作，具体包括黄河、南水北调东线工程和小清河流域水污染治理，马颊河、德惠新河、漳卫新河、徒骇河、淄河下游大型污水处理厂建设工作等。

（三）完善以黄河三角洲生态保护为基本目标的公民参与制度

公民参与是区域环境保护的成功经验。黄河是中华民族的母亲河，黄河三角洲是三角洲地区居民的家园，那里的人们有保护自己家园的意愿，有维护家园生态健康的积极性，国家和地方应当为调动这种意愿和积极性提供制度支持。黄三角高效生态经济区当地政府、司法机关应为当地公民参与环保提供便利。我国的环境影响评价法、民事诉讼法等已经为公众参与环境保护提供了法律依据。

我国《环境影响评价法》规定，对规划和建设项目实施后可能造成的环境影响进行分析、预测和评估，提出预防或者减轻不良影响的对策和措施，进行跟踪监测。也就是说，在黄三角高效生态经济区规划与建设的项目都必须经过环评，工程建设和开发者必须事先对项目的选址、设计和投产后对周围环境产生何种影响，以及应采取的防范措施和防治方案提出环境影响报告书，经过批准后方可实施有关建设或开发行为。《环境影响评价法》第 11 条规定："专项规划的编制机关对可能造成不良环境影响并直接涉及公众环境权益的规划，应当在该规划草案报送审批前，举行论证会、听证会，或者采取其他形式，征求有关单位、专家和公众对环境影响报告书草案的意见。"该法第 21 条规定："对环境可能造成重大影响、应当编制环境影响报告书的建设项目，建设单位应当在报批建设项目环境影响报告书前，举行论证会、听证会，或者采取其他形式，征求有关单位、专家和公众的意见。"在环境影响评价的过程中允许有关居民参加，通过公众的监督从而预防或减轻规划和建设项目实施后对环境产生的不良影响。环境影响评价制度从政府规划阶段或建设项目投入施工之前就进行对环境影响的评价，力求从决策的源头防止环境污染和生态破坏，可以极大地提高环境保护的预防性和有效性。

环境公益诉讼是表达公众保护环境愿望的必要途径。《民事诉讼法》第 55 条规定："对污染环境、侵害众多消费者合法权益等损害社会公共利益的行为，法律规定的机关和有关组织可以向人民法院提起诉讼。"这条规定为公民选择通过诉讼的途径维护受损害的环境公共利益提供了法律依据。当地司法机关应当依法接受公民和其他组织提起的诉讼，依法裁决有关的纠纷。

此外，黄河三角洲高效生态经济区应当加强生态环境保护的法制宣传教育和法律服务，鼓励、支持公民参与环境保护，在该区域力求形成公众广泛参与生态建设与环境保护的社会氛围。

Research on the Problems and Countermeasures of Yellow River Delta High-Efficiency and Ecological Economic Zone Environmental Protection Legal System Safeguard

Shi Jun

Abstract: The current legislative and ecological situation in the development of Yellow River Delta high-efficiency and ecological economic zone is not good enough. According to the analysis of the current legislation and ecological protection condition, some countermeasures are suggested as follows: To legislate Shandong Province *Regulations of Yellow River Delta High-Efficiency and Ecological Economic Zone* premised on ecological protection; To set up a coordination mechanism on Yellow River Delta High-Efficiency and Ecological Economic Zone water resource protection and water pollution control supported by Yellow River Conservancy Commission; To improve the citizen participation system targeting on the ecological protection of Yellow River Delta.

Key words: Yellow River Delta high-efficiency and ecological economic zone, environmental protection, legal system safeguard

美加澳海洋外来物种入侵防治公约遵守和国家立法实践比较研究*

白佳玉　战晓薇**

摘要： 海洋外来物种入侵问题现如今已经逐渐成为国际社会在维护海洋生态环境及海洋生物多样性方面所关注的重点问题。每年因为海洋外来物种被有意无意地引进，许多国家遭受到极大的经济及海洋生态方面的损失。寻求长久有效的解决方法就被逐渐重视起来。作为海洋生物多样性及海洋生态环境保护方面的翘楚，美国、加拿大和澳大利亚的国家实践可为受此困扰的国家所借鉴。其国内完善健全的立法体系为海洋外来生物入侵的有效防治提供了保障。

关键词： 海洋外来物种入侵　国际公约遵守　立法

外来物种入侵是指生存于某种生境下的生物物种通过自然或人为的途径被迁移到新的生态环境的过程。其含义包括：第一，物种必须是外来、非本土的；第二，该外来物种能在当地的自然或人工生态系统中定居、自行繁殖和扩散，最终明显影响当地生态环境，损害当地生物多样性。

海洋外来物种入侵是指：某种物种在当地海洋生态系统内起初并不存在，通过自然或人为活动被从其他海域的生态系统引入，一旦外来海洋生物在当地海域内繁殖，并对当地海洋生态或经济造成破坏，该物种就构成了海洋外来物种入侵。入侵种可能是海洋植物或动物，也可能是海洋病毒

* 本文系 2012 年度教育部人文社会科学研究青年基金项目"我国防治海洋外来物种入侵的法律问题研究"（12YJC820001）的阶段性成果。

** 作者简介：白佳玉（1981～　），女，中国海洋大学副教授，法学博士，研究方向为海洋法、国际海事法；战晓薇（1989～　），女，中国海洋大学 2012 级硕士研究生，研究方向为国际环境法。

或细菌。入侵形式可能是自然原因，也可能是人为原因。[①]

海洋外来物种入侵会对生物物种及生态系统安全构成威胁，造成人的财产利益或人身利益的损害。随着海洋外来物种入侵问题日益得到国际社会的重视，有关海洋环境保护和生物多样性保护的国际公约也愈来愈多地对海洋外来物种入侵的防治做出规制。下文主要介绍目前与海洋外来物种入侵防治相关的国际公约，并比较研究美国、加拿大和澳大利亚如何通过国内立法来实现国际公约的遵守，或通过国内立法实践在未加入相关国际公约的情况下避免海洋外来物种入侵造成的危害。

一　防治海洋外来物种入侵相关国际公约

海洋外来物种入侵与海洋污染、渔业资源过度捕捞和生态环境破坏共同构成海洋环境面临的四大问题。然而，目前并无专门针对海洋外来物种入侵的国际公约，防治海洋外来物种的国际规制主要体现在一些以海洋环境保护、特殊生态环境保护和生物多样性维护为主旨的国际公约中。下文将主要阐释这些相关国际公约的主旨、与海洋外来物种入侵防治有关的规定和缔约国情况。

（一）《生物多样性公约》

1992 年 6 月 5 日在巴西里约热内卢举行的联合国环境与发展大会上，由各缔约国签署并于 1993 年 12 月 29 日正式生效的联合国《生物多样性公约》（*Convention on Biological Diversity*）是有关生物安全保护的国际公约，它对生物多样性及海洋环境保护等内容做出了规定，对缔约国生物多样性保护、其他相关国际法律文件起到指导性作用。《生物多样性公约》的主旨是保护生物多样性、生物多样性组成成分的可持续利用，以及以公平合理的方式共享遗传资源的商业利益和其他形式的利用，保护濒临灭绝的植物和动物，最大限度地保护地球上多种多样的生物资源，以造福于当代和子孙后代。该公约目前已有 194 个缔约国。[②]

---

① 林婉玲：《海洋外来物种入侵法律问题研究》，硕士学位论文，厦门大学，2008。

② *Convention on Biological Diversity*，www. un. org，最后访问时间为 2014 年 12 月 1 日。

（二）《联合国海洋法公约》

《联合国海洋法公约》（*United Nations Convention on the Law of the Sea*）于 1982 年 12 月 10 日在牙买加蒙特哥湾召开的第三次联合国海洋法会议最后会议上获得通过，并于 1994 年正式生效，是迄今为止海洋环境保护等方面最全面和重要的国际条约。《联合国海洋法公约》的宗旨在于：在妥为顾及所有国家主权的情形下，为海洋建立一种法律秩序，以便利国际交通和促进海洋的和平用途，海洋资源公平而有效的利用，海洋生物资源的养护以及研究、保护和保全海洋环境。该公约第 196 条专门针对海洋外来物种入侵防治做出相关规定："各国应采取一切必要措施以防止、减少和控制由于在其管辖或控制下使用技术而造成的海洋环境污染，或由于故意或偶然在海洋环境某一特定部分引进外来的或新的物种致使海洋环境可能发生重大和有害的变化。"① 该公约目前已有 166 个缔约国。②

（三）《国际船舶压载水和沉积物管理与控制公约》

《国际船舶压载水和沉积物管理与控制公约》（*International Convention for the Control and Management of Ships' Ballast Water and Sediments*，下文简称《压载水公约》）是国际海事组织（IMO）专门预防携带船舶压载水而导致海洋外来物种入侵的国际公约。国际海事组织于 2004 年 2 月 13 日在伦敦召开成员国外交大会时通过该公约，旨在通过船舶压载水和沉积物控制与管理来防止、尽量减少和最终消除因有害水生物和病原体的转移对环境、人体健康、财产和资源引起的风险，并避免此种控制造成的有害副作用和鼓励相关知识与技术的发展。2004 年 6 月 1 日开放供各国正式批准接受。该公约规定：公约将在合计不少于世界商船总吨位 35% 的至少 30 个国家批准之后的 12 个月后生效。目前已有 43 个国家批准该公约，其所代表的世界船队百分比为 32.54%。该公约的生效已指日可待。③

---

① 林婉玲：《海洋外来物种入侵法律问题研究》，硕士学位论文，厦门大学，2008。

② *United Nations Convention on the Law of the Sea*，www. un. org，最后访问时间为 2014 年 12 月 1 日。

③ *International Convention for the Control and Management of Ships' Ballast Water and Sediments*，www. imo. org，最后访问时间为 2014 年 12 月 1 日。

（四）《濒危野生动植物种国际贸易公约》

《濒危野生动植物种国际贸易公约》（*Convention on International Trade in Endangered Species of Wild Fauna and Flora*），由国际自然保护联盟各会员国政府于1963年起草签署，并于1975年正式生效。该公约的主旨为：通过限制野生动植物的进出口，确保野生动植物的国际贸易不会危及物种自身的延续。公约并非完全禁止野生动植物的交易，而是通过分级管制、依需要核发许可的方法来处理相关的问题。该公约目前已有缔约国180个。①

在对附录一和附录二的修改事宜中，特别规定了对海洋物种修正案的处理方法，即："对各种海洋物种，秘书处在收到建议修正案文本后，应立即将修正案文本通知缔约国。秘书处还应与业务上和该物种有关的政府间机构进行磋商，以便取得这些机构有可能提供的科学资料，并使与这些机构实施的保护措施协调一致。秘书处应尽快将此类机构所表示的观点和提供的资料，以及秘书处的调查结果和建议，通知缔约国。"②

（五）《关于特别是作为水禽栖息地的国际重要湿地公约》

1971年2月2日，来自18个国家的代表在伊朗南部的拉姆萨尔签署了《关于特别是作为水禽栖息地的国际重要湿地公约》（*Convention on Wetlands of International Importance Especially as Waterfowl Habitat*，下文简称《湿地公约》），该公约于1975年12月21日正式生效。

公约主张以湿地保护和明智利用为原则，在不损坏湿地生态系统的范围之内可持续利用湿地。《湿地公约》的宗旨是通过各成员国之间的合作加强对世界湿地资源的保护及合理利用，以实现生态系统的持续发展。目前，《湿地公约》已经成为湿地保护方面的重要指导性文件之一。该公约目前已有缔约国168个。③

---

① *Convention on International Trade in Endangered Species of Wild Fauna and Flora*，www. un. org，最后访问时间为2014年12月1日。

② 此处详见《濒危野生动植物种国际贸易公约》第15条。

③ 《关于特别是作为水禽栖息地的国际重要湿地公约》，www. ramsar. org，最后访问时间为2014年12月1日。

二 美国、加拿大和澳大利亚对相关国际公约的态度

美国、加拿大和澳大利亚之所以在防治海洋外来入侵物种方面有丰富且有效的经验，其原因之一在于三国对相关国际公约持积极态度并通过国际条约的遵守来保护本国的海洋生物安全。

（一）美国、加拿大和澳大利亚对相关国际公约的加入情况

美国、加拿大和澳大利亚因其国内情况不一，在加入海洋外来物种入侵防治相关国际公约方面的态度也不尽相同。其中最为积极主张加入的国家是加拿大，其次是澳大利亚，美国对通过国际条约来保护海洋生物安全的态度不甚积极，而是更多期冀以单边立法的形式以更为严苛的标准实现对海洋生物安全的最大保护。

1. 美国

美国虽在海洋环境保护与海洋生物多样性等方面签署了诸多全球性和区域性的法律文件，但在上述五项有拘束力的国际公约中，美国仅加入了《濒危野生动植物种国际贸易公约》和《湿地公约》。美国于 1974 年 1 月 14 日签署《濒危野生动植物种国际贸易公约》，并在 1975 年 7 月 1 日正式生效；于 1987 年 4 月 28 日正式批准《湿地公约》。

2. 加拿大

加拿大作为这三个国家中最积极的一个，上述五项国际条约均已签署批准，成为其缔约国。加拿大于 1992 年 12 月 4 日签署通过《生物多样性公约》；2003 年 11 月 7 日批准《联合国海洋法公约》，成为公约的第 144 个成员国；2004 年 2 月 13 日《压载水公约》正式制定后不久便批准加入该公约；于 1975 年 4 月 10 日签署通过《濒危野生动植物种国际贸易公约》；1971 年 2 月签署《湿地公约》并于 1981 年 5 月 15 日正式生效。

3. 澳大利亚

澳大利亚系位于太平洋中的岛国，一直致力于通过多种途径保护海洋环境和生物安全。除因《压载水公约》尚未生效，而只签署却并未正式通过外，已批准通过其他四项国际公约。澳大利亚于 1993 年 6 月 5 日签署通过了《生物多样性公约》，并于同年 6 月 18 日生效；于 1994 年 10 月 5 日签

署《联合国海洋法公约》；于 2005 年 6 月 2 日成为第一个签署《压载水公约》的国家，但却并未加入；于 1976 年 7 月 29 日签署《濒危野生动植物种国际贸易公约》，并于同年 10 月 27 日正式生效；于 1971 年 2 月签署并于 1975 年 12 月 21 日正式实施《湿地公约》。

（二）美国、加拿大和澳大利亚条约遵守目的下的国家立法实践

在防治海洋外来物种入侵方面，美加澳三国始终处于世界领先水平，其国内不仅拥有完善健全的立法，而且还制定了相应的机制，使其能够在防治海洋外来物种入侵问题时发挥有效作用。

1. 美国

罗斯福总统执政时期，美国已开始重视野生动植物的保护。1966 年美国制定了第一部保护濒危物种的综合性法规——《濒危物种保存法》（*Endangered Species Preservation Act*）。该法案只适用于美国境内的脊椎鱼类和野生动物，不适用于植物，一些禁止性规定也仅限于国家野生动物救护地范围内的物种保护，其实施范围具有一定的局限性。1969 年国会对该法案进行了修订，将其更名为《濒危物种保护法》（*Endangered Species Conservation Act*），同时将保护范围扩大为“世界范围内的濒危物种”，限制世界范围内的濒危物种在美国境内的进口与销售。

为加强对濒危物种的保护和遵守《濒危野生动植物种国际贸易公约》，美国国会于 1973 年通过《濒危物种法》（*Endangered Species Act*）。[①]《濒危物种法》授权行政主管部门制定条例的权力，如：第 1533 条 D 款规定法律授权内政部对列入濒危物种名录的物种制定它认为必要或可行的保护条例，为保护濒危物种发布某些禁令。另外，1535 条 H 款授权内政部就适当执行对各州进行财政援助的有关条款而制定条例。[②]

在保护湿地立法领域，美国形成了以宪法为基础，联邦、州与地方政府湿地保护法三级层级各异、相互配合的体系。其中，美国宪法及修正案有关条款对湿地的管辖权、湿地不受政府侵犯、湿地所有权界限的划分等

① 贾丽娟、樊恩源、王晓梅等：《美国濒危物种管理及其对我国的启示》，《江苏农业科学》2012 年第 2 期。

② 李铮：《从美国〈濒危物种法〉对我国〈野生动物保护法〉的反思》，《云南环境科学》2003 年第 2 期。

进行了明确规定，是联邦、州、地方湿地保护立法的基础。联邦一级制定的有关湿地法规，是湿地保护的主要法律依据，包括《全国环境政策法》《河口保护法》《联邦水工程法》《河流与口岸法》《鱼类和野生生物保护法》《草地法》《北美湿地保护法》等。①

2. 加拿大

加拿大政府应对入侵物种问题最卓有成效的行动始于1995年的《加拿大生物多样性战略》（*Canadian Biodiversity Strategy*）。《加拿大国家野生生物政策》（*Canadian National Wildlife Policy*）对其进行了更进一步的完善，明确指出，任何非本地物种都不能被引入加拿大的自然生态系统，仅在有限的情况下允许将外来物种引入人工改良过的生态系统。

在联邦层面，《渔业法》（*Fisheries Act*）包含了保护鱼类和鱼类栖息地的条款，它是最直接处理水生入侵物种事务的联邦法律。其他相关的联邦法律包括1999年的《加拿大环境保护法》（*Canadian Environmental Protection Act*）以及《加拿大环境评价法》（*Canadian Environmental Assessment Act*）。

1996年12月18日，加拿大根据《联合国海洋法公约》生效后国际海洋形势的新情况以及加拿大本国国内在海洋管理方面出现的新问题，颁布实施了《加拿大海洋法》，成为世界上第一个进行综合性海洋立法的国家。同时，为了更好地履行《加拿大海洋法》，加拿大还陆续通过了如下的相关法律文件：《加拿大海洋战略》于2002年7月制定，它系仅次于《加拿大海洋法》的海洋综合管理文件，为加拿大海洋管理提供了政策向导；加拿大政府于2005年2月开始实施《海洋行动计划》，为改革政府管理海洋体制提供方法和途径。

加拿大渔业与海洋部和环境部于2005年6月8日联合发布了《联邦海洋保护区战略》，其内容包括：自然和社会科学研究、特定海洋保护区的管理和为公众提供咨询服务等。该战略的实施有利于保护加拿大海洋生态系统的完整。加拿大还制定了《加拿大生物多样性战略》《加拿大环境保护法》《加拿大压舱水管理指南》等相关法律和技术性文件。

加拿大环境部执法分部负责保护、保存环境与野生生物。《加拿大环境

---

① 谭新华、匡小明：《美国湿地保护立法及对我国的启示》，《知识经济》2008年第12期。

保护法》（*Canadian Environmental Protection Act*）规定，执法官拥有与治安官相等的权力。执法官分为环境执法与野生生物执法两大类。前者执行《加拿大环境保护法》（*Canadian Environmental Protection Act*）和《渔业法》（*Fisheries Act*）污染规定及其他相关规定。后者执行《候鸟保育法》（*Migratory Birds Convention Act*）、《加拿大野生动物法》（*Canada Wildlife Act*）、《濒危物种法》（*Species at Risk Act*）和《野生动植物保护与国际及省际贸易法》（*The Wild Animal and Plant Protection and Regulation of International and Interprovincial Trade Act*）。①

加拿大对本国国内湿地保护的规定主要散见于诸多法律文件中，如《加拿大海洋法》、《加拿大野生动物法》和《国家公园法》等。《加拿大海洋法》主要涉及对滨海湿地的保护，如果滨海湿地被制定为海洋保护区，则其中的鱼类、濒危物种、独特的生态环境和生物多样性区域等各个方面都会受到该法的保护。《加拿大野生动物法》中规定任何野生动物、植物和其他有机体及其生态环境都受该法保护，符合条件的滨海湿地也受该法的保护。《国家公园法》授权加拿大遗产部指定并管理加拿大的国家公园，随后又修改并增加了建立国家海洋保育区的条款，保育区包括底土和水流，盐沼、河口等滨海湿地也被包括在内。②

3. 澳大利亚

澳大利亚对外来物种的管理主要体现在对船舶压载水的管理上。1996年，澳大利亚制定了《澳大利亚生物多样性保护国家策略》（*Australia's Biodiversity Conservation Strategy*），在该国家策略中，制定了在面对外来物种的现实影响和潜在影响时如何进行评价的研究机制，指出需建立控制和消除外来物种的生物学和其他方法，并最大限度地减小外来物种引进的风险。③

澳大利亚于1994年10月5日正式批准加入《联合国海洋法公约》及

---

① 汪劲、王社坤、严厚福：《抵御外来物种入侵：法律规制模式的比较与选择》，北京：北京大学出版社2009年版，第126～132页。

② 蔡守秋、王欢欢：《加拿大滨海湿地保护立法与政策》，《中国海洋报》2010年12月17日，第4版。

③ 陈良燕、徐海根：《澳大利亚外来入侵物种管理策略及对我国的借鉴意义》，《生物多样性》2001年第4期。

《联合国海洋法公约》第十一部分的《执行协定》，成为缔约国。澳大利亚联邦政府及州政府针对国内现有海洋开发利用活动制定了一系列的法律法规。

澳大利亚政府在1997年和1998年分别发布了《澳大利亚海洋产业发展战略》、《澳大利亚海洋政策》和《澳大利亚海洋科技计划》三个政府文件，提出了澳大利亚21世纪海洋战略，以及发展海洋经济的一系列战略和政策措施。针对国内现有的各种海洋开发利用活动，澳大利亚联邦政府及州政府也制定了相应的法律，如《渔业法》《海岸保护管理法》《环境保护（海洋倾倒）法》《国家公园和野生动物保护法》等。在调整海域使用活动方面的主要法律有《海洋与水下土地法》《大陆架生物自然资源法》。①

澳大利亚对滨海湿地的保护也极为重视。在20世纪90年代政府就颁布了一系列的政策法规，其中极为重要的是1992年签订的《政府间环境协议》、1999年澳大利亚国会出台的《环境与生物多样性保护法》以及1997年颁布的《国家湿地政策》。其中，《国家湿地政策》成为澳大利亚湿地保护的重要文件，各州根据该政策制定湿地保护的战略和计划，澳大利亚环境署下属的生物多样性保护局湿地处负责具体湿地保护工作。

三　美国、澳大利亚对未加入的国际公约所调整活动之国内立法实践

美国与澳大利亚虽然并未实际加入上述全部国际公约，但两国在其国内积极寻求解决途径，参考相关国际公约中的制度以单边立法的形式进行海洋外来物种入侵的防治。

（一）美国

美国虽未加入《生物多样性公约》，但由于生物多样性的保护是一个全球性的课题，且美国每年因为各种人为、非人为的原因给其本土带来巨大的经济损失而使其亟须采取措施来保护生物多样性。同时，美国民众生物

① 王冠珏：《澳大利亚的海洋法实践研究及其对我国的启示》，硕士学位论文，中国海洋大学，2010。

多样性保护的意识较高，虽然未加入《生物多样性公约》，但美国在防治外来物种入侵和生物多样性保护方面仍走在世界前列。

美国政府曾在 1994 年 7 月签署了《关于执行〈联合国海洋法公约〉第十一部分的协定》，但却并未批准，因此尚不是《联合国海洋法公约》的缔约国。美国反对该公约的理由是第十一章关于成立“国际海底管理局”的规定“可能违反自由经济与开发原则”。但近些年来，美国并未真正放弃对加入公约的努力。美国参议院对外关系委员会在 2004 年和 2007 年曾先后两次建议批准加入《联合国海洋法公约》，但该建议均未能实现。在 2012 年 5 月，奥巴马政府再一次试图就加入《联合国海洋法公约》做出努力：美国国务卿希拉里·克林顿、国防部长帕内塔、参议院对外关系委员会主席约翰·克里等人在国会一致强调批准加入《联合国海洋法公约》的紧迫性与重要性，希望说服参议院批准美国加入《联合国海洋法公约》。同时，美国国内各界希望加入《联合国海洋法公约》的呼声也日益高涨。① 可以看出，美国并非不希望加入《联合国海洋法公约》，只是在寻找加入的契机而已。

美国之所以也未加入《压载水公约》是因为对其规定的标准存在两方面质疑：一方面认为其规定的标准过高，且存在可行性的疑惑；另一方面认为标准未达到美国本国对压载水规定的标准，且美国部分州的压载水管理标准较《压载水公约》的标准更为严格。② 美国关于压载水的立法规制可追溯到 1989 年制定的《控制倾入大湖区压载水的自愿指南》。美国在 1990 年 10 月第 101 届国会上通过了《外来有害水生生物预防与控制法》（NSNPCA），它是美国国内第一部关于防控外来物种通过压舱水入侵的法律。该法阐述了外来物种入侵所产生的问题并规制了应对此类问题的基本思路，其目的在于预防有害外来水生生物的引入并控制美国现已存在的物种引入。③

美国在 1996 年 10 月第 104 届国会上又通过了《国家外来物种法》（NISA）。这部法律进一步补充并认可了《外来有害水生生物预防与控制法》，通过对船舶压舱水的管理与控制，防止外来物种在美国水域有意无意的引入和传

---

① 吴慧：《美国批准加入〈联合国海洋法公约〉的影响》，《世界经济与政治论坛》2012 第 5 期。

② 白佳玉：《船舶压载水法律规制研究》，北京：中国法制出版社 2010 年版，第 170～174 页。

③ 张博：《美国外来物种入侵的相关法律对我国的启示》，《黑龙江省政法管理干部学院学报》2005 年第 2 期

播。与 1990 年的《外来有害水生生物预防与控制法》相比，该法把压舱水的管理范围进一步扩大至美国管辖水域。①

（二）澳大利亚

澳大利亚是第一个签署《压载水公约》的国家，但由于该公约生效的条件尚未达到，因而实际上处于未正式生效的境地，所以澳大利亚处于持续观望的状态，一方面积极修改本国国内的压载水管理规定，紧跟公约的发展动态，另一方面则是待《压载水公约》正式生效后批准通过《压载水公约》。

1991 年，国际海事组织的海上环境保护委员会通过了《防止船舶压载水及沉积物排放传播有害的水生生物和病原体的国际指南》，为与该指南步调一致，澳大利亚检疫及检查服务处于同年颁布了《压载水自愿管理指南》（*The Australian Ballast Water Management Guidelines*）。1997 年压载水指南的修正案在国际海事组织第 20 届大会上获得通过，澳大利亚也紧跟着于次年根据该修正案修订了其《压载水自愿管理指南》。② 目前，澳大利亚适用的压载水规则是 2001 年由澳大利亚检疫和检查服务处出台的具有强制性的《澳大利亚压载水管理要求》，该要求对压载水的管理做出了强制性规定，不仅大部分内容严格遵守了《压载水公约》，在个别地方甚至比该公约的要求更为严格。

四　美国、加拿大和澳大利亚对相关国际公约态度的异同及差异性成因

（一）美国、加拿大和澳大利亚遵守相关国际公约之共性

美国、加拿大和澳大利亚在防治海洋外来物种入侵方面存在一定的相同之处，大致可以归纳为如下两方面。

---

① Second draft of the National Management Plan [EB/OL], http://www. Invasive species. gov/council/nmp. shtml.

② 匡浩：《防止船舶压载水海洋外来生物入侵的法律比较研究——立法、趋势及应对》，硕士学位论文，大连海事大学，2010。

首先，高度重视外来物种入侵问题，立法实践发端较早。美国、加拿大、澳大利亚三国在较早时期就能够意识到海洋外来物种入侵的危害性并且给予高度重视，从立法层面进行规制。

其次，立法体系全面且完善。美加澳三国在防治海洋外来物种入侵方面之所以走在国际社会的前列并非偶然，这三个国家在国际层面积极加入国际条约，遵守国际规则；在国内层面建立、健全海洋外来物种防治法律体系。而且，国内标准甚至严于国际公约的相关规定。

（二）美国、加拿大和澳大利亚对相关国际公约态度之差异性

首先，美加澳三国加入有关防治海洋外来物种入侵国际公约的程度不同。就上述影响较为广泛的国际公约而言，只有加拿大是全部批准，澳大利亚尚未加入《压载水公约》，而美国主要加入了《濒危野生动植物种国际贸易公约》和《湿地公约》。

其次，就加入公约的遵守与未加入公约的国家实践，各国在国内的相关立法有不同侧重点。由于特殊地理环境的影响，澳大利亚侧重于通过严格规制船舶压载水及其他途径以严格控制有意无意引入的外来物种并防治其形成入侵之势；美国与加拿大两国由于其在地理位置上相邻，较为注重海洋入侵物种的联合管控，通过签订相关双边条约，共同进行防治。

（三）美国、加拿大和澳大利亚对相关国际公约态度差异之成因

1. 地理位置上存在差异

美加澳三国虽然均为沿海国家，但是在地理位置上，美国与加拿大间存在大湖区，需要国家间合作共同治理环境问题。澳大利亚则属于四面环海的岛国，通过船舶与外界来往贸易，倾向于通过严格规制防止有意无意引进的海洋入侵物种。

2. 所处温度带上的差异

澳大利亚位于南纬10°41′和43°39′之间，横跨热带和温带两个温度带，在气候上较为适宜各种生物的生长，加之澳大利亚在地缘上不与任何国家接壤，其当地物种没有较大的生存压力，天敌较少，这就造成了澳大利亚一旦有外来物种入侵便会给当地经济与环境带来极大灾难，因而其格外重视对外来物种的防控。而美国与加拿大在纬度跨度上既有温带也有寒带，

物种生存环境相对恶劣，同时两国接壤。因此美国与澳大利亚在防控外来物种入侵方面的侧重点不同。

3. 国家利益的综合考量

美国之所以未像加拿大与澳大利亚一样加入大部分甚至全部国际公约，其中最重要的一个原因就在于国家利益。它认为加入全部公约会极大地限制其在某些方面权利的行使，与其国家战略及国家利益不相符。

综上所述，美国、加拿大和澳大利亚由于各自国内的具体国情与现实情况不同，对海洋外来物种入侵防治相关国际公约的态度有所差异。加澳美三国加入有关公约的程度依次递减，且在加入的公约中对某些方面的规定也不尽相同。通过研究这三国对国际公约的遵守和国家立法实践，分析三国之间的差异与差异成因，其意义在于将完善有效的防治经验运用于我国，解决我国海洋外来物种入侵问题。

Comparative Study on the Compliance with Relevant International Conventions for the Prevention and Control of Marine Alien Species´ Invasion and the Domestic Legislative Practice by U. S. , Canada and Australia

Bai Jiayu　Zhan Xiaowei

Abstract: Marine alien species' invasions nowadays have become the key issues which arouse he attention of the international community considering the marine environment protection and marine biodiversity preservation. Each year, the intentional or unintentional introduction of marine alien species has made coastal countries suffered great economic and marine ecological losses. It is necessary to seek effective solutions to solve. As marine biodiversity protection leaders in the world, the United States, Canada and Australia, have experience the marine alien species' invasion severely. These three countries made relatively systematic domestic legislative system to conquer the issues which reflect their compliance with the relevant international conventions about marine invasive species' prevention and control.

Key words: marine alien species' invasion, the compliance with international convention, legislation

沿海滩涂保护的政府环境法律责任研究*

王　刚**

摘要：沿海滩涂承载着重要的生态功能，是一种典型的公共物品，对于全人类的生存都具有举足轻重的作用。但是沿海滩涂生态环境不断恶化。沿海滩涂缺乏利益相关者的积极保护，因此，需要政府承担起沿海滩涂保护的环境法律责任。政府环境法律责任应该包括三个方面的内容：政府环境民事责任、政府环境行政责任和政府环境刑事责任。

关键词：沿海滩涂　生态环境　政府环境法律责任

我国目前的沿海滩涂生态环境保护之所以存在注重“入口管理”的状况，一个核心因素在于缺乏相应的政府环境法律责任。本文从实现沿海滩涂“过程管理”的角度对沿海滩涂的政府环境责任进行论述。本文提出政府在沿海滩涂生态环境恶化上应该承担完全责任的原则。这一责任原则可以避免政府通过履行程序来逃避责任的状况，从而促使政府实现沿海滩涂的“过程管理”。

一　沿海滩涂保护直接利益相关者的缺位召唤政府环境法律责任

随着人类加速向沿海一线迁移，沿海城市成为人们生活的首选。而且

* 本文系教育部人文社会科学研究规划基金项目“生态文明建设中的沿海滩涂使用与补偿制度研究”（14YJA810008）、中国海洋发展研究中心青年资助项目“我国沿海滩涂可持续利用法律问题研究”（AOCQN201326）及中央高校基本科研业务费暨中国海洋大学青年教师科研专项基金项目“沿海滩涂保护法律制度研究”（201413035）的阶段性成果。

** 作者简介：王刚（1979～　），男，山东即墨人，中国海洋大学法政学院副教授，博士，研究方向为海洋管理、环境保护。

大部分海岸线都成为城市建设的重点。当大片的滩涂被横亘在城市建设的面前时，改造或者侵占滩涂几乎成为再自然不过的选择。地方政府是滩涂改造的直接推手，尤其是在当前 GDP 主导的政绩考核指标体系之下，改造滩涂，围海造田，将获得不菲的政绩。作为沿海地区稀缺的资源之一，土地是争夺的焦点。在城市扩容的过程中，向当地居民或农民索要土地，其“高昂”的动迁成本、避免居民不满的协调成本，都让沿海地方政府为之头痛。而向海洋要地，侵占沿海滩涂，其成本却最为低廉。在寸金寸土的沿海，侵占滩涂、围海造田的成本却低得惊人，造田一平方米只需要二三百元。[①] 因此，侵占滩涂成为沿海地区最为正常的选择。除了侵占沿海滩涂，对滩涂的改造也是城市建设的组成部分。很多城市都将滩涂改造作为自己城市的建设名片。日照市沿海一线的奥林匹克水上公园，其前身就是一片滩涂。日照市将之改造后，其成为日照市的一张城市名片，日照市政府也将之作为日照对外展示自己的窗口。

除了沿海地方政府有着这种改造滩涂的冲动外，沿海居民也对改造滩涂心向往之。尽管环境问题在工业革命之后才引起人们的注意和重视，但是人类对环境的改造却可以追溯到很久以前。我们对生态环境的改造，从来都是以宜居为宗旨，因此，我们眼中的环境从来都不是“原始的自然”。关于“原始的自然”的模式只是一个幻境，是对童真崇拜的产物。[②] 甚至我们对自然的向往，也是需要加入人类改造的状态。我们对自然的图景描述，更向往有着人类痕迹的自然山水。一幅让我们着迷的山水名画，大多显露一些人类的痕迹，一条山间小径，密林中的飞檐一角，这样的自然才是我们向往的自然。我们对自然可能心存向往，尤其是当自然越来越远离我们的时候。但是我们中的大部分人可能并不喜欢生活在“原始的自然”之中，这种对改造的自然环境向往的天性，使得沿海滩涂不可避免地受到人们的改造。从自然的特性而言，沿海滩涂并不适合人类居住。它或者淤泥纵横，或者杂草丛生，抑或怪石嶙峋。尤其对于生活在都市的人们而言，改造沿海滩涂几乎成为他们的第一反应。

---

① 《揭海岸线蚕食内幕：1 平仅 300 元 疯狂利润成推手》，青岛新闻网，http://www.qingdaonews.com/gb/content/2012 - 02/21/content_9122415.html，最后访问时间为 2012 年 2 月 22 日。

② 〔德〕约阿希姆·拉德卡：《自然与权力：世界环境史》，王国豫等译，保定：河北大学出版 2004 年版，第 4 页。

在生态环境保护上，我们一直预设，当地民众会对破坏环境的行为深恶痛绝，与之抗争。而实际上，这种主观臆断的想象并不与事实相符。很多的当地民众对污染主体并不排斥，甚至欢迎。当污染企业能给他们带来经济收益，改善他们的生活时，他们甚至与污染企业成为统一战线。[①] 而破坏沿海滩涂的生态环境，尤其是侵占滩涂面积与破坏生物多样性时（暂且不论其污染），当地的民众对这种生态环境破坏几乎不会产生反感。滩涂被改造成耕地或者城市建设用地，尽管破坏了其生态系统，降低了生物多样性，也减弱了滩涂的生态调控功能，但是对于居住在沿海滩涂周边的民众而言，这种改造甚至会受到他们的欢迎。滩涂湿地所显示出的自然原始性，并不一定比人造花园更有吸引力。非常有代表性的天津滨海新区海岸线，2010 年，自然岸线的长度为 68. 49 千米，仅占 26. 05%，而人工岸线的长度增加到 194. 41 千米。按照规划，到 2020 年，自然岸线长度将只剩下 38. 64 千米，人工岸线的比例更是增加到 84. 93%。[②] 这种改变不仅是在政府的推动下产生的，而且也受到大部分沿海居民的欢迎。

在沿海滩涂周边的居民中，渔民可能是对沿海滩涂最富于感情者和受益者。很多沿海渔民从沿海滩涂中猎取鱼类和贝类，从而获得生活来源。沿海滩涂是他们赖以生存的根本。当滩涂生态环境遭受破坏，他们是最大的直接受害者，因而可能会对破坏沿海滩涂生态环境的行为进行反对。但是随着经济的发展，滩涂渔业已经被边缘化，甚至滩涂养殖也受到排挤。大量的滩涂渔民改变身份，放弃了滩涂渔业或养殖，而成为市民。他们对滩涂的感情也逐渐淡化，与滩涂的利益关联也逐渐松散，他们也与市民一样，更喜欢经过人工改造的滩涂，或修建上走廊和栏杆，或者填埋改造成滨海公园，抑或建成居住的楼房，成为远眺大海的海景房。换言之，有关沿海滩涂的环境意识还没有形成。环境意识包括环境认识观、环境价值观、环境伦理观、环境法制观和环境保护自觉参与观。[③] 不但普通民众没有形成有关沿海滩涂的环境意识，即使是沿海滩涂周边的居民也没有清晰的沿海滩涂环境意识。

---

① 巩固：《环境法律观检讨》，《法学研究》2011 年第 6 期。

② 孟庆伟等：《天津滨海新区围海造田的生态环境影响分析》，《海洋环境科学》2012 年第 1 期。

③ 崔凤、唐国建：《环境社会学》，北京：北京师范大学出版社 2010 年版，第 99 ~ 100 页。

因此，实际的情况是，几乎没有强烈反对侵占滩涂面积或降低生物多样性的人群，反而有着觊觎滩涂的集团。滩涂的生态价值并没有为滩涂周边的居民所关注。但是如上所述，滩涂的生态价值，体现在使全人类受益上。沿海滩涂作为全球重要的气候调整系统和生态维护系统，一旦遭受严重破坏，对全球的环境而言，是一种灾难。滩涂被侵占，其引发的环境灾难将是致命的：它将加重部分地区的旱情，减少渔业资源，诱发洪灾，加重赤潮危害。[①] 在这种状况下，政府责无旁贷地需要承担起保护沿海滩涂生态环境的责任。

沿海滩涂的生态环境是一种典型的公共物品，更精确地说，是一种全球公共物品。按照经济学的界定，公共物品即为消费中不需要竞争的非专有货物。[②] 它具有“非竞争性”和“非排他性”两个特征，因而在供给中很容易产生“搭便车”现象。而全球公共物品不仅具有一般公共物品所具有的非竞争性和非排他性，还有一个独有特征：存量外部性（stock externalities）。所谓存量外部性，是指目前的影响或损害依赖于长期累积起来的资本或污染存量。例如全球变暖问题，温室气体的影响依赖于温室气体在大气中的聚集，而不仅仅依赖于目前的排放量。[③] 因此，对于全球公共物品而言，“搭便车”现象更为普遍。[④] 但全球公共物品的供给一旦错过最佳时期，其灾难将是致命的。由于“存量外部性”的存在，沿海滩涂生态环境破坏对全球生态维护的削弱，将是缓慢和隐形的。而如果放任这种破坏，沿海滩涂完全有可能丧失自己的气候调控与生态维持功能，全人类将蒙受灾难。目前，在全球范围内，还没有一个组织可以实现全球公共物品的有效供给，因此，各个国家的政府需要承担起自己的职责。尽管如上所述，侵占沿海滩涂可以获得经济利益，甚至获得当前部分民众的支持和拥护，但是它所损害的是整个国家、整个世界的利益。沿海滩涂生态环境的这种特性，召唤政府的环境责任。而唯有政府担负起自己的环境责任，才有可能实现沿

---

① 蒋高明：《假如没有了滨海湿地》，《人与生物圈》2011 年第 1 期。

② 〔美〕萨缪尔森：《经济学》，高鸿业译，北京：中国发展出版社 1992 年版，第 194 页。

③ 赵中伟、王静：《全球公共物品的提供：以国际运输业为例》，《世界经济与政治论坛》2005 年第 4 期。

④ 覃辉银：《国际合作中的集体行动问题》，《深圳大学学报》（人文社会科学版）2010 年第 1 期。

海滩涂生态环境的保护。

二　沿海滩涂保护政府环境法律责任状况

总体而言，我国法律对政府环境法律责任的规定存在很多不足。政府不履行环境责任以及履行环境责任不到位，已成为制约我国环境保护事业发展的严重障碍。[①] 国家环境保护总局政策法规司司长杨朝飞在谈及我国环境保护法修改问题时也认为，政府在环境保护方面不作为、干预执法及决策失误是造成环境顽疾久治不愈的主要原因。[②] 其潜台词就是政府环境法律责任缺失是环境问题屡禁不止的根源之一。有研究者总结了我国政府环境法律责任方面存在的不足：（1）尚未明确政府环境责任的指导思想，政府环境责任形式的规定比较零乱，难成体系。（2）强调或重视的主要是政府的第一性环境责任形式，特别是政府权力的分配即政府各职能部门的权力配置和利益分配，轻视第二性政府环境责任形式，特别是轻视对政府环境法律责任的追究，即重视政府权力制度、轻视政府问责制度。（3）重视环保部门的环境责任形式，轻视其他政府机关的环境责任形式；重视政府机关环境责任形式，轻视其他国家机关的环境责任形式。[③]这种状况在沿海滩涂的生态环境保护中同样存在。具体而言，法律规定的我国沿海滩涂政府环境责任存在以下问题。

（一）现有法规对沿海滩涂生态环境恶化的政府法律责任规定不清

我国现有的环境保护法规尽管对政府责任有所规定，但是太过笼统，例如《中华人民共和国环境保护法》（下文简称《环境保护法》）中只有第十六条和第四十五条涉及政府责任。第十六条规定："地方各级人民政府，应当对本辖区的环境质量负责，采取措施改善环境质量。"这一规定只是原则性的，地方政府应该对何种程度的环境恶化状况负责，没有明确的规定。这一原则性规定的结果就是在实践中，只有发生重大的环境污染事件时，

---

① 李妍辉：《从"管理"到"治理"：政府环境责任的新趋势》，《社会科学家》2011 年第 10 期。

② 杨朝飞：《〈环境保护法〉修改思路》，《环境保护》2007 年第 Z1 期。

③ 徐安住、佘芮：《政府环境责任形式研究》，《唯实》2011 年第 10 期。

才会追究政府及其领导人的责任。第四十五条规定："环境保护监督管理人员滥用职权、玩忽职守、徇私舞弊的，由其所在单位或者上级主管机关给予行政处分；构成犯罪的，依法追究刑事责任。"尽管第四十五条的规定较之第十六条翔实一些，但是其责任追究主要还是程序性的，即政府及其公务员违反执法程序和规定，将承担责任。但是如上所述，深谙执法之道的公务员，很容易通过"遵循程序"来逃避自己的责任。这可以解释现实中为何很多管理部门都履行了合法的程序，而环境依然继续恶化。

具体到沿海滩涂的生态环境保护，法规对政府责任的规定并没有突破《环境保护法》的原则性框架，其法条也只是原则性的和程序性的。例如《浙江省滩涂围垦管理条例》第三十二条规定："滩涂围垦管理人员违反本条例规定，玩忽职守、徇私舞弊，不构成犯罪的，给予行政处分；构成犯罪的，由司法机关依法追究刑事责任。"《江苏省滩涂开发利用管理办法》第二十八条规定："滩涂行政管理人员违反本办法规定，玩忽职守、滥用职权、徇私舞弊尚未构成犯罪的，由其所在单位或者上级机关依法给予行政处分；构成犯罪的，由司法机关依法追究刑事责任。"对于一部执行性的法规和规章而言，其对政府责任的规定应该较之全国性法律更为翔实和具体，但是遗憾的是，当前沿海地方政府出台的有关滩涂管理的法规或规章，没有对此进一步地深入拓展。对政府责任规定的"单薄"，使得沿海滩涂生态环境恶化的政府责任含糊不清，难以起到有效追究政府环境责任的作用。

（二）侧重滩涂污染的政府法律责任，忽视滩涂侵占与生态恶化的政府法律责任

这种太过原则和程序性的政府责任规定，尽管可以锁定滩涂重大污染事件的责任追究，但是显然难以应对滩涂生态的隐形恶化。沿海滩涂生态环境恶化表现在三个方面：滩涂面积被人为侵占；滩涂的生物多样性降低，生态系统遭受破坏；滩涂环境受到污染。在这三类生态环境恶化状况中，滩涂环境污染是政府环境责任最为突出的领域。甚至可以说政府的环境责任就是为防止滩涂环境污染而设。但是由于滩涂环境污染的成因复杂，过于笼统和原则性的政府责任规定也使得责任认定非常困难。政府很少对滩涂面积的减损承担环境责任。如果说政府还需要对滩涂面积的人工侵占承担一定责任的话，也只是承担履行合法程序的责任。由于沿海滩涂的面积

保护还没有上升到与耕地面积保护相提并论的高度，这使得滩涂面积减损的政府责任追究很少有人关注。而滩涂生物多样性降低更是典型的“隐形”生态环境恶化，这种“隐形”生态环境恶化主要表现在两个方面：一是生态破坏需要很长时间才能显现，而时间的延长使得环境破坏的因果认定更加困难；二是很少有人关注滩涂的生物多样性降低。政府在滩涂修复或者海岸工程过程中造成的滩涂生态破坏，甚至会受到当地居民的欢迎，更没有人去追究政府在此方面的环境责任。

（三）法规规定滩涂生态环境恶化的主要责任体是企事业单位，而非政府

实际上，这种状况不仅仅体现在沿海滩涂的环境责任追究上，环境保护法总体上存在重政府环境权力轻政府环境责任，重政府环境主导轻公众环境参与，重对行政相对人的法律责任追究轻对政府的问责的不足。[①]《环境保护法》第四章“防治环境污染和其他公害”对企业和事业单位的环保义务做了详尽的规定，基本上是对企业和事业单位的责任规定。仅第三十二条对环境受到严重污染威胁居民生命财产安全时规定了相应的政府积极作为义务。第五章“法律责任”也是详细规定了企业事业单位违反《环境保护法》规定的义务的行政责任、民事责任和刑事责任，仅在最后第四十五条概括地对执行公务人员的渎职行为规定了行政处分和刑事处罚。

沿海地方政府出台的滩涂管理条例和办法中同样秉承了这种责任认同方式，将企业和事业单位作为滩涂生态环境恶化的主要责任体，而政府的责任主要体现在明显违法行为的责任追究上。这种责任认定方式，其实质就是将政府保护沿海滩涂的环境责任转嫁给企业、事业单位等其他社会组织。政府保护沿海滩涂的环境责任，将形同虚设。

三　沿海滩涂保护的政府环境法律责任内容

具体而言，沿海滩涂保护的政府环境法律责任可以分为政府环境民事

① 钱水苗：《政府环境责任与〈环境保护法〉的修改》，《中国地质大学学报》（社会科学版）2008 年第 2 期。

责任、政府环境行政责任和政府环境刑事责任。下面分别阐述之。

（一）沿海滩涂保护的政府环境民事责任

很多研究者都将环境民事法律责任局限在民事侵权责任方面。例如罗丽将之界定为因产业活动或其他人为的活动，致使污染环境和其他破坏环境的行为发生，行为人对因此而造成他人生命、身体健康、财产乃至环境权益等受到损害所应当承担的民事责任。[①] 这种局限于侵权的思路并不利于生态环境的真正保护。徐祥民、刘卫先指出，环境法的逻辑起点是环境损害，而环境损害是对人类赖以生存、繁衍的自然环境的损害。[②] 因此，沿海滩涂保护的政府环境民事责任重点并非对相关人的权利的保护（充其量只能是政府民事法律责任的一部分），而是对沿海滩涂本身的保护。沿海滩涂保护的政府环境民事责任包括两个方面的内容。

1. 沿海滩涂生态环境的复原

沿海滩涂的生态环境复原是环境复原的有机组成部分。柯泽东教授在其《环境法论》中专门就侵权行为人的环境恢复与再生责任做了论述。他将其称为“实物补偿”责任——“实物补偿公害损坏之理论为公害之付税并非唯一能满足环境牺牲方法，应更为高层次之赔偿制度，而要求以实物补偿，对环境损害之复原与复建。可能有人会认为以付税方式等于给于污染者免责，令其恢复环境实物赔偿始属真正之赔偿管理制度。在外国实务上此一制度之运用甚为普遍，通常欲在已拥挤之城市增建，乃限于恢复旧市区景观；砍伐森林之同时，以种植新树木及维护森林资源作为补偿；破坏某空间时，以改善或复建某空间以为平衡补偿。因此付费原则，已非单纯之付税原则，而为依公害所造成社会成本之集体环境损失之此重，以同额之金钱赔偿，或同额之实物补偿。这是一种社会成本角度计算公害损失的方式。”[③] 很多时候，环境损害之复原与复建比金钱赔偿更能表达责任的深层含义。

在现实中，环境恢复与再生责任问题除了要求扩展侵权人的责任范围外，也带来了国家责任的启动，受到了许多国家和地方政府的关注。2001

---

① 罗丽：《环境侵权民事责任概念定位》，《政治与法律》2009 年第 12 期

② 徐祥民、刘卫先：《环境损害：环境法学的逻辑起点》，《现代法学》2010 年第 4 期。

③ 柯泽东：《环境法论》，台北：三民书局 1988 年版，第 159 页。

年 1 月，日本专门召开了“21 世纪环境恢复与再生世纪国际研讨会”，来自 10 多个国家和地区的代表对环境恢复与再生的一系列问题进行了交流和探讨，并参观了日本神通川和水俣两大公害发生地的环境恢复与污染受害者的治疗和康复情况。波兰华沙和德国的一些城市正重建被战争破坏的老城，以恢复原有的城市风貌；德国和意大利正把以前的一些军事基地和军港改建为生态社区；美国的波士顿实施了一个 20 年的规划，把以前所建的地上立交桥全部拆除而改为地下交通；日本花费 265 亿日元将神通川流域被镉污染的 791 公顷土地上的污染土壤全部清除，回填新土，改造为正常的耕地；日本在水俣病发生地建立了专门治疗水俣病的医院，对受害者进行治疗，并对污染受害者给予巨额赔偿，同时花巨资对水俣湾的含汞污泥采取安全填埋的方法进行治理。这种变化促进了有关环境恢复与再生的政策与法律的制定和实施。德国制定专门的《矿山还原法》，要求凡是被破坏的土地（包括农田和草地等）必须还原再造，以恢复原来的自然景观。美国制定了《资源保护和恢复法》、《露天采矿控制和复垦法》和《超级基金法》等，对环境的恢复和再生做出了许多具体的规定。日本制定了《农业用地土壤污染防治法》，要求都、道、府、县知事制订农业用地土壤污染对策计划，在计划中应包括通过“客土”方式恢复被污染的农业用地土壤的内容。为此，一些环保组织及相关机构甚至指出，21 世纪应当是环境恢复与再生世纪。[①]

沿海滩涂生态环境的复原，是上述生态与环境复原的一个具体化。其复原包括三个方面：一是滩涂面积的保持。滩涂面积的保持既可以是当地滩涂形态的复原，也可以是滩涂的异地购买，其根本原则就是保持滩涂的总面积不减少。二是滩涂生态的复原，具体而言就是滩涂生态系统的自我循环与修复能力不被破坏，生物多样性得到维持。汉斯·尤纳斯（Hans Jonas）在他的重要著作《责任律令》中将生命纳入责任的范畴，提出了生命存在的责任律令概念：“要如此行为以保证你的行为后果不摧毁未来生命的可能性。”[②] 尤纳斯提出责任律令，是因为他意识到生命保护在生态环境保

---

① 钭晓东：《论环境法律责任机制的重整》，《法学评论》2012 年第 1 期。

② Hans Jonas, *The Imperative of Responsibility*: *In Search of an Ethics for the Technological Age*, Chicago: The University of Chicago Press, 1984, p. 81.

护中的重要性，一个没有生物多样性的生态环境是不完善的生态环境。三是滩涂污染的清除，即对遭受污染的滩涂进行环境整治。沿海滩涂生态环境的复原，是政府环境民事责任的重要组成内容。

2. 沿海滩涂生态环境恶化的生态利益补偿

生态利益补偿，或者称之为生态补偿，是当前环境学界的一个热门词语。但由于关注的侧重点不同及生态补偿本身的复杂性，到目前为止学界还没有一个统一的界定。[①] 早期的生态补偿是对生态环境破坏者的惩罚性措施，主要目的在于提供一种减少生态环境损害的经济刺激手段；[②] 随着生态建设实践的需求和经济发展的需要，生态补偿的内涵发生了拓展，由单纯针对生态环境破坏者的收费，拓展到对生态环境保护者（或生态服务提供者）给予补贴，激励这些保护者（或提供者）主动提供优良的生态服务。[③] 曹树青曾经对生态的利益补偿下过一个比较经典的定义，他认为："生态环境的利益补偿是指生态环境保护的义务外主体或不对称义务主体对生态环境保护做出积极的保护行为，而没有得到相应的权益，而从国家、生态环境或经济受益者那里获得的补偿。"[④]

沿海滩涂的开发过程中发生的生态环境恶化，政府有责任对此进行生态利益补偿。政府对沿海滩涂生态环境的补偿责任体现在两个方面：①政府规划等方面的政府行为导致滩涂形态改变，使得依靠沿海滩涂捕捞、养殖生存的沿海渔民失去一定的经济收入，政府需要对这些渔民进行一定的利益补偿。第一方面的利益补偿在沿海滩涂生态补偿的初级阶段可能会占据主要部分，但是随着经济发展和转轨，拥有渔民身份的沿海民众数量会不断减少，从而使得这一方面的补偿比重不断降低。②由于沿海滩涂具有调节气候、保有生物多样性的属性，政府改变沿海滩涂的性质（例如将之改为耕地、城市建设用地），将使得沿海滩涂的生态功能降低，从而不仅仅

---

① 赵雪雁、李巍等：《生态补偿研究中的几个关键问题》，《中国人口·资源与环境》2012 年第 2 期。

② 陆新元、汪冬青等：《关于我国生态环境补偿收费政策的构想》，《环境科学研究》1994 年第 1 期。

③ 毛显强、钟瑜等：《生态补偿的理论探讨》，《中国人口·资源与环境》2002 第 4 期。

④ 曹树青：《生态环境保护利益补偿机制法律研究》，《河北法学》2004 年第 8 期。

影响到沿海滩涂周围的居民，还影响到一个地区、一个国家甚至全人类，因此，政府需要对改变滩涂形态的行为进行补偿。其补偿的受益对象，既可以是其他保有沿海滩涂面积的地方政府和民众，也可以是设立的沿海滩涂生态环境保护基金。其设立的保护基金作为一个资金账户，吸收政府保护沿海滩涂生态环境的资金，从而作为改善全国生态环境的一个资金来源。随着沿海滩涂面积的不断缩小、滩涂价值的不断凸显，第二方面的生态利益补偿比重将不断增加。

（二）沿海滩涂保护的政府环境行政责任

很多研究者已经对环境行政法律责任的概念进行了阐释。但是早期的研究者对环境行政法律责任的认定，更多地是从政府管控社会的角度，而非规范政府的角度来界定环境行政法律责任。例如马骧聪将之界定为“仅限行政处罚，是指由特定的国家行政机关对犯有一般环境违法行为、尚不够刑事处分的单位和个人追究的法律责任”。[①] 进入 21 世纪后，研究者的思路开始摆脱这种忽视政府责任的窠臼。例如 2007 年刘志坚将环境行政法律责任界定为“国家环境行政主体及其工作人员，以及作为环境行政相对人的公民、法人或者其他组织违反环境行政法律规范应予承担的不利法律后果”。[②] 刘志坚已经将政府纳入环境行政法律责任的考量之中。

笔者认为这种界定环境行政法律责任思路的转变非常值得肯定。在生态环境不断恶化的今天，对于掌控大量社会资源和权力的政府而言，同样需要承担起保护生态环境的责任。常纪文也认为，环境行政法律责任适人

---

① 马骧聪：《环境保护法基本问题》，北京：中国社会科学出版社 1983 年版，第 86 页。这种研究思路的影响一直持续到 20 世纪末。例如解振华则将之界定为“指环境行政法律关系的主体违反环境行政法律规范或不履行环境行政法律义务所应承担的否定性的法律后果。它以当事人违法或不履行环境行政法律义务、主观上存在故意或过失为前提”（解振华：《中国环境执法全书》，北京：红旗出版社 1997 年版，第 189 页）。韩德培将之界定为“违反了环保法，实施破坏或者污染环境的单位或个人所应承担的行政方面的法律责任”（韩德培主编《环境保护法教程（第三版）》，北京：法律出版社 1998 年版，第 288 页）。金瑞林则将之界定为“指违反环境法和国家行政法规所规定的行政义务或法律禁止事项而应承担的法律责任”（金瑞林：《环境法学》，北京：北京大学出版社 1999 年版，第 206 页）。

② 刘志坚：《环境保护基本法中环境行政法律责任实现机制的构建》，《兰州大学学报》（社会科学版）2007 年第 6 期。

范围的拓展主要表现为地方行政首长正在成为环境行政法律责任制度规制的对象。[①] 本文所提出的“政府环境行政法律责任”概念正是对这种思路转变的一种回应。沿海滩涂保护的政府环境行政法律责任，是指负有保护沿海滩涂生态环境的环境行政主体及其工作人员，因其工作失职或违反环境法规而应该承担的不利行政法律责任。

与一般的行政法律责任不同，沿海滩涂保护的政府环境行政法律责任具有一些独特性。一般而言。行政法律责任的承担需要具备四个要件：行为人的主观过错；行为人的行为具有违法性；行为造成严重后果；违法行为与后果之间存在因果联系。但是沿海滩涂保护的政府环境行政责任承担不需要如此严格的要件限制。概括而言，政府环境行政法律责任的承担需要具备以下要件。

1. 政府实施（或不实施）了某种涉及沿海滩涂生态环境保护的行政行为。第一要件的构成既可以是积极行为，也可以是消极行为。所谓积极行为，是指政府实施了有关沿海滩涂开发的行政许可或批准等；所谓消极行为，是指负有监控或保护沿海滩涂生态环境责任的政府放任破坏沿海滩涂生态环境的行为发生而不采取行动。例如负有保护沿海滩涂责任的沿海地方政府放任围垦滩涂或进行滩涂采砂的行为发生而坐视不理。

2. 政府实施（或不实施）的行政行为造成了沿海滩涂生态环境的恶化。换言之，其行政行为造成了对沿海滩涂环境不利的法律后果。需要特别指出的是，滩涂污染是最为明显的法律后果，但却并非最为严重的法律后果。由于滩涂围垦而造成的大规模生物物种灭绝，尽管隐性但是有可能是更为严重的法律后果。

3. 政府实施（或不实施）的行政行为与沿海滩涂生态环境的恶化之间存在因果联系。一般的行政法律责任需要严格的因果联系证明，而沿海滩涂保护的政府环境行政法律责任的因果联系却不需要如此严格的证明。环境行为与环境后果之间因果关系证明的困难早以为环境法学界所认同。环境侵权案件的长期性、潜伏性、复杂性、广泛性和科技性等特征，决定了环境行为与环境后果因果关系判断的极端困难性。[②] 正是由于这种因果联系

---

① 常纪文：《中国环境行政责任制度的创新、完善及其理论阐释》，《现代法学》2002 年第 6 期。

② 邹雄：《论环境侵权的因果关系》，《中国法学》2004 年第 5 期。

证明的困难，很多有关于此的因果联系学说随之诞生。[①] 尽管不同的学说对这种因果联系的证明给出了不同的学理阐述，但是都认同环境行为与环境后果之间的因果联系证明不必遵循传统法律如此严格的证明规则。笔者认同这种观点，而且认为在沿海滩涂生态环境保护中，这种证明应该更为宽松。这是因为政府如果对沿海滩涂生态环境保护负有最终责任的话，那么，政府就有义务对辖区内生态环境恶化的所有后果负有责任，而不管是实施行为，抑或是不作为行为。只有战争、严重自然灾害等不可抗力所造成的生态环境恶化，政府才可以免于责任。当然，虽然政府承担最终责任，但是这并不妨碍政府有权力对造成沿海滩涂生态环境恶化的个人或组织追究责任。

上述阐述的理由同样可以解释为何沿海滩涂保护的政府环境行政法律责任不必有“行政行为具有违法性”的要件。在一般行政法律责任确认中，“行政行为具有违法性”是其成立的必要条件，即没有这一要件一定不会发生行政责任；而在沿海滩涂保护的政府环境行政法律责任确认中，“行政行为具有违法性”是其成立的充分条件，而非必要条件，即行政行为具有违法性，一定会发生行政责任，而行政行为没有违法性，也可能会发生行政责任。即使政府合法履行了程序，但是造成沿海滩涂生态环境恶化，也应该承担责任。实际上，我国现有法律对这方面已经有所规定。例如《行政许可法》第 8 条第 2 款规定：“行政许可所依据的法律、法规、规章修改或

---

① 这些学说包括：优势证据说。是指在环境诉讼中，在考虑民事救济的时候，不必要求以严格的科学方法来证明因果关系，只要考虑举证人所举的证据达到了比他方所举的证据更优（叶明：《试论环境侵权因果关系的认定》，《广西政法管理干部学院学报》2001 年第 4 期）。比例规则说。就是根据侵权行为人对受害人造成损失的原因力的大小，来认定其承担赔偿责任的比例（曹明德：《环境侵权法》，北京：法律出版社 2000 年版，第 178 ~ 179 页）。疫学因果说。是指就疫学上可能考虑的若干因素，利用统计的方法，调查各因素与疾病之间的关系，选择相关性较大的因素，对其做综合性的研究，以判断其与结果之间有无联系（常纪文：《环境法律责任原理研究》，长沙：湖南人民出版社 2001 年版，第 220 页）。间接反证说。又称举证责任倒置，即如果受害人能证明因果关系锁链中的一部分事实，就推定他事实存在，而由加害人承担证明其不存在的责任（张新宝：《中国侵权行为法》，北京：中国社会科学出版杜 1995 年版，第 350 页）。盖然性说。只要求原告在相当程度上举证，不要求全部技术过程的举证。所谓相当程度的举证，即盖然性举证，在侵权行为与损害之间，只要证明“如无该行为，就不致发生此结果”的某种程度的盖然性，即可推定因果关系的存在（邹雄：《对民事诉讼举证责任若干问题的思考》，《西南政法大学学报》2004 年第2 期）。

者废止，或者准予行政许可所依据的客观情况发生重大变化的，为了公共利益的需要，行政机关可以依法变更或者撤回已经生效的行政许可。由此给公民、法人或者其他组织造成财产损失的，行政机关应当依法给予补偿。”行政机关要给予补偿的规定，意味着政府即使合法履行了程序但是造成不利后果的，也依然要承担责任。实际上，不管是在实际司法中，还是学术界，都普遍认为环境侵权应该采取无过错责任原则。[①] 沿海滩涂保护的政府环境行政法律责任同样适用无过错责任原则。

（三）政府的环境刑事责任

环境刑事责任是指自然人或法人违反环境保护法规，故意或过失地不合理开发利用自然资源，破坏环境和生态平衡，或者无过失地超标排放各种废弃物，造成严重损害或损害危险的以及抗拒环保行政监督，情节严重的行为，已经构成了犯罪，应受到刑事制裁。[②] 而沿海滩涂保护的政府环境刑事法律责任则是指负有保护沿海滩涂生态环境的政府及其工作人员，由于违法行为而造成严重生态环境恶化，触犯刑法而应该承担的法律责任。刑事法律责任作为最为严厉的法律制裁手段，在沿海滩涂生态环境保护中，也是一项不可或缺的政府责任。当然，相对于政府环境行政责任，它需要更为严格的要件约束。沿海滩涂保护的政府环境刑事责任需要具备四个要件：一是政府工作人员具有主观过错。二是行政行为具有违法性。没有违法性的行政行为可能造成民事责任、行政责任，而不会造成刑事责任。三是行政行为造成严重的沿海滩涂生态环境恶化。这种严重性体现在显性上、持续性上、影响深远上。四是行政违法行为与严重的法律后果之间存在因果关系。这种因果关系的证明尽管不必像其他刑事案件的证明那样严格，但是相对于政府环境行政法律责任中的因果关系而言，则需要较为严格的证明。

---

① 很多环境法学学者都对环境侵权适用无过错责任原则进行过非常详细和充分的论证。具体参见徐祥民、吕霞《环境责任“原罪”说——关于环境无过错归责原则合理性的再思考》，《法学论坛》2004 年第 6 期；曹明德：《环境侵权法》，北京：法律出版社 2000 年版，第 156 页；吕忠梅：《超越与保守——可持续发展视野下的环境法创新》，北京：法律出版社 2003 年版，第 403 页。

② 雷鑫：《论环境犯罪刑事责任实现方式的多元化——以李华荣、刘士密等人盗伐防护林案为例》，《法学杂志》2011 年第 3 期。

Government Environmental Law Responsibility of Tidal Flat

Wang Gang

Abstract: Tidal flat is public goods, which is important for human being. But the environment of tidal flat is deteriorating. Government should Be responsible for deteriorating environment of tidal flat because tidal flat is short of Stakeholders to protect. Government environmental law responsibility should include three respect: government environmental responsibility, government environmental administrative responsibility , government environmental criminal responsibility .

Key words: tidal flat, environment, government environmental responsibility

海洋社会学

OCEAN SOCIETY

海洋环境变迁的主观感受

——环渤海20位渔民的口述史

崔　凤　张玉洁*

摘要： 一方面，当前我国海洋环境状况日益恶化，另一方面，作为目前社会科学领域中研究海洋环境变迁的主要工具的《海洋环境状况公报》有其时间和内容上的局限性，因此本研究运用口述史研究方法收集环渤海海域渔民有关海洋环境变迁的记忆，以此作为研究资料来分析新中国成立以来渤海海洋环境变迁状况。研究发现，渔民对海洋环境变迁最深刻的主观感受集中在三方面，即海洋污染逐渐加剧，海洋渔业资源日渐枯竭，在海洋环境变迁影响下渔民作业规律改变、收入减少、从事海洋渔业的渔民数量越来越少。口述史研究方法的应用也有其独特的价值，它能够补充现有官方数据资料的缺失与不足，能够记录"弱势者"宝贵的记忆，有助于研究者更深入被研究者的日常生活，了解渔民的真实情感，使获得的海洋环境变迁研究资料更加生动具体。

关键词： 海洋环境变迁　口述史　环渤海　主观感受

伴随着人类科学技术的进步，同时在陆地资源日益短缺的背景之下，人类社会将越来越多的目光投向海洋。开发海洋资源，谋求经济效益，越来越成为沿海国家的共识，人们也普遍认识到"海洋世纪"的到来。海洋对于人类社会发展的意义不言而喻，目前世界人口的60%居住在距海岸100公里之内，就中国而言，我国沿海地区面积占国土面积的15%，承载了

---

* 崔凤（1967～　），男，吉林乾安人，中国海洋大学法政学院党委书记、教授、博士生导师，哲学博士、社会学博士后，研究方向为海洋社会学、环境社会学、社会政策；张玉洁（1988～　），女，山东青岛人，中国海洋大学法政学院社会学专业2011级研究生，研究方向为海洋社会学。

40%以上的人口，贡献了53%的国民生产总值（何书金，2005：4），根据《中国统计年鉴（2010）》发布的数据推算，2009年沿海地区的城市化水平达到54.5%，超过内陆地区13个百分点。然而，海洋环境与人类活动是相互影响、相互作用的，海洋环境也势必会随着人类更加密集、更大规模的海洋开发活动发生巨大的变化。

近年来，海洋环境日益恶化的状况有目共睹，渤海海域作为我国唯一的半封闭性内海，有辽河、海河、黄河等主要河流入海，河口湿地面积广阔，在我国海洋生态系统中有重要的作用和功能，但由于封闭性强，水交换周期长，渤海环境承载能力较弱，加之环渤海地区的城市和工农业发展、海洋开发活动的加强，对渤海海洋环境产生了巨大的污染及生态环境破坏的压力。根据《2012年中国海洋环境状况公报》，渤海2012年符合第一类海水水质标准的海域面积比例已降低至约47%，第四类和劣于第四类海水水质标准的海域面积与2006年同期相比增加了近3倍，约占渤海总面积的23%，2006年以来，渤海河口、海湾等重点海域生态系统均处于亚健康或不健康状态。

海洋环境问题日渐突出，使海洋环境变迁问题越来越引起各学科研究人员的关注，成为各学科研究的热点。从研究内容方面来看，社会科学范围内对于涉及海洋环境变迁的研究绝大部分关注到了两方面：一是导致海洋环境变迁的原因，二是海洋环境变迁的社会影响。在海洋环境变迁的原因上，崔凤（2009：119～121）分析了海洋环境问题的社会根源，他指出沿海地区的工业化和城市化产生的陆源污染、高污染的海洋开发活动是造成海洋污染的主要原因，过度的不合理的海洋开发活动是造成生态破坏的主要原因，这几方面的原因基本上已在学术界达成共识，但同时他认为造成海洋环境问题的真正原因是传统的海洋观和发展观，我国的海洋观念还存在着“海洋无限论”和“海洋万能论”的片面理解，因此导致了“只知用海，不知养海”的局面，只注重经济增长，不考虑环境承载力的状况，使得海洋环境问题日益严重。张开城（2012：75）除了考虑到以上因素外，还认为人口的增长和人均消费提高、全球气候的变化以及经济全球化也使海洋环境面临巨大的压力。王保栋（2007：71～73）认为造成渤海严峻的生态环境以及渔业资源逐渐枯竭的原因除了污染与过度捕捞之外，入海径流的显著减少也是导致河口及其邻近海域生态环境发生巨大变化的原因。

在海洋环境变迁带来的社会影响方面，崔凤（2009：118～119）从总体上阐述了海洋环境问题产生的社会影响，他认为海洋环境问题给社会带来严重的经济损失，威胁着人们的身体健康，影响着海洋经济的可持续发展，并且能够引发社会冲突，影响社会稳定。雷明、钟昌标（2007：19～21）关注到了海洋环境变化对浙江省水产品贸易的影响，通过建立数据模型他们得出结论：海洋环境破坏使得水产品生长环境遭到破坏，水产品产量减少，出口额下降。崔凤、唐国建（2006：132～133）将海洋环境变迁作为一种生态限制因素，分析了其对建设“海上山东”战略的限制性影响，他们认为全球性海洋环境的整体恶化趋势是“海上山东”建设面临的最根本的生态限制，同时山东半岛海洋环境的变化，特别是渤海海域水质环境和生态环境的恶化程度，直接影响海洋经济的发展、就业人口的增加、生态渔业的建设。

总的来说，目前的研究基本上关注到了海洋环境问题中“社会根源－海洋环境变迁－社会影响”这一过程，研究重点都放在了描述海洋环境变化“前因”和“后果”上，但却忽略了在这一过程当中海洋环境变迁作为一个重要中介其本身所具有的变化特征，对于海洋环境变迁还缺乏专门性的研究，还没有专门的研究成果将海洋环境变迁作为研究对象，来描述它本身具体的、详细的、历时性的变迁状况。

从研究方法上来看，社会科学并不像自然科学那样有其独特的技术手段来观测海洋环境的状况，目前绝大多数社会科学研究在描述海洋环境变迁时采用援引宏观数据的方式进行，研究者直接利用国家海洋局发布的历年《海洋环境质量公报》《中国海洋灾害公报》以及各省、市海洋渔业相关部门发布的历年各省、市的《海洋环境质量公报》的数据来描述研究海域范围内的海水质量状况、主要污染物、生态环境的变化及生物多样性等方面的情况。可以说《海洋环境质量公报》等一系列政府部门发布的宏观数据公报成为了当前研究海洋环境变迁的最主要的研究工具。但从研究成果来看，这一研究工具也有其固有的不足，我国最早的《中国海洋灾害公报》发布于1989年，而内容更加全面的《海洋环境质量公报》最早于2000年开始发布，这就导致了对海洋环境变迁的研究只能追溯到20世纪80年代，对于80年代之前海洋环境变迁状况的研究还是空白。

综上所述，一方面在统计数据上对海洋环境描述的数据有一定的缺失，另一方面客观上我国海洋环境不断恶化，海洋环境污染、海洋生态破坏以及海洋资源枯竭问题令人担忧，特别是渤海的海洋环境问题相对比较严重，海洋环境变化剧烈，海洋环境变迁的过程相对比较明显，在这两方面的背景之下选择渤海海洋环境变迁作为研究对象，采用口述史的研究方法挖掘渔民的记忆，以此来描述新中国成立以来渤海海洋环境变迁的情况，同时考虑到渔民的主观感受具有一定的主观性，渔民的记忆是否真实可靠，是否与客观事实相符也是不得不考虑的问题，在这一方面本研究还收集到了《长岛县志》《汉沽区志》《旅顺口区志》《烟台水产志》等地方志资料，以此作为对口述史资料的补充来增强资料的可信度、真实度和说服力。

一　调查过程与口述史对象基本情况

渤海是我国的内海，环渤海行政区域为山东、河北、辽宁、天津三省一市，本研究在山东省选取了 4 个渔村，河北省、天津市各 1 个渔村，辽宁省 2 个渔村，共计 8 个渔村（分布详见图 1），与 20 名渔民（基本情况见表 1）进行了口述史访谈，请他们讲述出海捕鱼时海洋环境的状况。

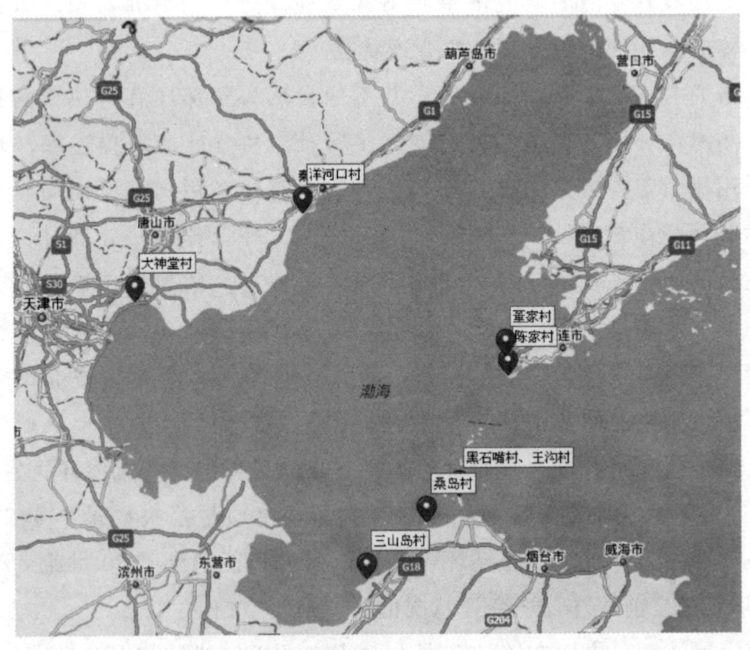

图 1　8 个渔村调查点的分布情况

2013 年 6 月 24 日至 2013 年 6 月 28 日笔者选取山东省长岛县黑石嘴村和王沟村进行了本研究的试调查，共与 3 位渔民进行了口述史访谈，主要通过试调查对口述史方法的运用有一个初步的认识，反思总结形成访谈策略，并对研究课题的可行性以及基本情况有了大致的了解。2013 年 7 月 1 日至 2013 年 7 月 20 日开始进行正式的调查，分别在河北省秦皇岛市洋河口村、天津市汉沽区大神堂村、辽宁省大连市陈家村渔港、辽宁省大连市董家村进行调查，其间共与 9 名渔民进行了口述史访谈。2013 年 9 月 24 日至 2013 年 10 月 1 日在山东省龙口市桑岛村、莱州市三山岛村进行实地调研，其间共与 8 位渔民进行了口述史访谈。

本研究的时间跨度为 1949 年新中国成立以后至今，研究内容为渤海海洋环境变迁状况，因此在口述史对象的年龄跨度上也有一定的限制，从实际调查情况来看，口述史对象的年龄跨度为 62 ~ 90 周岁（1923 年至 1951 年生人），从事海洋渔业的时间跨度为 1939 年至今，完全涵盖了所需研究的时间跨度。

表 1　口述史对象基本情况

序号	编号	年龄	调　查　点	从事海洋渔业的时期①
1	HSZ1	71	山东省烟台市长岛县南长山乡黑石嘴村	1961 年至 1992 年
2	HSZ2	65	山东省烟台市长岛县南长山乡黑石嘴村	1968 年至 2011 年
3	WG1	36	山东省烟台市长岛县南长山乡王沟村	1989 年后
4	SD1	65	山东省龙口市徐福镇桑岛村	1964 年至 2013 年
5	SD2	66	山东省龙口市徐福镇桑岛村	1964 年至 2013 年
6	SD3	70	山东省龙口市徐福镇桑岛村	1958 年至 1975 年
7	SSD1	90	山东省莱州市三山岛村	1939 年至 1972 年
8	SSD2	79	山东省莱州市三山岛村	1950 年至 1973 年
9	SSD3	69	山东省莱州市三山岛村	1965 年至 2005 年
10	SSD4	79	山东省莱州市三山岛村	1968 年至 1982 年
11	SSD5	75	山东省莱州市三山岛村	1960 年至 1998 年
12	DST1	62	天津市汉沽区大神堂村	1971 年至 1999 年
13	DST2	66	天津市汉沽区大神堂村	1972 年至 2013 年
14	DST3	66	天津市汉沽区大神堂村	1969 年至 1992 年

① 部分口述史对象从事海洋渔业的时期根据其口述史资料推算而得。

续表

序号	编号	年龄	调　查　点	从事海洋渔业的时期
15	YHK1	84	河北省秦皇岛市抚宁县洋河口村	1943 年至 1995 年
16	YHK2	67	河北省秦皇岛市抚宁县洋河口村	1954 年至 1998 年
17	YHK3	65	河北省秦皇岛市抚宁县洋河口村	1975 年至 2003 年(捕) 至 2013 年(养)
18	CJ1	65	辽宁省大连市旅顺口区铁山镇陈家村	1966 年至 2012 年
19	DJ1	84	辽宁省大连市旅顺口区江西镇董家村	1942 年至 1990 年
20	DJ2	67	辽宁省大连市旅顺口区江西镇董家村	1972 年至 2013 年

二　新中国成立以来渤海海洋环境变迁主观感受的特征

通过对 20 位渔民的口述史访谈资料进行整理、归纳、概括和分析，可以发现，对于海洋环境变迁的状况，虽然地区不同，但是渔民们主观感受的“热点”有其共性，渔民们最直观最深刻的感受集中在三个方面：第一，是对海洋污染方面的感受，即对海洋水体环境质量以及海洋垃圾数量变化上的主观感受；第二，对海洋生物资源枯竭方面的感受，即在海洋鱼类资源数量、种类和质量变化上的主观感受；第三，是对海洋环境变迁给渔民的生产生活所带来的影响方面的感受。这三方面是渔民对海洋环境变迁最深刻的记忆，是新中国成立以来渤海海洋环境变迁主观感受的最主要特征。

（一）渤海海洋污染加剧

1. 渤海水体由清澈变浑浊

海水水体质量是海水污染程度最直观的指标，也是渔民们对海洋环境变迁最直观的感受，通过海水的颜色和透明度的变化可以较为明显地看出海洋环境的大致状况，而这也是渔民们在出海捕鱼时能够最先感受到的，是通过视觉等感官便能感知到的。渔民们在说到海水的颜色时这样说道：

我 60 年那时候开始出去打鱼，春天的时候海水特别清，特别蓝，特别清凉，根本没有这污染那污染的事。现在不行了，污染太严重了，水都发黄、发黑。（HSZ1）

> 往前倒个三十来年，七几年那时候就是另一个样，那海水那个干净，里边那鱼都能看得明明白白的，（现在）靠岸边这边的环境太差了，你看这个海水，你看这不都是绿色的，颜色这么深，最早的时候真是蓝色的，蓝汪汪的，特别清。(SD2)
>
> 这海里的水质比以前真是差多了，你就看那海水的颜色，特别浑，色不好看，20 年前，那水绝对清啊，绝对好。(YHK3)

将上述渔民们的回忆综合起来，便可以获得关于渤海海域海水质量较为完整的变化过程，20 世纪 50 年代至 80 年代，在渔民们的记忆当中，渤海海水是清澈透明的，并没有感受到明显的海洋水体污染，从 90 年代以后二十几年的时间里，渔民们可以明显感受到海洋水体的颜色逐渐开始泛黄、发黑，污染越来越严重，海水不再清澈。

天津附近海域的情况较为特殊，天津附近海域是我国重要的盐场，同时海洋化工业是天津重要的工业部门，根据《汉沽区志》（1995：403）的记载："1926 年本境化学工业兴起，环境污染与之同步发展，新中国成立后本区工业仍以化学工业为主，污染日趋严重"，早在 1974 年境内流入渤海的蓟运河受到工业污水的严重污染，并引起了国家领导人的关注。因此，天津海域的海洋环境污染开始出现的时间更早。汉沽区大神堂村渔民在口述史中也说到了当地化工行业对海洋环境的污染：

> 主要是海水的污染太厉害了，那边有盐场，中国最大的盐场长芦盐场就在我们这一块，我们这的这些盐场啦、化工厂啦什么的可多了，他们把卤水往海里一排，药的那些扇贝都不产仔了。(DST2)

从某种意义上来讲，渤海海洋污染状况变化的历史是我国沿海渔村工农业发展的历史，海洋污染与工农业发展相伴相生。在新中国成立初期的环渤海渔村，海洋渔业是唯一的经济来源和支柱，工农业没有得到发展，因此对海洋水体的污染有限。根据《旅顺口区志》和《长岛县志》的记载，旅顺地区"自解放后到五六十年代，地方工业因规模有限，环境污染轻微"（梁恩宝，1999：392），而长岛县直到 1973 年建立起县发电厂才开始出现工业废水污染，但污染状况轻微。伴随着改革开放的发展，环渤海沿岸工农业也得到迅速发展，越来越多地出现了各类工厂，原有的工厂也纷纷扩建、改建，在笔者选取的渔村附近都有一系列化工厂、盐场、金矿、造纸厂等，根据渔民的口述以及各地方志记载，这些工厂基本上都是在 20 世纪 90 年代初期建立起来的，随之渔民们也感受到近十几年来海洋环境污染状况逐渐加重。

自从这边的金矿开始开采以后，那废水就不断地往海里排，那么粗的大管道昼夜不停，你想想海水还能有好，除了金矿还有热电厂，莱州湾这一圈得多少大大小小的这厂那厂的，那些个废水什么的都往海里排，这海还有法看，原来怎么就没这么些事，都是这一二十年工厂发展起来整的。（SSD3）

现在海里这污染不得了，这几道河上面都有这个造纸厂、这厂那厂的，这污染都上海里来了，只要有河它就有污染，上游的东西全都流到海里去了。（YHK3）

在农业上，根据各地方志的记载，环渤海各地在 20 世纪 70 年代以后开始大规模使用农药、化肥，渔民 HSZ1 说道："原来陆地上没有用农药的，现在离了农药化肥都不长了，这些东西都排到海里去了，海水能好吗?"

除此之外，近年来频繁发生的海洋溢油事件以及来自船舶的燃油污染也加剧了渤海水体污染的程度，渔民 HSZ1 说道："这个油田漏油什么的，沙滩上往那一踩都觉得特别黏，那鞋底子鞋帮子上都能沾上一层，刷都刷不掉，很多鱼因为这样都不往渤海里进了。" 特别是 2011 年发生在渤海海域的康菲溢油事件，对渤海海洋环境造成了极大破坏，不少渔民谈到了康菲溢油事件对海洋环境带来的影响：

特别是前年出了康菲那个事以后，这船出去个二三百米就能捞到油块，海上漂的那个油你出去了以后也经常能看着……而且你现在打上来的这些鱼都有一股子油味，没有原来那种海的鲜味。（CJ1）

2. 海洋垃圾数量增多

近年来渔民们也越来越感受到渤海中海洋垃圾的数量越来越多，这一方面的问题在年长的渔民的口述中并没有提及，这说明在他们的记忆当中，在他们出海打鱼的年代海洋垃圾的数量并不明显，只有在最近十几年中仍有出海捕鱼经历的渔民 HSZ2 和 CJ1 谈到了当前海洋垃圾数量之多的情况，这从一个侧面反映出渤海海洋垃圾从无到有、从少到多的变化，有时甚至出现下网打捞到垃圾的数量多于水产数量的情况，这也反映出渤海海洋污染状况逐年加重。他们说道：

> 就前两年出去打鱼，好么，一网上来那些瓶瓶罐罐的比鱼还多，原来哪有这些东西啊，这海里垃圾越来越多，污染越来越厉害。(HSZ2)
>
> 现在这海里，环境真是太差了，简直就是一个垃圾场，你一网下去什么酒瓶子、塑料袋子一锅就端上来了，有时候还比打上来的海货沉，你说这可咋整。(CJ1)

生活垃圾和工农业废渣无疑是海洋垃圾最主要的两个来源。20 世纪 50～70年代之所以没有出现明显的海洋垃圾污染，与当地政府采取修建固定的垃圾回收点等相关措施有着密不可分的关系。根据《长岛县志》（1990：163）记载："1980 年对废渣及垃圾的处理实行分段、划片包干责任制，建立垃圾排放点，定时清除，改变了‘脏污废物海边倒，大海就是垃圾箱’的状况。"《旅顺口区志》（1999：394）记载："对废渣主要采取建立垃圾场、限制废渣无规则堆放的治理措施，工业废渣除建材部门回收部分烧砖外，其余皆由单位自行运至垃圾场。生活垃圾由环境卫生管理部门负责清运，并经灭菌处理后，填沟筑路。"在当时的经济体制下，这样的垃圾堆放点有效地防止了生活垃圾和工农业废渣流向大海。

近些年来，一方面由于人口的增多，人们生活水平的提高，不仅仅是沿海渔村对生活垃圾和工业废渣的堆放和丢弃监管不严，而且更多的城市生活垃圾也随着河流等地表径流流入海洋，正如长岛县黑石嘴村的渔民 HSZ1 说道："最主要的就是城市里的这些东西（指生活垃圾），越来越多，那些剩菜剩饭都扔到海里去了，又浪费又污染，还有这些地下的水沟也都通到海里去了，那些污水也都排到海里去了。"另外部分沿海渔村随着经济的发展开始发展旅游业，像桑岛及其对岸的龙口自 20 世纪 90 年代以来大力开发滨海旅游业，旅游业也逐渐成为这一地区重要的支柱产业，越来越多的游客慕名而来，游客的增多也造成向海里丢弃垃圾的数量越来越多，正如渔民 SD2 所说的："再就是现在这个垃圾也了不得，这来旅游的人多了

吧，这海里也就什么东西都有了。”（SD2）

（二）渤海海洋鱼类资源日渐枯竭

海洋鱼类资源的变化是衡量海洋环境变化的另一重要指标，渔民是直接以海谋生，向海洋讨生活的群体，他们常年与海洋鱼类打交道，他们对海洋鱼类资源变化的感受比任何其他群体都更加真实、更加直观，他们对海洋鱼类数量、种类以及质量的变化具有相当的发言权，这一方面的内容在 20 位渔民的口述史中都是重点谈论的主题，由此可见海洋鱼类资源的变化是渔民对渤海海洋环境变迁的最主要的主观感受。

1. 渤海海洋鱼类资源数量逐年减少

新中国成立初期，渤海海域的渔业生产力水平较低，渔船和网具较为落后，同时受制于航海技术的发展，当时并没有先进的航海仪器和探鱼仪器，渔民们出海更多的是凭借丰富的捕鱼经验，通过眼看和耳听来寻找鱼群，判断鱼群的位置、种类和数量。有着丰富出海经验的三山岛村 90 岁的渔民 SSD1 对于当时凭借经验打鱼的情景回忆道：

> 我 16 岁就上船了，那时候和现在没法比啊，俺们那时候真是差远了，船船不行，网网不行，工具工具不行，啥都没有，就一个小罗经。白天要下网的时候，就让那个‘鱼眼’爬到杆子上去看鱼群，晚上就趴在甲板上听船底下的鱼叫，听见鱼群的动静了，在哪，就开始下网。鱼群和鱼群的动静还不一样，黄花鱼是‘哈哈……’的，黄姑鱼是‘咕咕……’的，就趴那船上听就行了，就能知道这群鱼是什么，有多少。那时候还是那种篷船，挂帆摇橹的，你看现在这船，这工具，什么探鱼器、定位器都有了，那时候什么都没有，全靠经验。（SSD1）

这样一种完全凭借经验捕鱼的方式也从另一个侧面反映出这一时期海洋鱼类资源的数量很多，能够仅仅凭借自己的眼睛便可以看到大规模的鱼群，各种鱼类资源都能够形成海市，可以看到阳光照在鱼皮上发出的亮光，渔民们从来不必为捕不到鱼而担忧，通常一天往返两个来回，船船满载而归。渔民甚至“弄个铁棍弄上个铜丝（也能钓上来），就是弄上个白布也能网上来”（SSD1），“用钩钓钓鱼，三挂线就能钓到五六百斤的刀鱼”（DJ1）。

这样一种海洋鱼类资源丰富的状况一直持续到 20 世纪 80 年代，渔民站在岸边的山上便能看到海里的鱼群，出海捕鱼时的情况更是令渔民们感到欣喜，渔民 SSD4 说道："原来出去的时候那鲅鱼都一块一块的，就用围网打，一网能打个好几百斤、千八百斤的，再就是追黄姑鱼，就这一块黄姑鱼群能有十多万斤，这一网下去叫探鱼器探，探这一块能有十多万斤、七八万斤、五六万斤，这一网下去差不多都能捞上来。"特别是在 50 年代末到 60、70 年代，环渤海地区渔船网具得到了进一步发展，在渔业捕捞中开始大规模使用机帆船，网线的材质得到进一步的改进，以尼龙线、尼龙胶丝线和聚乙烯线逐步替代原先的麻线和棉线，网具的网目也逐渐缩小。随着渔船马力和载重量的增大以及网具的改善，渔民的单网捕捞能力也有了很大的提升，使渔民有很大的收获，小船少则四五千斤，大船上万斤是家常便饭，渔民们往往是连续五六天作业，捕回的鱼能够堆满沙滩，甚至连落脚的地方都没有。这时在三山岛地区，"斤"这一重量单位已经不便于渔民们衡量鱼的重量，卖鱼收鱼不论"斤"而论"席"，渔民们把打上来的鱼堆在席子上，以席为单位卖给收鱼者。鱼的数量之多是现在无法想象的，渔民们从来没有空着船回港的时候，渔民们用形象的语言描述了当时的捕鱼经历和生活情景：

79 年前后那时候一天晚上半夜两点来钟，刮 8 级大风，我叫着我大儿子让他赶紧起来，我带着他出海，下下网我就让他们都睡觉去了，第二天早晨就看见那小鲅鱼都在那一蹦一蹦的，那鲅鱼阳光一照就亮闪闪的，我就知道这一网肯定不少。拉上来一看基本上是一个网眼里一条，最大的有 10 来斤，最小的也得有半斤以上，还夹着大虾和各种别的鱼。拉上来一网把鱼放在一边甲板上，甲板上都满了，把网拉上来放在另一边的甲板上，船都是歪的，网都压不过鱼，这才一半，还有一半还在水里没拉上来！（HSZ1）

那时候海里老多东西了，你就像那海参、对虾我们都蒸熟晒干了，给孩子当零嘴吃，这岛上不缺海货，缺的是蔬菜，我们都拿韭菜当礼送，谁那时候要是弄点韭菜可了不得了，原来那时候包海货饺子吃，那个馅全都是鲍鱼丁、海参丁，就放一点的韭菜叶，那时候就寻思什么时候能吃上菜多鲍鱼少的饺子啊？（SD1）

70 年那时候打青鱼，渤海的青鱼也很有名，那时候青鱼多，青鱼下的子也多，有时候都能把那个网眼给糊住了，水都透不过去，不光是鱼，七几年的时候就连那个海参鲍鱼，那也是不值钱的东西，多得是，春天退潮那个海滩上全都是密密麻麻海参下的崽。（SSD5）

20 世纪 50 ~70 年代是渔民们记忆中鱼类资源数量最多的年代，是渤海水产捕捞业的“黄金时代”，也是渤海渔民们出海捕鱼的记忆当中最难忘、最深刻的时期，鱼类数量之多是现在难以想象的。无论鲅鱼、青鱼，还是现在看来“物以稀为贵”的海参、鲍鱼，在当时渔民眼中都是再寻常不过的，在那个物质相对匮乏的年代，环渤海渔民的生活中最不缺的便是海货，渔民们“捡海参、鲍鱼、海蜇犹如捡野草”（WG1）一般寻常，鱼随着潮水向海岸上冲击的声音“比下大暴雨还厉害”（DST1）。从情感上来看，20 位渔民在说到这一时期出海的情况时，脸上毫无例外地露出丰收的喜悦，仿佛是昨天刚刚满载而归向笔者讲述新鲜事一般的兴奋，可见渔民们对这一时期的经历也有着很深的感情，是他们多年的出海经历中最为难忘的部分。

到了 20 世纪 80 年代，渤海鱼类资源的数量开始逐年减少。究其原因，从政策上来说 1985 年前后环渤海渔村在改革的大潮流中逐步开始实行家庭联产承包责任制，承包海域、包干到船。1985 年，中共中央五号文件做出了《关于放宽政策、加快发展水产业的指示》，水产品一律不派购，价格放开，实行市场调节，这也结束了自 1956 年以来计划经济体制下，水产业实行了近 30 年的统一收购和派购政策，开始实现真正的市场化，存在了近 30 年的渔业生产队也随之解体。从某种意义上来说，渔业生产体制的变化也成为了渤海海洋环境变迁的转折点，渔民对这样一种渔业生产体制的变化所带来的影响有着清楚的记忆：

后来生产队就解散了，都开始承包，原来队里的船也都个人买去了，那时候就放开了，船越来越多，马力越来越大。（SSD5）

我们这个洋河口村是两个大队，一个渔业队一个农业队，生产队给改革没了，这些船怎么办，我也生产队员，他也生产队员，卖给谁呢，大家就在一块投标，哪个给的钱多卖给哪个，刚开始的时候六七个人买一条合着伙干，后来一挣钱了一人买一条。（YHK1）

生产队那时候农业队不能出去打鱼，就是农民种地去、渔民打鱼去，以后改革开放了，打鱼挣钱呢，谁不打去，有地的地都不种了，都下海了哪有功夫整他的地啊，都雇人插苗、割稻子，实在不中了，就这地包给你，你打了稻子给我200斤。那时候下海挣钱，都发财了。你就拿我们洋河口来说，原先农业队不下海，后来挣钱了，天南海北的亲戚都过来了，都开始买船养船。（YHK2）

在生产队解体后，环渤海渔村将原先统归生产队所有的渔船网具等生产工具通过投标方式折价归渔民所有，渔民自行安排生产计划，自行组织生产，按期清偿船价，到年终交足国家税收和按一定比例交纳集体的扣留，剩余的自行分配。在经济利益的驱动下，最开始几家合伙购买一条船，到后来挣钱后，一家买一条船，渔船数量越来越多，从事海洋捕捞的渔民也越来越多，同时渔船的载重量、马力越来越大，目的就是为了能够有更多的渔获量，年终可以有更多的剩余供自己分配。另一方面，像长岛县、洋河口村这样的渔村，在生产队的体制之下分为渔业大队和农业大队，在生产队时期农业大队只能务农不能出海，渔业大队只出海不务农，但由于渔业的经济收入要明显好于农业的经济收入，在生产队解体之后，渔业生产对原先的农业大队队员完全放开，同时还有部分内陆地区的人或是渔民的亲戚朋友，见海洋捕捞有利可图，纷纷从内陆迁到渔村加入到渔业捕捞当中，买船出海，这两方面也使得渔船数量和渔船的马力越来越大。久而久之这种生产体制变化带来的过度捕捞状况日益凸显，从20世纪80年代末90年代初渔民们便开始感受到渤海里鱼的数量明显减少，一年不如一年。

鱼可是越来越少了，不管是种类还是数量都不如从前了，大概就是从89、90年那块开始，海里就看不大着鱼了。（HSZ2）

原来生产队以前你包括生产队那时候一般出去一网上来能装两船，多得时候能三船三船的装，都能看见那鱼一大群一大群的，到了九几年的时候就开始一网撑死了也就能装个一船，就看那海上全是那大大小小的船，太多了。（SD1）

到了20世纪90年代中后期直到2000年以后，渤海海洋鱼类资源衰退的情况越来越严重，各类鱼种已经难以形成海市，近海处于无鱼的状态，渔民们表示现在出海的捕鱼量不足20年前的十分之一，渔民SSD5经历了60年代至90年代末期渤海海洋渔业发展的几个时期，他说道：“80年代的时候能打个万八千斤的话，90 年代就剩个 1000 斤了，到了 2000 年就剩 100 斤，现在可是了不得了能有个七八十斤就了不得了。”渔民们普遍反映与历史上早期动辄几千几万斤的渔获量相比，现在捕获鱼的数量寥寥无几，最多不过三五百斤。渔民 HSZ2 感慨如今打鱼越来越难：“半夜三四点就得出去，好一点的能打上来个百十斤的小鱼小虾，但是也经常是连油钱都挣不回来，原来那时候下几个网就能捕到一船的鱼，你现在就是一天下四五十回网，能打上来半船就不错了。”而笔者在桑岛调研时也来到渔民的渔船上，看到渔民一天的收获也仅仅是十几笼螃蟹，两麻袋扇贝也仅仅 57 斤，渔民告诉笔者，这在原来船两边都是挂满一笼一笼的螃蟹笼。“一年不如一年”“再也没有原来那么好”“再也回不去了”，这些话是渔民们讲述这一时期提到最多的，语气中透出种种的无奈与惋惜。

2. 渤海海域部分鱼种逐年减产绝迹

渤海海洋鱼类资源种类从 1960 年前后开始发生变化，部分经济鱼类的数量明显下降，逐渐衰减，以鲙鱼、小黄花鱼、毛蚶为代表的经济鱼贝类出现绝产，渔民 SSD1 说道：“59 年、60 年这块就没有小黄花鱼了，这时候就有机器了，就 58 年的时候在东北那里，打了一万八千斤，从那找都找不着了。”通过各地地方志中记载的数据也可以将渔民在鱼种数量变化上的主观感受加以印证。图 2 说明了新中国成立以来辽宁省旅顺口区和天津市汉沽区小黄花鱼捕捞数量的变化情况，可以看到基本上自 1957 年开始小黄花鱼的数量急剧下降，此后的时间当中接近于绝产，在 1970 年后基本上没有捕捞到黄花鱼的记录。《长岛县志》中也说道：“60 年代，木帆船全面改装成机帆船，渔船基本实现机械化，此期捕捞自然资源明显下降，渤海内主要经济鱼类衰减。”以黄花鱼、鲙鱼的绝产为标志的渤海海洋生态环境问题开始出现，这也是渔民主观感受到的最先开始出现的海洋环境问题。

到了 20 世纪 90 年代后，渔民普遍感受到渤海海域里鱼类的种类数量大不如前，渔民 HSZ2 说道：“原来能捕到 100 种鱼，现在也就能捕到 10 种。”由此可见渤海鱼类在种类上大幅减少。

过去渤海那是天然的大鱼库啊，现在不行了，渤海最出名的就是刀鱼，原来我们天天吃刀鱼，现在可以说刀鱼已经基本上绝产了，渔

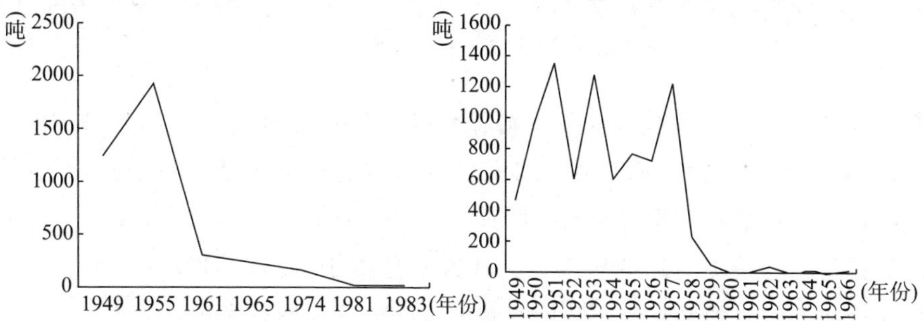

图 2　辽宁市旅顺口区、天津市汉沽区新中国成立以来小黄花鱼捕捞量变化趋势

民就算能打到，自己也不舍得吃，都当稀罕的东西送礼。(WG1)

现在这边都捞不着鱼了，你像原来那刀鱼基本上已经绝迹了，还有鲙鱼、带鱼，现在都游不过来了，都捞不着了。(DST2)

现在也就沙丁鱼了，原来七几年八几年的时候还能见着个鲅鱼、黄姑鱼啥的，我都好几年没见着了，现在一网也就能打着百十斤的沙丁鱼、三四十条小棒鱼、小黄鱼。(CJ1)

综合渔民们的口述可以看出，渤海有名的刀鱼、鲅鱼、青鱼、黄姑鱼、大黄鱼、鲈鱼、鳘鱼、加吉鱼等等基本上已经绝迹，这些鱼种在过去都是渔民们十分熟悉而寻常的鱼种，在渔民那里都是如数家珍，而且也是渤海海域的代表性鱼种，而现在一网只能打到百十斤的沙丁鱼、小棒鱼、小黄鱼，河北、天津沿岸渔村也仅仅把繁殖较快的皮皮虾作为主要的捕捞对象，渔民 YHK3 说道："要是这个皮皮虾繁殖不那么快，这海里几乎就看不见船了，现在出海全为了皮皮虾，要是没有装皮皮虾的，海里边就连船都没有了。"

3. 渤海海域海洋鱼类资源质量逐年下降

渤海海域渔民感受到海洋鱼类资源日渐枯竭的第三方面特征表现在海洋鱼类质量的变化上，即鱼类单尾的长度和重量的变化上，渤海海洋鱼类的长度越来越小，重量越来越小，品质越来越差。

(64、65 年的时候) 打上来的鱼从尾巴根到鱼眼就有 30 来厘米长，蟹子的两个大甲抻开能有四五十厘米长…… (79 年前后) 最大的有 10 来斤，最小的也有半斤以上。(HSZ1)

都是那种大鱼，拣出来的小鱼小虾什么的直接就给扔海里去了，四个头一斤的对虾那真是有的是……（SSD5）

20世纪六七十年代不仅仅在海洋鱼类的数量和种类上是渤海海域海洋资源的“黄金时代”，而且在海洋鱼类的品质上也同样是“黄金时代”，渔民捕捞到的鱼单条的重量小则一两斤，大则十斤，长度在30厘米左右，而对虾则是四五个头一斤的居多。另外这也是由于在这一阶段规定渔民捕鱼作业使用的网具的网目大小，网目较大因此也只能捕获大鱼。

伴随着鱼类资源种类和数量的逐年衰退，渔民为了捕到更多的鱼，不断缩小网具网目的大小，因此渔民捕获的鱼的大小和重量逐渐减小，最大的鱼也不过一斤左右，渔民SSD5向笔者讲述了前不久村里的渔民出海捕获鱼的情况，说道：

前两天村里一个人寻思着这不开海了么，快出去看看吧，结果出去了得有十天吧，捞上来的鱼都那么点点，拉回来只能当饲料，能看的鱼也就两条，也就一斤多点……（SSD5）

而且渔民更明显地感受到，受到海洋污染的影响，特别是随着近年来溢油和船舶抛油越来越多，现在打上来的海鲜往往都不新鲜，味道也大不如前。

现在打上来的这些鱼都有一股子油味，没有原来那种海的鲜味，就是没有油味也都不新鲜了，七几年那会儿我记得我们都经常的，那个船上那发动机开的时间长了，发动机水箱里的冷却水就开了，我们就直接把网上来的螃蟹啦、虾啦什么的往那个水箱里一放，一会儿就给煮熟了，就这么直接吃，那味道可鲜了。（CJ1）

（三）渤海海洋环境变迁影响下渔民的生活变化

通过渔民的口述史可以发现，渔民对海洋环境变迁的主观感受不仅仅局限于对海洋环境本身变化的感受上，也表现在对海洋环境变迁给渔民生活所带来的变化的感受上，这是通过主观感受描述海洋环境变迁与通过文献、数据等资料来客观描述海洋环境变迁最明显的不同，这将海洋环境变迁的影响纳入渔民的日常生活当中，体现出海洋环境与人类社会之间的互动关系。总起来说，新中国成立以来渔民感受到的海洋环境变迁对他们生活的影响主要有三个方面：一是渔民出海捕捞作业规律发生改变；二是渔民的收入越来越少；三是从事海洋渔业特别是近海捕捞业的渔民数量日益减少，渔民逐渐转产转业。

1. 渔民出海捕捞作业规律改变

海洋鱼类资源的枯竭首先给传统的海洋捕捞业出海作业规律带来很大冲击。20世纪五六十年代，渔民一天能够出海往返两到三个来回，这一点在山东、河北和辽宁的渔民的口述中都有所证实，这主要是由于海洋鱼类资源数量丰富，渔民出海捕捞过程当中也并没有“等鱼”的概念，渔民们并不需要耗费大量时间便可以网到满满一网鱼，而渔船的载重能力有限，往往下一网或两网便能够装满一船，渔民们也不得不返港卸鱼，而一天的时间也足以这样几个来回。随着海洋鱼类资源数量越来越少，渔民们捕捞到一网鱼所需要的时间越来越长，甚至现在一天下几十回网也难以打上一船鱼来，加之当前出海的成本较高，渔民们出海一次会选择在海上连续几天甚至十几天捕鱼，为的就是有尽可能多的收获，但是从实际的情形来说，收获仍然很少。从出海捕捞的海域范围来看，渔民SD2说道：“原来出去一趟也用不了走老远，就从咱这个岛这一圈出去个六七海里就开始下网，现在他们出去打鱼怎么也得出去个十来海里的，还打上来的寥寥。”这也是近年来近海无鱼的“荒漠化”对近海捕捞业的严重影响。

针对这样出海收获较少并且成本升高的现状，渔民们在度过休渔期之后也没有像原先那样家家户户争相驾船出海，而是会选择几家几户合一条船出海，或者先商定一家船出去试捕：

> 现在就是禁渔期过了他们也不出去打去了，现在都是你这一家出去试去了，要是打不着就都不出去了，试回来有鱼再都出去。(YHK1)
>
> 现在禁渔期过了也都是几个人合着伙出去，比如说咱们都是船长，都有船，但是单个出去不上算啊，我们就合伙用一个船出去打。(YHK3)

这样的出海方式更多地出现在天津和河北海域，这也说明海洋鱼类资源衰退的情况在渤海湾海域更加严重，这主要是由于环渤海海域多是洄游产卵的鱼种，每年固定的时间从东海、黄海海域洄游到环渤海近海产卵，渤海海域黄河入海口、海河入海口、辽河入海口等都是鱼类洄游产卵的产卵场。鱼类在渤海海峡入口处就被层层捕捞，因此只有很少一部分鱼类能够洄游到位于渤海最西端渤海湾沿岸的天津和河北海域，这便造成了渤海海洋环境变迁的空间差异，给天津、河北海域海洋捕捞业带来了很大的冲击。

2. 渔民的收入逐渐减少

海洋鱼类资源衰减对以海谋生的渔民来说最重要的一个影响便是收入上的减少，渔民以出海捕鱼作为自己最主要的生活和经济来源，随着海洋鱼类数量逐渐减少，渔民出海的渔获量越来越少，加上目前雇工成本和渔船燃油的费用很高，使得渔民们的收入越来越少，利润越来越少。许多渔民都说到了他们原来和现在出海捕鱼的收入变化：

> 像我八几年九几年的时候还都挺好的，再往前就更不用说了，出去一船就能打上来个万斤来鱼，一天的收入能挣好几万，那是经常的事，现在一天才能打个两三百、三四百斤，那还算好的，忙活一天的收入还赶不上原来一船的。自从康菲那个事以后，挣得就更少了，原来就算打得鱼少了，但是这价格能保证，自从这个事以后不光鱼少了，价格也在降，人们一看新闻说漏油了，都不吃了，打上来的鱼都卖不出去，所以就卖不上价去，对渔民的冲击太大了。（CJ1）
>
> 不用说远了九〇年到两千年这一块，每年的收入怎么也得有十来万，多的时候都有十五六万，最少也得十万八万，就现在这几年不景气了，海里资源少了，一年最多的时候才有六七万。（DJ2）

在海洋鱼类资源丰富的年代里，虽然渔民一年的收入在现在看来只有几千或者一万元左右，但是在经济还不够发达，物质生活相对贫乏的年代里，渔民的收入还是相当可观的，远远超过农民的收入，生活上比农民相对要富裕许多，这也是完全放开水产业市场之后众多农民购船出海捕鱼的重要拉力因素。到了20世纪90年代，虽然鱼类资源的数量开始明显减少，但是鱼的价格较高、出海的人力物力成本较低，渔民的收入还是比较有保障的，能够达到年收入十万元左右。最近十几年的时间，一方面由于海洋鱼类资源的进一步衰退，出现近海无鱼的状况，另一方面出海捕鱼的雇工成本和燃油成本有了很大的增长，渔民 YHK3 曾给笔者算了一笔账："现在雇一工一天得 200 块钱，这一个船最少得雇仨人，那就得 600 块钱，这么一个大船烧油怎么也得 1000 多块钱的油钱，油钱加上工钱怎么都得 2000 块钱，就是打上来的鱼还指不定能不能卖 2000 块钱呢……"雇工成本和燃油成本的增加成为目前渔民出海不得不考虑的因素，使原本就因为鱼类资源衰退而收入减少的渔民们的纯利润更低，有的渔民向笔者感慨："现在出海捕鱼已经没有原先的奔头，没有原先的兴奋劲，每天要想着的是如何早出海多打鱼，要不连油钱都不够。"在大神堂村，渔民也向笔者介绍道，现在他们村子里就连家里的女人也上船出海，不光如此，村子里家家户户只要是能够上船的都上船干活，为的就是最大程度地减少成本。

3. 从事海洋渔业的渔民数量日益减少

海洋环境污染越来越严重，海洋鱼类资源枯竭的趋势也越来越严峻，使渔民出海捕到数量可观的鱼越来越难，渔民的收入随之越来越少，渔民从事海洋渔业特别是近海捕捞业的积极性也越来越低，越来越多的渔民选择将渔船卖掉，开始从事其他的行业，桑岛村码头原先停有 300 余艘渔船，如今渔民们卖船，也就剩下三分之一。

在笔者访问的 20 位渔民当中就有 4 位渔民原先从事海洋捕捞业，后来因为收入减少转而从事其他的行业，例如长岛县黑石嘴村村民 HSZ2 20 岁开始便出海打鱼，2012 年开始与儿子经营一家渔家乐，他说道："我前年不干了，真是白下力还不挣钱，这不这两年岛上都兴开渔家乐嘛，寻思寻思快别干了，而且年纪大了也干不动了，这不和儿子去年搞这么一个，真比出海挣钱，还不累。年轻一点的，脑子活点的去学个技术干养殖去了，也比打鱼挣钱，咱打了这么多年鱼，这养殖一时半会儿的学不上手，干脆还是不干了，关键还是海里边没鱼了。"桑岛村的渔民 SD1 和 SD2 原先也都是从事海洋捕捞的渔民，十六七岁开始上船出海，他们对海洋捕捞也有着深厚的感情，但是海洋捕捞业的利润越来越低，为了生计他们不得不卖掉自己的渔船，开始合伙做起了水产品收购。洋河口渔民 YHK3 则是同时转向了两个产业，他从 2003 年开始在老家乐亭从事扇贝养殖业，同时与女儿在洋河口村经营了一家宾馆，开始从事旅游服务业。

从调查的情况来看，海水养殖业是海洋捕捞渔民转业的最主要方向，而河北省养殖业的发展更是和该海域近海无鱼的情况相伴相生，洋河口渔民 YHK1 说道："这十年开始养扇贝，原先没有，都是打山东传过来的，原先养扇贝的也都是出海打鱼的，打鱼不挣钱哩，人们都去养扇贝去了，养扇贝多挣钱啊，都打不着鱼了，养扇贝养得好的一年都挣好几十万，你打鱼现在挣多少钱?"这也是当地渔民为了应对海洋环境污染、鱼类资源减少，为了保障收入所采取的措施，希望通过转向海水养殖业而获得更多的经济利益，因为与海洋捕捞业相比，渔民对水产养殖业有更大的自主性，能够掌控养殖物的种类，并不受传统海洋过度捕捞的影响，因此在收入上有更大保障。但是海水养殖业近年来也受到海水污染的严重影响，渔民 SSD3 说道：

> 不光是对打鱼户，自从海里的鱼少了以后，很多村民就搞起了养殖业，起先搞养殖业的很赚钱，但是自从金矿和热电厂起来之后，养殖的扇贝海参之类的死苗也特别多，这扇贝啥的对水也很敏感，有时候他们说能一半一半地死，有时候再遇上天气气候啥的不好的话，甚至能绝产。(SSD3)

海洋环境变迁对渔民生产生活的影响是多方面的，伴随着渔获量越来越少，渔民们的生产积极性越来越低，渔民的数量越来越少，这从根本上给我国海洋捕捞业带来的巨大冲击，给海洋捕捞业特别是近海捕捞业的发展蒙上了一层阴影，其发展前景越来越暗淡。

三　结论与讨论

本研究以环渤海海域为例，通过口述史的研究方法对海洋环境变迁在渔民的主观感受方面进行初步探索。综合已获得的资料以及上述的分析，可以得到以下几方面的结论。

第一，渔民主观记忆中对于新中国成立以来的海洋环境变迁最深刻的感受集中在三个方面：一是海洋污染状况越来越严重，二是海洋鱼类资源逐渐枯竭，三是海洋环境变迁给渔民生活带来的影响，即渔民出海规律改变、收入越来越少、从事海洋捕捞业的渔民数量越来越少。

第二，渔民主观感受中渤海海洋环境经历了一个逐渐恶化的过程。这一过程中主要有以下几方面特征：（1）总体上看来在 20 世纪 80 年代中期之前状况较为良好，无论是海洋海水质量情况还是海洋鱼类资源整体状况都较好，特别是在50年代末至70年代是渤海海洋捕捞业的“黄金年代”，这一时期是渔民出海捕鱼最难忘、最喜悦的时期，无论是在鱼类资源的数量还是质量上都是十分可观的，渔民说到这一时期的出海情景时都会露出喜悦的神情；（2）1960年前后由于渔业生产力的提高，以黄花鱼、鲙鱼为代表的经济鱼类开始绝产，以此为标志渤海海域开始出现海洋生态环境问题；（3）20世纪80年代中期以后，渤海海洋污染状况日益凸显，海洋垃圾数量猛增，海洋鱼类资源枯竭的状况日益严重，特别是在2000年以后，渤海海域呈现“海洋荒漠化”的状态，近海基本无鱼可捕，渔民谈到这一阶段海洋环境发生的变化时言语中无不透露出惋惜与无奈。

第三，海洋环境变迁对渔民生产生活的影响是渔民对海洋环境变迁的主观感受中最独特之处，这是通过利用客观公报数据难以得到的。随着海洋鱼类资源的逐渐减少，渔民改变了原先一天往返出海多趟的作业习惯，现在往往一次出海十几天，同时雇工成本和燃油成本逐年提高，渔民可获得的收入越来越少，渔民出海的积极性大为降低，在这种近海无鱼的状况下，一部分渔民会合船出海或者试探性出海，一部分渔民选择卖掉渔船，从事海水养殖业、旅游服务业、水产品收购加工业等其他行业，渔民、渔船的数量越来越少，海洋近海捕捞的前景越来越暗淡。

本研究利用口述史的研究方法获得渔民记忆中对于海洋环境变迁的主观感受，以此来描述渤海海洋环境变迁的特征，这与现有研究成果当中利用官方发布的公报数据从客观层面描述海洋环境变迁过程是两个完全不同的研究视角，口述史研究方法应用于这一领域有其独特的价值。

首先，口述史研究能够补充现有官方数据资料的缺失与不足，正如前面所说，我国对于海洋环境的公报数据最早公布于1989年，在此之前缺少对于海洋环境变迁的官方资料，因此，运用口述史研究法，收集新中国成立以后不同时期从事海洋渔业的渔民记忆中的海洋环境变迁状况，讲述当年出海捕鱼时的情景，能够获得对于海洋环境变迁比较完整的资料和信息，以弥补官方数据资料的不足。

其次，口述史研究方法最适合应用于“弱势者”、较少使用文字者，或生活空间较局限于私领域者的研究对象，包括老人、劳动者阶层或者社会地位较低的人群，这些“弱势者”缺乏参与主流社会的机会，也缺乏机会表达自己的观念，因此，在研究对象上也能够体现出口述史研究的价值，本研究的研究对象主要为新中国成立后不同时期从事海洋渔业的渔民，他们丰富的出海经历和故事是一笔宝贵的财富，但或者由于文化层次较低，或者由于缺少表达的机会，他们难以在学术研究中发出自己的声音，口述史研究方法可以很好地记录他们的经历和内心感受，作为日后学术研究的宝贵资料。

再次，口述史研究方法有助于研究者更深入被研究者的日常生活，真正反映个人的认同、行为、记忆与社会变迁之间的关系，通过口述史研究方法，除了能够获得被研究者对于海洋环境变迁的主观感受方面的口述史资料，还能够深入到被研究者的生活环境当中，一方面能够深入记录其个人对于海洋环境变迁的看法和情感，另一方面也能够进一步获得海洋环境变迁对于渔民生活的影响方面现实的资料。

第四，口述史研究是一种研究立场和研究视角的转变，特别是在海洋环境变迁的学术研究领域，传统的研究方法都是采用政府部门发布的公报数据进行描述，这类数据无论是从过程还是结果上来讲都是一种自上而下地获得资料的方式，人的因素被排除在资料之外，而海洋环境的变迁最终引起的是人类生活环境和生活状态的变迁，人自身对于海洋环境变迁的感受也是一种重要的研究资料，因此，运用口述史的方法，自下而上地让普通的渔民讲述他们对于海洋环境变迁的感受，在研究视角上无疑回归到现实生活，使得海洋环境变迁方面的研究资料更加现实与具体。

当然，口述史研究方法应用于海洋环境变迁也具有一定的不足，最主要的便是对宏观现象的概括性问题。这主要是指通过口述史研究方法收集到的资料完全是定性的资料，具有生活化和个性化的特点，但是这种资料更主要的是对个人记忆的挖掘，这种个人的记忆对整个历史事件、历史状况是否具有普适性值得商榷，渔民的这种描述是否存在过度描述、过度加入个人情感的问题也是难以回避的问题。它并不像定量研究那样可以以样本的情况来估计总体的状况，将个人对海洋环境变迁的主观感受和记忆加起来也并不等于整个海洋环境变迁的总体性变化，因此对于问题的说明上是否具有代表性，是否能够推广到更大的范围，是否具有较高的信度和效度是口述史研究方法应用中面临的最主要的问题。

参考文献

〔英〕保尔·汤普逊.2000.过去的声音——口述史［M］.覃方明、渠东、张旅平译.沈阳：辽宁教育出版社，牛津大学出版社.

陈向明.2000.质的研究方法与社会科学研究［M］.北京：教育科学出版社.

崔凤、唐国建.2006.“海上山东”建设的生态限制与社会条件［J］.海洋开发与管理（4）.

崔凤.2009.改革开放以来我国海洋环境变迁：一个环境社会学视角下的考察［J］.江海学刊（2）.

定宜庄、汪润.2011.口述史读本［M］.北京：北京大学出版社.

范英、江立平.2012.海洋社会学［M］.广州：世界图书出版广东有限公司.

何书金.2005.中国典型地区沿海滩涂资源开发［M］.北京：科学出版社.

雷明、钟昌标.2007.海洋环境变化对水产品贸易影响的实证研究——以浙江省为例［J］.渔业经济研究（5）.

李向平、魏扬波.2010.口述史研究方法［M］.上海：上海人民出版社.

梁恩宝、大连市旅顺口区史志办公室.1999.旅顺口区志［M］.大连：大连出版社.

山东省长岛县志编纂委员会.1990.长岛县志［M］.济南：山东人民出版社.

天津市汉沽区地方志编修委员会.1995.汉沽区志［M］.天津：天津社会科学院出版社.

王保栋.2007.垂死的渤海：并非都是污染惹的祸［J］.海洋开发与管理（5）.

王子彦.1999.日本的环境社会学研究［J］.北京科技大学学报（社会科学版）15（4）.

张开城.2012.绿色思维与绿色海洋社会建设［J］.生态经济（3）.

曾维康.2012.农民中国：江汉平原一个村落26位乡民的口述史［M］.北京：高等教育出版社.

Subjective Feelings on the Changes in Marine Environment

—Oral History Study of 20 Fishermen around Bohai Sea

Cui Feng　Zhang Yujie

Abstract: On the one hand the marine environment is deteriorating increasingly; on the other hand it can not obtain the complete change process of the marine environment since our country established in 1949 by using the existing statistical bulletins. Therefore, this study uses oral history methods to collect the memories of fishermen around Bohai Sea on the changes of marine environment, and analyzes the changes based on the first-hand files collected. It can be concluded that the most impressive subjective opinions of fishermen on the changes of marine environment concentrate on three dimensions: first is the marine pollution is intensifying; second is the marine fishery resources is drying up; third is the effects of marine environment changes on fishermen's production and life, mainly displaying in the change of fishery operation regulation, the increase of the fishery cost and the decline of the fishermen's interest, which brought about by the decline of fish resource amount, and consequently the number of fishermen and fishing boats less and less and the fishermen turn to other industry. The oral history research method applies in the field of marine environment change research has its unique value in certainly. It can make up the lack and deficiency of the existing official data, let the basic mass make their sound in academic research, go deep into the fishermen's life and communicate with them to gather more real and vivid research data, and this method is also the change of research perspectives, namely backing to real life in research perspectives to make the research data in the field of marine environment change more real and specific.

Key words: changes of marine environment, oral history, around Bohai Sea, subjective feelings

族群情感刺激下的群体性利益表达逻辑

同春芬　彭萨茹拉[*]

摘要： 本文以北方牧区X旗牧民草场受损抗争致死事件为导火线，进而引起的一系列集体利益表达、抗争行为的事例为个案进行深入分析，揭示该事件引发广泛社会关注的深层原因。从而得出牧民群体在表达利益诉求中有其特殊性，其中族群文化、族群情感的刺激，不仅是最突出的特征，也是相比其他群体处理此类事件的显著差异所在；与此同时，社会结构转型背景下突发性事件的刺激以及便捷、发达的现代信息技术也是使该事件受到广泛关注的重要原因。因此，对具有族群属性的群体性利益表达事件要有清醒的理性认识，采取合理的解决方法尤为重要，即使在国家社会控制部门强制力量下结束了族群的利益表达行为，也很容易产生“无形的”、强大的利益表达氛围，类似事件中表达的利益诉求得不到很好处理的话，容易产生对抗情绪，不利于族群团结，容易产生较大的社会影响。

关键词： 群体利益表达　族群认同　情感刺激　底层研究

一　引言

牧民是我国各类群体中比较特殊的群体。近些年来牧民利益受损的事件时有发生，而有利益受损就会有相应的抗争行为。牧民利益受损往往集中在草场利益受损方面，而草场是土地资源的重要财富，与土地息息相关。抗争主体因土地问题而发生的抗争，实质上是利益发生冲突后处于弱势的

---

* 作者简介：同春芬（1963～　），女，陕西渭南人，中国海洋大学法政学院教授，博士，硕士生导师，研究方向为农村社会学、海洋渔业政策；彭萨茹拉（1989～　），女，内蒙古科尔沁右翼中旗人，中国海洋大学法政学院社会学专业2012级硕士研究生，研究方向为农村社会学。

一方利益表达受阻而采取的行动。当前群体利益表达主要有以下三个类型：集体上访、某些集团诉讼、某些就地抗争。[①] 本文正是对发生于北方某自治区我国最大的草原腹地的一起底层抗争引起的抗争行为、抗争结果以及抗争过程中多方的博弈问题进行探讨，该抗争行为的主体具有显著的族群属性，主要表现为参与抗争的群体基本为蒙古族。正如吴毅通过对农民群体利益表达进行研究得到的结论——“非政治化仍然是农民维权的基本特征”，[②] 从利益表达主体看，底层群体利益表达以及因利益表达产生的抗争行为的性质可以简单概括为非政治化的“维权”行为。在群体利益表达过程中，缺乏专业化、组织化是其主要的特征，其行动基本上是为了解决当前的问题，即利益受损后的利益表达和诉求。

一般意义上的农民可以浅显地概括为从事农业生产的群体。我国农民的界定不仅有职业性（即农业生产者）特征，而且还具有地域性（一般生活在特定的农村社区）特征。牧民主要是指以从事畜牧业为生的人群，从我国目前的情况看，纯粹意义上的牧民数量或是区域分布都非常有限，而且在对牧民进行研究的过程中研究者大多也把半农半牧的生产者当作牧民。在这个意义上的牧民主要集中于北方传统游牧民族聚居地区，从地域上看主要分布在内蒙古自治区、新疆维吾尔自治区、西藏自治区以及青海、甘肃等省份，从族群构成看主要有蒙古族、哈萨克族、藏族、裕固族等少数民族。

农民抗争问题一直是国内外学者研究的热点，农民因土地问题发生的抗争与牧民因草场问题发生的抗争行为有诸多相似性和不同之处。引起农民抗争的土地问题主要集中表现为土地被征用、房屋拆迁以及各种移民引起的土地问题等；草场所引起的牧民抗争性利益表达是牧民抗争性利益表达的主要方面，集中表现在土地资源以及与之相关的草场利益受到损害，包括草场环境遭到破坏，草场被占用以及在未经草场所有人同意的情况下草场被租赁、开发等。在对农民因土地问题发生的抗争和牧民因草场问题发生的抗争进行比较分析时，族群属性以及生产资料的占有是不可忽略的重要因素。首先，因土地问题而抗争的农民基本上生活在中东部社会经济

---

① 应星：《草根动员与农民群体利益的表达机制》，《社会学研究》2007 年第 2 期。

② 吴毅：《“权力－利益的结构之网”与农民群体性利益的表达困境》，《社会学研究》2007 年第 5 期。

较为发达的省份，族群构成方面主要是以汉族为主；而因草场问题而抗争的牧民，多数生活在西部或边疆地区，社会经济发展与中东部相比较有一定的差距，族群构成以少数民族为主。因草场问题而抗争的牧民不仅有中东部底层民众因土地而抗争的普遍性，也因牧民的族群属性、地域属性、历史文化因素等的特殊性往往具有抗争过程和结果的异质性。在生产资料受损引起的土地抗争方面，因中东部地区农民普遍占有的土地资源十分有限，尽管所受到的土地损失可能面积较小，但牵扯的经济利益较大；牧民因占有的牧场及牲畜等生产资料较多，一户牧民甚至拥有数百亩乃至上千亩的牧场，牲畜存量也往往较多，因此当牧场等权益受到损害时也会做出较为激烈的抗争。

在研究农民等底层民众的抗争行为过程中，利益表达主体往往都会被贴上“弱势群体”或是“底层民众”的标签。本文正是立足于前人“弱势群体”或是底层的抗争性利益表达这样一个学术视角，对当前少数族群在抗争性利益表达行为中所表现出来的一些新的趋势和问题进行探讨，对少数族群抗争性利益表达的探讨是对当前已较为成熟的底层抗争性利益表达研究的进一步完善。

二　相关研究回顾

抗争性利益表达行为往往具有群体属性，进行抗争的行动者是某一群体，所以在抗争过程中大多表现为某种形式的集体行动。以往与抗争性利益表达相关的研究主要有西方社会运动理论，印度的底层研究，波普金的“理性小农”研究，有关“搭便车”研究，底层的“碎片化”研究，美国著名学者斯科特的“日常抵抗”、“生存伦理”、“道义经济”以及“弱者的武器”理论，李连江和欧博文的“依法抗争”理论，于建嵘教授的“以法抗争”研究，应星教授的“草根动员”“气场”等相关研究和理论。在这些研究的基础上，近些年也有国内学者做了比较具体的研究，提出了相似的解释和研究框架：王洪伟在以法抗争的基础上对艾滋病病毒携带者进行研究时提出了“以身抗争”研究，董海军在对底层维权行为进行研究的过程中则提出了“以势抗争”的分析框架，王金红以“悲情抗争”为视角对底层弱势群体进行了研究，张书军认为“以舆抗争”是当前农民维权、抗争的新形式。在抗争性利益表达过程中，利益表达者把问题“闹大”、“问题化”的维权、抗争逻辑受到了研究者的关注。

社会运动理论对于群众运动、集体行为的解释力在西方有非常大的影响力，备受西方推崇，然而由于社会运动理论中资源动员和政治过程等在我国的实际情况中涉及其“政治合法性”，涉及群众有组织、有网络的集体行为，这与国内当前的实际情况相悖，“在我国的政治体制下根本不允许出现这样的情况”。[①] 所以关于社会运动理论的解释力，在我国缺乏存在的“合法性”。印度的底层研究在20世纪七八十年代取得了卓越的成效，其以南亚、东南亚底层为研究基础，为底层研究中的“底层”取得了话语权，回归到了底层行动的自主性方面，建立了底层史观，其倡导底层的研究价值取向。印度底层研究学者对之前被精英群体所建构出来的底层史观进行了猛烈的抨击。印度底层研究作为一种价值取向，对我国有着较大的影响。我国的底层史观长期以来正如同印度底层研究学者所抨击的，以官方、精英占主导的话语体系为核心，在有关的表述中，所呈现的底层是碎片化的、不完整的。正如印度底层研究学者把底层研究放在农民起义等宏大的事件上，我国对于底层研究的价值取向也更偏向于社会分层、社会不平等、社会结构和分化等宏观层面上的研究。

李连江和欧博文底层“依法抗争”研究对我国底层利益表达诉求的研究框架产生了重大的影响。依法抗争是“利益表达主体在国家法律、政策允许的范围内，充分运用国家法律、政策以及国家所赋予公民的各种权利，同地方进行博弈的过程”。[②] 通过利用上级政府的权威来对抗基层干部的“枉法”行为，以实现利益表达。通过依法抗争实现利益表达的主要表现形式就是向上级机关上访和就地利用法律、政策进行抗争。在此基础之上，于建嵘通过对湖南农村的调查研究，认为湖南农村底层利益表达已经进入“以法抗争”的阶段。以法抗争的研究一提出就受到了很多关注，并且备受质疑。于建嵘认为以法抗争“是以具有明确政治信仰的农民利益代言人为核心，通过各种方式建立了相对稳定的社会动员网络，抗争者以其他农民为诉求对象，他们认定的解决问题的主体是包括他们在内并以他们为主导

---

① 赵鼎新：《西方社会运动与革命理论发展之述评》，《社会学研究》2005年第1期。

② 吴长青：《从“策略”到“伦理”对“依法抗争”的批评性讨论》，《社会》2010年第2期。

的农民自己，抗争者直接挑战他们的对立面，即直接以县乡政府为抗争对象，是一种旨在宣示和确立农民这一社会群体抽象的‘合法权益’或‘公民权利’的政治性抗争”。[①] 以法抗争强调了抗争者的政治信仰，相对稳定的社会动员网络，抗争行动的精英领袖，以及直接的对基层县乡政府、干部进行抗争，以法抗争的解释框架已从资源性权益表达的抗争向政治性权利的抗争方向发展。向上级上访、政策宣传、静坐和示威以及阻止收税费和逼迫相关部门退回收取的“不合理”费用等是以法抗争的主要方法及目的。应星对于建嵘的以法抗争进行了回应，认为其夸大了基层农民抗争的政治性，而且于建嵘认为的基层利益表达抗争已进入“有组织的抗争”的说法由于其“政治合法性”很难成立。[②]

在对具体底层群体利益表达如何产生，以及利益表达主体利益表达机制的研究方面，应星“草根动员”的有关研究具有较强的解释力。应星试图超越西方社会运动研究与东方底层研究的二元对立，西方社会运动范式在合法性方面与我国的实际情况不相符，底层研究范式过分强调了底层群众的主动性，应星教授因此提出了不同于精英决定论的“草根行动者”。“草根行动者来自底层，又不全代表底层，草根行动者有其独特的行动目标和行动逻辑，他们有一定的文化，大多有比较丰富的社会经验，对法律和政策较为熟悉，且能说会道，懂得政府处理问题的逻辑”。[③] 草根行动者能够有效地把底层群众动员起来参与利益表达，并且做到精心地组织，对利益表达行为能够做到有效地控制，能够适时做到有效结束，整个草根行动最大限度地游走于法律所允许的行动范围内。

在具体利益表达诉求过程中，制度化的途径由于其烦琐的程序、高昂的经济成本、较低的办事效率，往往不被利益表达群体所采用，利益表达群体更多地倾向于选择“非制度化”的表达手段。非制度化的利益表达行为也是当前研究的焦点。利益表达主体行动过程的“问题化”逻辑、“闹大”逻辑是相关研究探讨的重点。“问题化”就是底层群众在利益表达中，

---

① 于建嵘：《当前农民维权活动的一个解释框架》，《社会学研究》2004 年第 2 期。

② 应星：《草根动员与农民群体利益的表达机制——四个个案的比较研究》，《社会学研究》2007 年第 2 期。

③ 应星：《草根动员与农民群体利益的表达机制——四个个案的比较研究》，《社会学研究》2007 年第 2 期。

“提出较为明确的目标，把这一诉求目标放在政府解决问题的框架中，在具体的行动过程中，利用能够利用的策略把目标建构为政府必须要解决的问题，让其提上政府解决问题的议事日程中”。[①] “闹大”逻辑是在利益表达中，行动者在掌握政府处理问题的“大闹大解决、小闹小解决、不闹不解决”，以及维稳政治逻辑的基础上充分动员利益相关人员，对政府表达其利益诉求，让更高一级的政府领导知道利益表达集团的诉求，获取更多的社会群众以及新闻媒体等的支持，在此基础上对所诉求的政府施加压力，要求其解决问题。

在具体的利益表达研究中，现有的研究主要集中在失地农民、下岗工人、艾滋病患者、移民群体、拆迁户等弱势群体方面，其抗争的主要手段有“静坐、上访、集体散步、群体围攻、自残自焚、打杂抢烧、党政机关办公场地集体下跪等”。[②] 本文试图在前人研究的基础上，对 2011 年 5 月发生在北方某自治区 X 旗的一个具有族群性的较为复杂的利益表达行动及其产生的影响进行探讨。[③] 在此次持续和僵持时间均不太长的利益表达行动中，有较多特质应引起关注。首先，从参与利益表达的主体看，尽管刚开始参与利益表达的人数不多，但事态扩大后参与的群体和人数却立马倍增；利益表达主体绝大多数是一些和事件本身“不相关”的群体；利益表达的主体从族群构成上看均为蒙古族；事态扩大后利益表达主体以青年、学生为主，他们参与的积极性非常高。从利益表达的动员形式看，起初也存在较为松散的动员，利益表达行为在没有任何征兆的前提下迅速地扩散和扩大，在影响扩大的过程中没有经过精英群体的组织、动员；手机、计算机网络等通信网络工具和现代信息技术得到运用。从利益表达的过程看，利益表达过程如病毒一般在社会中快速“传染”，从受影响的空间范围上也呈现迅速扩大的趋势，而且影响扩大的范围似乎是“无穷”的。其次，从抗争的对象和目的看，开始的时候有显性的目的和明确的对象，事态扩大后抗争的对象虽变得模糊，但仍有较强的针对性，而抗争目的只成了一种集

① 应星、晋军：《集体上访中的“问题化”过程：西南一个水电站的移民的故事》，载清华大学社会学系主编《清华社会学评论》（第一辑），厦门：鹭江出版社 2000 年版，第 80～110 页。

② 王洪伟：《当代中国底层社会“以身抗争”的效度和限度分析——一个“艾滋村民”抗争维权的启示》，《社会》2010 年第 2 期。

③ 遵照学术研究惯例，本文所涉及案例中的地名和人名均经过技术处理。

体力量的展示和表达不满的宣泄。从抗争的手段看，主要是集体上街、聚集于广场等公共区域，也有一些抗争口号，以形成一种无形的愤怒之气。最后，从抗争的结果看，尽管社会控制部门以强制力结束了其利益表达行为，自治区负责人到事发地与学生、群众对话，并且做出承诺，对肇事人迅速地做出了控制和审判的处理。基于以上的分析和概括，本文认为研究对象的利益表达行为较为特殊，其族群文化的特质以及族群情感的刺激发挥了重要作用。

三　案例分析

X 旗是北方传统的蒙古族游牧地区，畜牧业一直都非常发达，矿藏资源丰富。X 旗在经济大发展的背景下，对旗内大大小小的各种矿藏资源进行了大力的开发。随着对矿藏的大规模开采，更多的运输车辆在草原上来回运输矿物，然而运输车辆经常在草原上随意驾驶，不按照既定的路线行驶。由于草原生态的脆弱性、破坏的严重性，这种行为对牧民的草场造成了严重的损坏，当地牧民对此强烈不满。自 2006 年以来，牧民的牲畜被矿厂的运输车辆碾死、撞死的数量不断增加，运输车辆对草原的破坏更加明显，牧民刚开始对运输车辆的司机进行劝说试图阻止他们，但毫无作用。之后牧民就开始通过基层的政府组织、自治组织进行协调，但事情始终没有取得任何进展。直到 2011 年 4 月底，X 旗隐忍多年的十几位基层自治组织的牧民领导开始对运输车辆进行拦截，得知情况后当地基层政府答应妥善处理此事，但结果让牧民大失所望，事情恶化，问题并未得到解决。5 月 10 日，多数当地牧民在运输车辆路经的地方进行了拦截，双方僵持了一天，随后 X 旗公安部门介入，双方亦没达到共识，晚些时候牧民们陆续散去，只留有少数几个牧民留守。夜晚 11 点多，留守的牧民人数已经不多，运输车辆启动后打开车灯驶向了对其进行拦截的牧民，其间牧民 MRG 试图对开动的车辆进行拦截，被拖出 150 米后被车辆碾轧，同时又被后面跟进的车辆所碾轧，MRG 当场死亡。

以上述事件为导火索，5 月 23 日，大规模的群众在 X 旗政府所在地聚集，学校正常秩序受到影响，学生走上街头表达不满，致使当地对交通进行管制，这造成了极大的社会影响。同时附近旗县也陆续发生了以牧民利益受损、牧民 MRG 死亡为导火索的类似群众聚集，这种影响迅速蔓延到自治区首府所在地，众多高等院校的蒙古族学生中产生了强烈的紧张气氛，相关部门对学校进行了控制，限制学生外出。5 月 25 日以学生为主的数千人在 X 旗上级机关 X 盟政府所在地聚集，表达利益诉求，要求“严惩官商，维护牧民合法权益”。保护牧民合法权益、惩罚肇事者的利益诉求在当地牧民中迅速扩散，造成了包括省会城市在内的多个城市的紧张局势，在外求学的蒙古族学生亦表现出强烈的不满情绪，多个城市对高校学生的外出活动和通信、网络等进行了限制。5 月 27 日当地省区级负责人抵达 X 旗与学生群体对话，对于 MRG 死亡事件表达了“性质恶劣，民愤极大”，政府“依法从重从快，予以严惩”的意见。随后，在 6 月 8 日对造成 MRG 死亡的主要肇事人进行的审判中，法院对驾驶肇事车辆的司机和副驾驶分别做出死刑和无期徒刑的司法判决。同时，X 旗主要党政负责人被免职。政府也做出承诺，扩大中等学校“免学费、免书费”的范围；同时公布了一系列政策，进一步加强对煤矿开采行业的管理。

MRG 死亡事件在短期内能够形成如此强大的社会影响力，使事发地 X 旗及周边旗县发生了较大规模的群众聚集，形成紧张的氛围，以至于省会城市以及一些远离 X 旗的地区也产生了紧张的气氛，这有其深层次的原因。

（一）族群文化以及游牧文化的共同在场

事件发生地位于传统的游牧地区——锡林郭勒草原腹地，从族群构成来看，事件的主体是蒙古族。蒙古族是北方诸多少数民族中文化特质较为明显、文化传承延续性较为完整的一个族群，尽管从居住格局来看其较为分散，但是他们对于蒙语、蒙文的使用，对以成吉思汗为代表的祖先的崇拜的特征较为显著，对于蒙古族的认同强烈。蒙古族长期处于弱肉强食的游牧社会中，在冷兵器时代曾长期进行部落间、族群间的战争，在对外战争中长期处于强势地位，形成了能征善战、注重团结、英雄主义的民族特质。族群记忆中也保留了较多的英雄记忆，爱憎分明、疾恶如仇。

X 旗是以蒙古族族群文化以及游牧文化为代表的旗县，尽管现代化的诸多因素逐渐遍布和渗入少数民族边缘地区，但从目前的情况来看，X 旗仍然以游牧为主，属于典型的牧区，游牧文化浓厚。牧民在长期的生产生活实践中形成了人与牲畜、牲畜与牧草、牧草与牧场间和谐的、与其自然环境相适应的独具特色的生态系统链。游牧文化的长期熏陶使得蒙古族在与大自然长期的和谐共处中，形成了自己独特的生产生活方式，其中关于自然生物的禁忌、四季倒换的轮牧方式都很好地使用和保护了草原生态环境，这也是游牧文化得以存在和发展至今的根本所在。在长期的游牧生产方式中，牧民也形成了热爱自然、热爱草原和敬畏生命的理念。在此次利益表达群体聚集事件中肇事者触犯和违背了游牧文化内在的规律，同时其通过语言刺激和激怒了更多和牧民相关的群体，族群文化和游牧文化的共同在场作用促使事态进一步扩大。

（二）族群认同中的情感刺激

诚如以格尔茨（Clifford Geertz）、罗伊生（Harold Isaacs）等为代表的族群研究的“根基论者”所述，“族群内的群体具有某种来自于亲属传承的植根与其根基的情感联系”。[①] 其由于置身于群体之中，就具有了群体的一些“既定资赋”：血缘、语言、共同的历史文化背景、宗教、习俗等。[②] 这些根基性的既定资赋是建构族群认同的基础，参与 MRG 死亡事件利益表达的群体都有较强的族群认同的心理基础，族群的情感性诱发了族群的集体利益表达诉求，形成了一股强大的、无形的“愤怒之气”。正如前面所述，族群的特殊属性使其有更多的理由产生集体意识，形成集体行动。通过事件本身的传播，族群情绪被感染，这一过程中没有精英等群体的参与，自然达成了某种意识方面的“共识”和情绪氛围。族群内被情绪感染的群体聚集只是出于为族群成员表达利益诉求，对现实问题表达不满，这一族群内的集体情绪及行为不是某一个人能够左右的。

从围绕 MRG 死亡发生利益表达的群体看，事件本身与利益表达群体本身并没有太多的利益关联，利益表达群体提出的口号是“维护牧民利益”，牧民是一个较为模糊的概念，牧民本身也具有族群的属性，参与利益表达群体从族群上看认同自己和受害者 MRG 都为牧民。利益表达群体在没有受到精英或是有关行动者动员的情况下，在了解到事情的原委之后自愿、主动地进入利益表达群体中，甚至不顾学业、工作等，体现出了较高的群体

① 陈心林：《族群理论与中国的族群研究》，《青海民族研究》2006 年第 1 期。

② 董海军：《依势博弈：基层社会维权行为的新解释框架》，《社会》2010 年第 5 期。

利益的一致性。有些问题应引起相关的重视，诸如轻易动用警力等强制手段虽然能够迅速地控制住形势，但是从长远的社会安定发展来看并不是唯一的有效途径。

另一方面，因 MRG 死亡所发生的一系列利益表达事件，尽管造成了极大的社会影响，但是不应该将其按照“群体性事件”的逻辑去分析。利益表达群体都有极强的自主性、针对性，但是整个事件过程始终没有暴力事件发生，没有发生打砸抢事件，更没有危害其他人的人身安全，不具有违法性。对事件的认识决定了对事件的性质界定和处理手段。在具体的利益表达过程中，以牧民群体为代表的利益表达群体的行为具有众多的特征。一般意义上的群体性利益表达都有一定的发生机制、动员机制，而此次群体利益表达突发后迅速形成的强大的利益表达氛围，与一般意义上所研究的群体利益表达有所不同。

综上，在 MRG 死亡后的大规模利益表达过程中，族群认同、牧民认同使得事态发展呈现不同于国内较为常见的底层抗争的形式。族群认同中的情感因素发挥了重要的作用。煤矿运输车辆司机在对 MRG 实施碾轧之前说的狠话：“我们的车都上过保险，杀死一个牧民顶多赔个 40 万，干脆杀他几个算了。”他把牧民群体的生命看作可以用货币衡量的东西，可以用钱买命，这样的言语构成了对牧民群体的“挑衅”，此类蔑视生命、蔑视牧民群体的话语足以激起牧民的愤怒，更为严重的是此话语被驾驶司机实践，造成了 MRG 的死亡。因此，在大规模的利益表达群体对牧民族群的认同背景下，族群认同中的情感刺激激发了利益表达主体的行为。

（三）社会结构转型背景下突发性事件刺激

社会结构转型是一个涉及面广、关系复杂、影响巨大的过程，X 旗社会整体由游牧转为定居，并实施了草场承包制度。随着以经济建设为中心的大环境的逐渐形成，地方为追求经济效益开始大规模开矿，带来了突出的环境问题和利益冲突，在这一过程中理念的冲突、利益的失衡都在以 X 旗为代表的牧区存在。牧民利益诉求机制匮乏，诚如 X 旗牧民 MRG 在多次的利益表达后问题依旧得不到解决。X 旗所在传统牧民活跃区域以煤炭为主的矿藏资源丰富，大量的矿藏资源开采受到了地方基层牧民的关注。一方面，煤矿资源等的大量开采，损害了牧民的利益，以对草场破坏、生活环境的损害为主的社会问题日益凸显。另一方面，在矿藏资源的开发过程中，当地牧民往往得不到相应的经济利益。近几十年来以煤矿开采为主的资源开发给牧民的生活方式造成了影响，积累了深层次的矛盾。利益的失衡也是以 X 旗为核心的 2011 年该事件的诉求重点，牧民的相对被剥夺感强烈，个别官员的贪赃枉法、官僚作风也是其诉求的重点，事件的发展也证实了在当地煤矿开采的过程中某些官员确实存在权力寻租的现象。然而在日常的利益表达过程中，出于地方稳定政治等的需要，牧民的问题往往得不到解决，在 MRG 事件发生后，更多的人、更大的区域内的牧民都表达了他们的利益诉求。

“天苍苍，野茫茫，风吹草低见牛羊”是以 X 旗为代表的牧区的传统游牧生活写照，尽管牧区牧民基本实现了定居，牧场也实现了承包制，但是草场、牲畜以及草原还是牧民赖以为生、引以为傲的生产、生活核心，也是牧民的传统记忆所在。以煤矿的开采为代表的资源开发对牧民造成的影响是显而易见的，牧民生活质量和生存环境势必受到影响。X 旗牧民长期的利益表达受到了漠视，牧民对政府一味进行资源的开采而对牧民受的损害置之不理积累了较多的怨气，牧民 MRG 死亡导致当地牧民释放“安全阀”式的利益表达。

尽管本文所研究的牧民以及牧民所属族群地区社会经济发展水平较低，但是这里社会矛盾凸显，在发生诱导性的 MRG 死亡事件后社会矛盾立即爆发。作为底层、弱势群体的牧民在现阶段社会大转型、大发展的背景下其利益往往容易受到损害，而通过制度化的渠道表达利益诉求在现实的场域中往往较为困难。此次以牧民为代表的利益表达行为在当地的规模和影响都是巨大的，但是其具有非政治性、非组织性等特征，而且利益表达的对象设定为政府，这在一定程度上说明了利益表达群体还是希望通过制度化的途径解决问题。尽管对牧民造成了直接生命损害的是矿厂公司，然而牧民自然地想到的是政府，由此可看出，牧民对相关责任问题以及利益的问题有较为清晰的理性认识。

（四）现代信息传播

牧民 MRG 死亡后的事态发展过程中，信息的传播把牧民 MRG 手无寸铁被无情碾轧、牧民利益长期受损的形象建构出来，这本身就利用了“作为武器的弱者”，同时把驾驶运输车辆的司机建构成为冷血的、没有人性的、漠视牧民生命的、凶狠的家伙。司机如此恶劣的行为首先在 X 旗牧民中传播开来，迅速引起了巨大的反响，接着信息通过互联网等媒介在以学生为主体的年轻人中传播，导致该事件在远离 X 旗的多个地方对以年轻学生为主的群体产生了很大的影响，形成了紧张的氛围。

MRG 曾经多次组织牧民向基层政府反映牧民群体利益诉求，但是 MRG 死后并没有人组织、动员牧民以及当地牧民所属的族群进行集体利益表达，然而大规模的利益诉求表达还是发生了，尽管该事件直接导致了多个地方的紧张局势，但并没有导致大规模的失范行为。一方面，由于被动员起来的利益表达者以年轻学生为主，易于控制，管理者也采取了一系列的措施对其实施了管理。另一方面，区内管理者及时抵达 X 旗，以非常诚恳的态度与当地学生等利益表达群体进行了谈话，表明了态度，答应了利益表达群体的诉求，而且随后迅速地进行了一系列的整治活动。

四 讨论与结论

本文引入族群文化以及族群情感刺激的视角，对 X 旗牧民 MRG 死亡所引起的问题进行分析，以期实现对事件的更为准确的认识。通过以上的研究分析可知，利益表达群体的族群性特征和族群情感在事件中起到了关键作用，情感具有特定的文化特质，事件一旦发生，由于上述社会转型中的矛盾的存在，事件信息一经传播，具有相同文化特质的群体很容易产生某种程度的共鸣或是达成共识。这种抗争式的利益表达，是要求达到一种更大范围内的具有更大普遍性的利益诉求，其表达的方式较为简单，也因其具有突发性、无组织性、情感性等特征，在表达的过程中容易忽视规则、法律等社会规范。利益表达行为往往是在社会管理者的强制下结束的，但是由于其族群内的情感传染迅速、传递范围较大，很容易造成较大的无形的影响，即便在强制下结束了利益表达行为，但是如果族群所表达的利益诉求得不到很好的处理，容易造成积怨。

本文所研究的利益表达行为属于“就地抗争”，与应星等人所研究的底层群众表达有所不同，参与利益表达的群体都有着高度的自觉性、主动性。社会动员网络是一张看不见的无边之网，尽管没有精英或是草根领袖的动员，信息传播中的情感刺激足以使利益表达行动迅速地大规模扩散。事件本身无须经过“问题化”“闹大”等抗争策略逻辑，事态自然而然地往“问题化”“闹大”的方向发展，以造成更大的社会影响力。群体成员无论是出于道义还是情感因素，都产生了一种强烈的使命感而参与利益表达，展示出一种群体的强大社会力量来达成群体利益表达。

具有族群性的群体利益表达与一般意义上的群体利益表达有诸多的不同。具有族群性质的利益表达，容易产生较大的社会影响。因 X 旗 MRG 死亡所产生的利益表达过程几乎没有策略，没有动员，但是形成了强大的显性的或隐性的利益表达行为，族群的情感刺激在其中起到了重要的作用，族群的情感联系能够使族群短期内形成强大的凝聚力。特别是以现代信息技术为代表的信息传播技术的发展，为族群情感的传播和扩散提供了渠道。应该注意的是，对于此类事件的处理应该遵循公开、透明、迅速、公平的原则，以平息利益表达行动者积聚起来的怨气和愤怒。拥有族群属性的群体利益表达更为复杂，处理时需要考虑多方面的因素，需要更为谨慎地对待。

Logical Expression of Interests under the Emotional Stimulation

Tong Chunfen　Peng Sarula

Abstract: In this paper, we have discussed about the man was died in protest of pasture damage which has caused series of social impact , such as expression of the collective interests , protest rally etc. Through this case, it can reveal the underlying reasons of widespread concentration. We also can come up with the opinion which can be divided into these aspects: Firstly, ethnic culture and emotional stimulation are not only the most prominent features in herdsman, but also the huge differences with other groups in dealing with such incidents. Secondly, stimulation of social transformation emergencies and developed modern IT have also provided a convenient platform. It is particularly important to have a clear understanding and take rational solutions in the logical expression of interests . If not, it's easy to produce intangible and powerful atmosphere of interests expression. Meanwhile, without the reasonable ways of solving interests satisfaction, it's easily cause the rival mood which are not beneficial for ethnic unity and social harmony .

Key words: logical expression of interests, ethnic identity, emotional stimulation, subaltern studies

美国“赠海学院计划”实施的历史背景探析

宋文红　任　祺*

摘要：美国“赠海学院计划”经过近半个世纪的发展，已成为全国性的海洋科技发展计划，为美国海洋科学技术水平的不断提升做出了重要贡献。本文从“赠海学院计划”诞生时期的社会政治、经济、教育发展状况的角度，分析其产生的社会历史根源，并结合当前我国海洋科学教育发展所面临的境遇，阐述我国借鉴“赠海学院计划”实践经验的社会基础和发展要素。

关键词：赠海学院计划　历史背景　海洋科学

美国“赠海学院计划”（National Sea Grant College Program，NSGCP）制定于1966年，现由美国国家海洋和大气管理局（National Oceanic and Atmospheric Administration，NOAA）主管，并由美国商务部予以资助。经过近半个世纪的发展，“赠海学院计划”已经发展成为由33所大学和科研机构组成的全国性海洋科学网络，运营范围涉及科学研究、教育、培训以及面向海岸带、五大湖区域和其他涉海区域的扩展项目。该计划旨在以科研、政府和产业为伙伴关系，以沿河和海洋资源开发为重点，依托五大湖区及沿海地区的高等院校和科研机构，由联邦政府调拨资金以支持其从事海洋科学研究、传授海洋科学知识以及推广最新研究成果。自实施以来，“赠海学院计划”为推动美国海洋科学、海洋经济发展以及海洋生态系统的可持续发展都做出了重大贡献。美国赠海办公室（Sea Grant Office）在其2013

* 作者简介：宋文红（1966～　），女，江苏徐州人，中国海洋大学高教研究与评估中心主任、国际合作与交流处处长，教授，高等教育学博士，研究方向为高等教育管理、外国高等教育；任祺（1984～　），男，河南平顶山人，中国海洋大学法政学院2012级教育经济与管理专业硕士研究生，研究方向为教育政策与管理、外国教育研究。

年度的绩效评测报告中指出，“赠海学院计划”为美国带来了丰厚的经济利益，仅2013年所产生的经济效益就为4.85亿美元，提供就业岗位约15000个，得到了近2000名高校学生的支持，并在推动沿海社区建设和沿海生态系统的恢复中发挥了重要作用[①]。然而，作为一项全国性的教育项目计划，“赠海学院计划”的出台并不是偶然的，它是多方面因素综合作用催生的，是美国社会历史发展过程中教育政策规划的产物。

一　第二次世界大战后美国自身海洋战略的调整是“赠海学院计划”诞生的政治背景

早在第一次世界大战之前，美国国内就已有人提出称霸海洋的战略思想。19世纪90年代末，美国海军上校阿尔弗雷德·塞耶·马汉（Alfred T. Mahan）先后出版了《海权对历史的影响（1660—1783）》《海上力量对法国革命和法兰西帝国的影响》《海上力量与1812年战争的关系》三部海军史著作，强调“一个国家是否强大，甚至能否称雄于世界，起决定性作用的是它能否通过海上力量来控制海洋”[②]。而他的这一“海权”思想得到了时任总统罗斯福的赏识，美国海洋军事实力在两次世界大战中得到了极大的壮大[③]。第二次世界大战以后，欧洲大部分国家因战争影响而自身国力大为消减，美国则借这一机会成功登顶海上霸主的地位。与此同时，美国政府也逐渐意识到加强海洋管理与发展海洋科学技术，对于维护其海上霸主地位及提升国家综合实力有着重要意义。然而，由于“二战”后“和平与发展”逐渐成为全球发展的主题，美国的“海权”思想开始向着多元化方向发展，并注重提升自身在海洋管理、海洋科技、海洋政治、海洋经济、海洋军事等多方面的实力；同时，政府陆续采取了一系列强化海洋管理和发展海洋科技的举措，以期更好地维护其在海洋上的霸主地位。

---

① Sea Grant. Summary of FY2013 Performance Measures and Metrics，http://seagrant.noaa.gov/Portals/0/Documents/network_resources/reporting_evaluation/FY13%20Performance%20Measures%20and%20Metrics%20for%202_2012 - 1_2013%20info.pdf，最后访问时间为2014年11月4日。

② 石莉、林绍花、吴克勤等：《美国海洋问题研究》，北京：海洋出版社2011年版，第4页。

③ 刘佳、李双建：《从海权战略向海洋战略的转变——20世纪50—90年代美国海洋战略评析》，《太平洋学报》2011年第10期。

（一）“蓝色圈地”运动为美国海洋科研事业发展带来了新机遇

1945 年 9 月，美国总统杜鲁门发布《杜鲁门公告》（*Truman Proclamation*）。该公告指出“处于公海之下但毗连美国海岸的大陆架海床和海底的自然资源属于美国，受美国的管辖和控制”①。美国这一单边行动使美国拥有了大量的海洋资源，但也让美国政府面临一个新的问题，即如何提升现有的海洋科学技术以实现合理开发与利用这些资源。当时，美国的海洋科技并不十分发达，仅有的少数海洋研究所也都掌控在海军手中，因而能够用于民用研究的海洋科研机构几乎没有。为此，美国政府出台了一系列有助于推动海洋科研事业发展的措施。例如，依托海军的支持，仅 1945 年至 1950 年期间，美国海军与其他政府机构就共同支持新建了 24 个海洋研究所，这一数量相当于“二战”前美国所有研究所的总和；同时，政府还成立海军研究署，积极同高等院校及私人研究部门进行合作，并为高校里的研究部门预支三年的科研经费②。这些举措不仅促进了美国海洋科研事业的不断发展壮大，调动了科研工作者投身海洋科学研究的积极性，同时也为后期“赠海学院计划”的推行奠定了广泛的社会基础。

（二）政府对于海洋管理体制的变革为全国性海洋科教政策的推行提供了制度保障

尽管“二战”刺激了美国海洋科学技术的提升，但同其他学科领域相比，海洋科学还没有得到政府足够的重视。例如，早在 1958 年美国政府就创立了国家航空和太空管理局（National Aeronautics and Space Administration，NASA）统一协调国内航空航天事业的发展以及相关发展规划的制定等，而这比 NOAA 的创立早了 12 年。正是由于缺少国家层面的统一管理和规划，20 世纪 50 年代的美国海洋科学发展与同时期其他学科领域的发展相比显得相对落后，问题也较为突出，如海洋学没有被单独纳入国家发展规划、海洋管理组织的分散和重叠、经费保障不足、研究设备陈旧等。这些问题已经构成美国维护其海上霸主地位的障碍，影响了国家海洋科技的发

---

① Lawrence Juda, *Ocean Space Rights: Developing U. S. Policy. N. Y.*, Praeger Publishers, 1975, p. 14.

② 张继先：《美国海洋科学发展的历史概况》，《海洋科技资料》1978 年第 3 期。

展，因而改变原有海洋管理体制逐渐受到美国政府的关注。1960 年初，美国政府才建立了海洋科学领域的第一个国家性规划协调部门——“机构间海洋学委员会”（Intergovernmental Oceanographic Commission，IOC）。该委员会隶属联邦科学技术委员会，由 8 个联邦政府部门的司局级代表构成，其主要职责在于制订并协调实施国家海洋科学发展计划①。同年，美国政府将海洋学单独纳入国家发展规划，并制定了《美国 1963—1972 年海洋学规划》；同时，机构间海洋学委员会每年还制定《国家海洋学年度计划》，以促进美国海洋科学事业的有序发展。美国政府对于海洋管理体制的这些改革措施使得海洋科学事业在国家层面得到一定的协调统一，为“赠海学院计划”能够在全国范围内得以顺利推行提供了制度保障。

（三）美国现代环保运动的兴起引导了海洋科学政策的关注方向

“二战”以后，美国工业和新技术产业的迅速崛起，在推动美国经济飞速发展的同时，也给自然环境带来了严重的破坏。从 1950 年到 1970 年的 20 年时间中，美国人口由 1.51 亿增加到 2.03 亿，城镇人口比例从 59.6% 上升到 73.6%②。城镇人口比例的增加表明了美国城市规模的不断扩大。由于地理气候的原因，美国约三分之二的人口居住在沿海地区，因而城镇规模的扩张必然影响到沿海生态环境系统。就海洋生态系统而言，码头、旅游业的开发破坏了原有的湿地和沼泽等；工厂、企业的扩建增加了城市的污水排放；渔业经济的繁荣则促使大量珍稀物种遭到捕杀而灭迹等。正是由于这一时期环境污染与生态破坏的日趋严重，1962 年美国海洋生物学家蕾切尔·卡逊（Rachel Carson）发表了《寂静的春天》（*Silent Spring*），通过列举大量的事实来说明控制化学制品使用的重要性，同时也向社会公众传递了一种环境危机意识③。这一著作的发表引起了美国国内关于经济与环境之间如何平衡的争论，而卡逊的这一著作也标志着美国现代环保运动的兴起。由于现代环保运动的兴起，美国政府在制定海洋政策时，更偏向于海洋生

① 张继先：《美国海洋科学发展的历史概况》，《海洋科技资料》1978 年第 3 期。

② US EPA. 25 Years of the Safe Drinking Water Act：History and Trends，EPA 816 - R - 99 - 007，DEC. 1999，http://www.epa.gov/ogwdw000/wot/pdfs/book_waterontap_enespanol_full.pdf，最后访问时间为 2014 年 11 月 6 日。

③ 高国荣：《20 世纪 60 年代美国的杀虫剂辩论及其影响》，《世界历史》2003 年第 2 期。

态保护，如1966年签署的《海洋资源和工程发展法》、1972年颁布的《海岸带管理法》等①。而作为同一时期出台的海洋科技政策，“赠海学院计划”所关注的内容也受到了这一运动的影响，那些针对海岸带、河流及大湖区开展的生态恢复与保护的科研活动，成为“赠海学院计划”关注和资助的重点对象，并在近50年的发展历程中取得了重要成就。例如，仅在2013年，赠海学院计划就使7760英亩（约合31.40km^2）已退化的土地得到了有效恢复，并研发与推广了基于生态系统管理的技术和服务440项②。

二 美国经济的迅猛发展与政府对海洋科研财政投入力度的加大是“赠海学院计划”出台的经济基础

第二次世界大战的爆发改变了全球政治格局，同时也给世界上多数国家的经济发展带来了深远影响。美国作为“二战”的战胜国，不仅在政治上夺取了海上霸主的地位，同时也借助战争的机会获取了大量的经济收益。而这些收益成为美国20世纪50年代至60年代发展海洋科学技术的雄厚资本，也是美国和苏联争霸时期美国海洋军事实力得以改善的经济基础。

（一）两次世界大战促进了美国经济的发展，为其海洋科研活动提供资金保障

第一次世界大战之前，美国就已经步入了工业化时期，其工业生产总值已跃居世界第一。两次世界大战的爆发使得世界上多数国家的经济受到重创，而处于主战场的欧洲和亚洲各国更是损失惨重，国内基础设施毁坏严重，战后相当长的一段时期内都处于恢复重建阶段。然而，由于两次世界大战的爆发都未曾波及美国本土，所以美国国内基础设施与工业经济基本没有受到战争的影响；同时，两次战争期间美国借“中立”为由，向参战国大肆贩卖军火、粮食等物资，以大量囤积黄金并牟取高额利润。仅

① 陈俊、同春芬：《美日中海洋政策及其政策工具刍议》，《科技管理研究》2009年第7期。

② Sea Grant. Summary of FY2013 Performance Measures and Metrics，http://seagrant.noaa.gov/Portals/0/Documents/network_resources/reporting_evaluation/FY13%20Performance%20Measures%20and%20Metrics%20for%202_2012-1_2013%20info.pdf，最后访问时间为2014年11月4日。

1939 年至 1945 年期间，美国的国民生产总值就从 880.6 亿美元上升到 1350 亿美元，增幅约为 53.3%；而到“二战”结束时，美国已占有近六成的资本主义世界黄金储备，船舶生产量占世界船舶供应量的一半[①]。这些雄厚的资本财富成为之后美苏争霸时期，美国发展海洋军事技术、培养海洋科学人才的重要资金来源。

（二）“二战”后国际社会的变化，刺激了美国政府对于海洋科研经费的大幅增加

第二次世界大战以后，国际政治格局朝着两极化趋势发展，并逐渐形成了以苏联为首的社会主义阵营与以美国为首的资本主义阵营对立的局面。1957 年 10 月，苏联先于美国成功发射了第一颗人造地球卫星；同年 11 月，苏联又发射了第二颗卫星，并将第一个有机生命带入轨道[②]。苏联的成功使得美国政府颇为震惊，政府高级人士普遍认为，苏联空间技术的研究成果必然会推广到海洋空间与海洋资源开发方面，以突显其在海洋开发领域的优势地位[③]。鉴于美国和苏联冷战局势的加剧，美国国内许多人都认为“美国正在输给苏联人一场人类史上最大、最重要的海洋之战”[④]。1958 年，美国政府在派出考察团到苏联访问后认为，美国的科技落后于苏联的主要原因在于教育的落后。正当美国政府试图寻求解决这一问题的时候，1960 年同为资本主义国家的法国也提出了“法兰西向海洋进军”的口号[⑤]。针对国际社会的这些变化，美国政府意识到了海洋科教事业发展的重要性，并采取了一系列政策措施，以求改变美国海洋科学发展的滞后状况。例如，美国联邦政府先于 1957 年决定由国家科学院筹建一个海洋学特设委员会，负责从事海洋科学与美国战略发展关系的研究，并探索如何使美国海洋科学从劣势转变为优势[⑥]；而后，1959 年由美国国家科学院发布了《1960—1970

---

① 石莉、林绍花、吴克勤等：《美国海洋问题研究》，北京：海洋出版社 2011 年版，第 31 页。

② 〔美〕比利安娜·塞琳、罗伯特·肯切特：《美国海洋政策的未来——新世纪的选择》，张耀光、韩增林译，北京：海洋出版社 2010 年版，第 45 页。

③ 石莉、林绍花、吴克勤等：《美国海洋问题研究》，北京：海洋出版社 2011 年版，第 35 页。

④ 张继先：《美国海洋科学发展的历史概况》，《海洋科技资料》1978 年第 3 期。

⑤ 殷克东、卫梦星、孟昭苏：《世界主要海洋强国的发展战略与演变》，《经济师》2009 年第 4 期。

⑥ 张继先：《美国海洋科学发展的历史概况》，《海洋科技资料》1978 年第 3 期。

海洋学规划》，指出海洋科学对于美国军事与经济发展的重要战略意义，并强调加强基础海洋学的研究，实现与应用研究互为促进①。与此同时，美国政府在财政方面也加大了对海洋科研活动的投入。仅在 1960 ~ 1966 年，美国政府对于国家科研活动的拨款就从 20 亿美元激增至 53 亿美元，增幅达到了 165%，而涉及海洋学领域的科研经费增幅更是高达 206%。可见，当时美国政府对于海洋科研事业发展给予了极大的支持，而这也为后期“赠海学院计划”能够在国会顺利合法化以及在实践中推行，奠定了坚实的经济基础。

表 1　1960 ~ 1966 年美国海洋学科研经费与国家科研预算增长比较

单位：亿美元

	1960 年	1961 年	1962 年	1963 年	1964 年	1965 年	1966 年
国家科研经费	20	27	33	40	46	49	53
海洋学科研经费	0. 266	0. 309	0. 390	0. 464	0. 560	0. 705	0. 814

注：该表转引自张继先《美国海洋科学发展的历史概况》，《海洋科技资料》1978 年第 3 期。

三　“赠海学院计划”的提出是对美国“赠地学院”百年发展经验的政策借鉴和发展

与其他政策计划相比，一项教育政策计划的提出与推行不仅与社会政治经济发展有着密切的联系，更重要的是它的诞生离不开特定时期的教育发展背景。作为一项由美国政府推出的教育发展计划，“赠海学院计划”的提出与美国高等教育的发展历史和现状有着极为密切的联系。

自 1636 年哈佛学院创建以来，美国仅用了 300 多年的时间就创造了目前世界上最为完善的高等教育体系。这一成就的取得不仅源于其借鉴了德国高等教育的历史经验，更重要的是与本土实际相结合，提出了适应美国当时社会发展需要的“赠地学院计划”（National Land Grant College Program）。1862 年《莫里尔法案》的颁布，打破了联邦政府不过问高等教育的惯例，也促使高等教育适应社会经济发展的需要而转变，为社会经济发展

① 张继先：《近二十年来美国海洋科学政策的演变》，《海洋科技资料》1981 年第 6 期。

培养更多的实用性人才[①]。该项法案的重要内容之一就是以土地捐赠的方式支持各州创办农工学院，培养农业与工业技术方面的专业人才，满足当时美国工农业发展的需要。《莫里尔法案》的出台及赠地学院的建立，奠定了美国州立高等教育体制的基础；同时，各赠地学院根据当地实际需要积极服务所在州，推动了当地社会经济的快速发展[②]。到 1962 年《莫里尔法案》颁布 100 周年的时候，美国有约 20% 的在读大学生来自各州的赠地学院；所有赠地学院授予的博士学位占所有学科所授博士学位的 40%，农学博士学位更是占到 100%[③]。这些成就反映了“赠地学院计划”在 100 年里，为美国的发展做出了重大贡献，为美国教育的进步发挥了重要作用。

20 世纪 50 ~ 60 年代，由于美国政治经济发展的需要，美国海洋科研事业得到不断发展壮大，从而导致国内对于海洋科技人才需求量的大幅增加。为了适应社会发展对于海洋专业人才的需要，满足国家海洋科学技术发展的要求，“赠地学院计划”就成为海洋科学教育发展学习的榜样。1963 年，美国明尼苏达大学的阿塞斯坦・斯皮尔豪斯教授在美国渔业协会的会议上，首次指出希望在参考“赠地学院计划”的实践经验基础上，在美国高校设置赠海学院，以推进海洋开发工作的进行。1965 年，美国众议院和参议院通过了以整合国内大学、公共部门及私营部门的学术力量，实现以可持续发展的方式获取海洋、海岸带以及大湖区的经济效益和社会效益为目标，以“科研 - 教育 - 推广”为运作模式的“赠海学院计划”议案，并于 1966 年由时任总统林登・约翰逊（Lyndon B. Johnson）正式签署《赠海法案》（*Sea Grant Act*），实现了“赠海学院计划”的合法化。而在此后的几年里，“赠海学院计划”就在壮大美国海洋科技人才队伍方面收效明显。仅 1965 年至 1969 年期间，美国海洋科学专业在校生人数从 5000 人上升到 9500 人，获得涉海专业学位的人数也从 1000 人增长到 2000 人[④]。

经过近半个世纪的发展，“赠海学院计划”已经覆盖了美国沿海地区、五大湖区以及波多黎各和关岛地区，超过 3000 名科学家、工程师、公共推

---

① 杜永清：《美国赠地学院的发展探析及其启示》，《民办教育研究》2009 年第 5 期。

② 童晓辉：《美国赠地学院的办学特色及启示》，《中国大学教学》2010 年第 6 期。

③ USDA, *After One Hundred Years*, Washington, 1962, p. 19.

④ 张继先：《美国海洋科学发展的历史概况》，《海洋科技资料》1978 年第 3 期。

广专家以及来自超过300所院校的教育工作者和学生参与其中，在地方和国家层面都颇具影响力，并已作为一种强大的力量服务于国家发展的需要。“赠海学院计划”始终致力于创造和维护一个健康的沿海环境和经济发展模式，集中解决社会发展过程中的紧迫问题，如沿海地区的人口增长和发展问题，飓风、沿海风暴和海啸的防备与响应，海洋食品的安全，渔业管理等。同时，“赠海学院计划”会集了地面推广人员、教育工作者以及通信专家等人员，确保重要的研究成果能够通过及时、有效的方式，分享给那些最有需求的人们。在过去的50年里，“赠海学院计划”还协助民众更好地了解和保护海洋，强化了其海洋意识，使他们能够更好地利用美国沿海、深海和大湖区的海洋资源。

四　美国“赠海学院计划”的发展经验为我国海洋科学教育发展提供了可资借鉴的社会基础要素

进入21世纪以来，我国海洋科学事业逐渐受到国家的关注，海洋科学技术得到了很大程度的提升，但相对于西方发达国家，仍处于相对落后阶段。究其原因主要在于政府尚没有充分发挥海洋科学教育的重要作用，海洋科教体系发展尚不完善，缺乏有效的教育政策计划激励海洋科学教育的发展。当前，我国海洋科学事业发展面临着同美国20世纪50~60年代相似的境遇。

（一）相似的社会历史背景为借鉴“赠海学院计划”的成功经验提供了可行性

首先，我国海洋发展战略的调整是推行海洋科学教育发展计划的基础。党的十八大明确提出发展海洋强国战略，推出了一系列与海洋强国发展相关的政策措施。然而，该战略的实施需要有先进的科学技术和专业的人力资源作为坚实后盾。而承担着高层次专业人才培养和科学研究的海洋科学教育事业，是发展海洋其他相关事业、推行海洋强国战略的第一资源和根本保障。同时，根据我国《全国海洋人才发展中长期规划纲要（2010—2020年）》的预测，至2020年我国海洋人才总量将翻一番，达到400万，其中需求量最大的是海洋专业技术人员，将达到314万人（2010年仅为

137.3 万人)[①]。因而，适时推出本土化的类似“赠海学院计划”这样的海洋科教政策计划，就显得尤为重要了。

其次，国际海洋社会发展环境的变化刺激了国家发展海洋科学事业的需要。步入 21 世纪以来，海洋科技实力已经成为世界各国综合国力比较的重要指标之一，因而许多国家为此而加大了对于海洋事业发展的支持力度。例如，美国海洋政策委员会于 2004 年向国会提交了名为《21 世纪海洋蓝图》的海洋政策报告，同年 12 月美国政府颁布了《美国海洋行动计划》，对落实上述海洋政策报告提出了详细的实施措施[②]；邻国日本在 2001 年就制定了《新世纪日本海洋政策基本框架》，为日本发展成为海洋科技大国提供了蓝图，而 2008 年出台的《海洋基本计划（草案）》则是日本在发展海洋科技领域的又一重要举措[③]；老牌海上强国英国同样加强了对于海洋科学技术发展的支持，2008 年英国 NERC 发布了《2025 海洋科技计划》（*Ocean 2025*），并于 2010 年 2 月正式实施[④]。这些国家对于海洋科技发展的重视以及近年来我国与邻国的海洋领土纠纷问题，都刺激了国家大力发展海洋科学事业的需求，而海洋科教计划的提出则成为满足这一需求的重要途径。

最后，我国社会经济的飞速发展为国家今后推行海洋科学教育计划提供了物质保障。改革开放以来，我国社会经济体制经历了由计划经济到市场经济的转变。2001 年，我国正式加入世界贸易组织，中国经济迎来了新的发展机遇。从 2004 年至 2013 年短短十年间，我国经济实现了飞跃式发展，国民总收入（即国民生产总值 GDP）从 15.9 万亿元上升到 56.6 万亿元，增幅达 256%（见图 1）。国家经济的繁荣促进了政府对于科学研究事业的资金投入，仅 2013 年国家财政科学技术支出就为 6184.9 亿元，占当年国家财政支出的比重为 4.41%，比 2012 年增加 584.8 亿元，增幅为 10.4%[⑤]。国家财政科学技

① 《全国海洋人才发展中长期规划纲要（2010—2020）》，http://61.153.216.111/fazgh/wz_Print.asp？ArticleID = 598，最后访问时间为 2014 年 11 月 7 日。

② 焦永科：《21 世纪美国海洋政策产生的背景》，《中国海洋报》2005 年 6 月 3 日。

③ 王树文、王琪：《美日英海洋科技政策发展过程及其对中国的启示》，《海洋经济》2012 年第 5 期。

④ 王树文、王琪：《美日英海洋科技政策发展过程及其对中国的启示》，《海洋经济》2012 年第 5 期。

⑤ 《2013 年全国科技经费投入统计公报》，http://www.mof.gov.cn/zhengwuxinxi/caizhengxinwen/201410/t20141023_1154038.html？COLLCC = 639701017&，最后访问时间为 2014 年 11 月 11 日。

术经费的增加为我国今后推行发展海洋科学教育的专项计划，提供了坚实的物质基础。

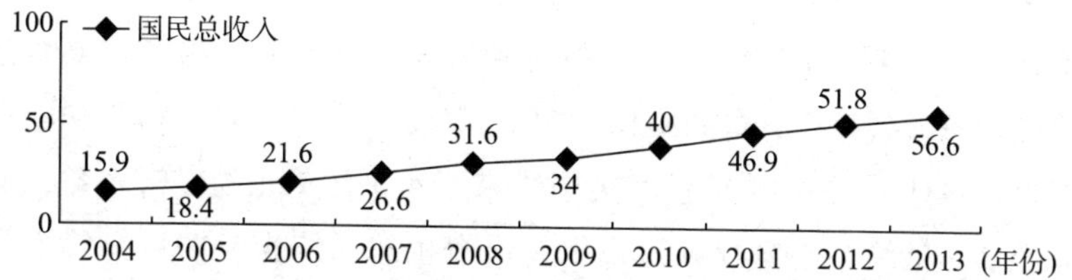

图1　2004～2013年我国国民总收入增长状况（单位：万亿元）

资料来源：中华人民共和国国家统计局网站（http://data.stats.gov.cn/workspace/index; jsessionid = BA0A4A281CB31D60CE5A735DFE752CB5？m = hgnd）。

（二）“赠海学院计划”的实践成果与功能为我国海洋科教事业提供了借鉴依据

首先，借鉴“赠海学院计划”的发展经验有助于完善我国海洋科学教育政策在实践过程中的不足。随着20世纪90年代《联合国海洋法公约》的正式生效，海洋发展逐渐受到世界各国的关注。这一时期，我国也颁布了一些规范海洋发展战略的政策，如《中国海洋21世纪议程》和《中国海洋事业发展》。这两项政策文本中都涉及海洋教育宣传、海洋职业教育发展等方面的内容，而这些也是我国较早的涉及海洋科教领域的政策文本。进入21世纪以后，海洋发展成为世界各国综合国力竞争与发展的重点，因而海洋教育发展逐渐受到了国家及社会各界的关注，中央政府陆续出台了一系列涉及海洋经济、海洋人才培养、海洋科技等领域的政策文本，如《国家海洋事业发展规划纲要》《国家“十二五”海洋科学和技术发展规划纲要》《国家中长期教育改革与发展规划纲要（2010—2020年）》《全国海洋人才发展中长期规划纲要》等；而在地方上，各省市在适应社会经济发展需要的基础上，制定了地方性的海洋发展政策，其中一些政策内容也涉及了海洋科教领域，如《山东半岛蓝色经济区发展规划》《江苏省“十二五”海洋经济发展专项规划》《浙江省高校海洋学科专业建设与发展规划（2011—2015年）》等。这些政策纲要的出台，体现了国家对于海洋科学教育事业发展的重视与支持，同时也在宏观层面上为我国海洋科教事业发展奠定了主基调。然而，需要注意的是，目前我国针对海洋科学教育发展在微观上还没有出台专门性的政策规划，缺少在实践中指导和激励海洋科教事业发展、培养具有海洋专业知识和技能人才的项目计划。如何弥补当前我国海洋科学教育发展中实践层面上的政策不足，是今后我国海洋教育政策研究值得关注的领域。而“赠海学院计划”近半个世纪的实践发展，则为美国海洋科学教育和海洋经济发展做出了重要贡献。例如，美国赠海办公室在其最新提供的2014年度“赠海学院计划”功能评测报告中指出，该计划仅2014年就为美国带来了4.5亿美元的经济效益，同时推动了海洋食品供给、沿海社区建设以及沿海生态系统恢复的可持续发展，并在高等院校中得到推广（该计划在2014年中得到了近2000名学生的支持，志愿服务时间超过29万小时）。

其次，“赠海学院计划”在“科研-教育-推广”方面发挥的重要功能，为改善我国科研成果转化与推广状况提供了有效途径。自改革开放以来，科学技术发展始终备受国家领导层面的重视，并陆续出台了一系列科教项目计划，如国家高技术研究发展计划（863计划）、星火计划等，而其中一些项目的支持领域涉及了海洋科学技术研究与开发。这些计划在推动我国科学技术水平发展，尤其是在海洋科技领域，发挥了重要的支持作用，推动了我国海洋科教事业的发展。然而，与政府对科技发展的高额资助相比，我国目前科研成果转化率仅为10%，并且项目计划评价方式多以学术论文评定为主，过分强调了项目计划的科研功能，而忽视了成果推广应用与人才培养的内容。因而，提高现有科技政策项目中科研成果的转化率，发挥科研项目中专业人才培养的积极作用，是我国海洋科教政策制定与执行过程中需要关注的问题。而“赠海学院计划”自推行以来，形成了“科研-教育-推广”三大功能。该计划不仅以科研项目的形式为研究人员提供资助援助，同时也为他们扩大其研究成果的影响与应用提供平台（仅2014年发表的同行评审类著作就有576部）；同时，该计划还依托高等教育机构的力量，积极培养海洋科学领域的专业人才，并为高校大学生、研究生提供科学实践的机会，为科研人员与教学人员、学生创造多种形式的沟通交流机会（仅2014年就举办各种培训、工作坊及报告8000余场）；此外，该计划在进行项目立项与评审时，以客户需要为导向，注重科研项目与成果的应用与推广，而评审过程中强调项目成果的实用性，从而在改善美国海洋生态环境、海洋意识与知识传播、海洋技术推广等方面做出重要贡献。例如在2014年度，该计划促使21700英亩（约87.82km^2）已退化的土地得到修复，520项基于生态系统理念的管理工具和技术被该计划所服务的客户应用；同时，在“赠海学院计划”推广“安全、健康、可持续的海洋食品供应”理念和知识的影响下，约有53000名利益相关者因此而改变其行为方式，近23000名渔业工作者改变了其作业形式，逐渐接受了采用负责任的、可持续的捕捞技术；而在构建可持续发展的沿海社区方面，该计划协助220个社区完成了其可持续发展的实践项目和计划。

总而言之，“赠海学院计划”是在特定的社会历史背景下产生的，半个世纪的发展历程使其已经发展成为具有“科研－教育－推广”三大功能的海洋科教政策，为美国海洋科学技术发展与社会经济建设培养了大量的涉海专业性人才，一大批实用性强的科研成果得到了有效推广，为社会的可持续发展做出了重要贡献。“赠海学院计划”的这些发展经验，对完善我国海洋科学教育政策的制定与实施有着重要意义，而社会历史背景的相似性则为我国发展海洋科学教育事业提供了借鉴基础。

Analyzing the Historical Background of the Implementation for NSGCP

Song Wenhong　Ren Qi

Abstract: By nearly half a century, NSGCP which is contributing to improve the level of American ocean science and technology has developed a national ocean science and education development project. This article studies the birth of NSGCP in a historical perspective including the politics, economic and education in order to analyze the historical origin of its implementation. And combining with the current situation of ocean science and education development, it expounds the social foundation and development factors of referencing the experience on NSGCP for China.

Key words: National Sea Grant College Program, historical background, ocean science

海洋管理学

OCEAN GOVERNANCE

走向生态化的海岸带综合管理

——蔡程瑛《海岸带综合管理的原动力》思想解读[*]

王书明　李晗光[**]

摘要：蔡程瑛指出海岸带区域有着进出便利、物产（包括可再生和不可再生两类）极为丰富的天然优势。在全世界，人们普遍聚居在海岸带区域这一地理位置十分优越的狭窄区域，为了满足人类的各种需求，大多数海岸带地区已经被高度利用。正是由于海岸带是人类居住、经济开发和城市化的优选地带，各种利益相关者经常为了竞争有限的土地和海洋资源及其多种利用而发生严重的冲突。海岸带综合管理作为海岸带行政管治的新型典范，已发展成为根据实际需要规划和管理发生在海岸带的多种经济活动、规范人们的行为、协调政策和管理行动、综合海岸带水域利用和土地利用规划等的行动体系。因此，海岸带综合管理的最终目的是提高海岸带管治效率和效益，即促进海岸带资源和海岸带生态系统服务功能的可持续利用，也就意味着在经济发展的同时保护自然资源的功能完整性。

关键词：东亚海岸带　海岸带综合管理　海岸带管治　生态文明

"海岸带区域"一词一般指沿海岸线陆域及其邻近水域，即海洋与陆地的界面区域。在这样的地理区位，海岸带受到来自陆地、近海和大洋的多

---

* 本文系教育部人文社会科学研究规划基金项目"环渤海区域生态文明建设的宏观路径研究"（13YJA840023）及山东省社科规划重点项目"山东半岛蓝黄经济区生态文明建设研究"（12BSHJ06）的阶段性成果。

** 作者简介：王书明（1963～　），男，山东蓬莱人，中国海洋大学法政学院海洋国土资源管理研究所所长、教育部人文社科重点研究基地中国海洋大学海洋发展研究院教授，博士，研究方向为环境社会学、海洋社会学；李晗光（1987～　），男，山东济宁人，中国海洋大学法政学院土地资源管理专业硕士研究生，研究方向为土地资源生态化管理。

种自然营力的直接影响①。陆地和海洋之间的物理、化学和生物过程的相互作用创造了海岸带资源系统，形成了产品和服务，并为人类的生生不息、安居乐业和繁荣发展提供了独特的海岸带环境。人类活动是影响海岸带健康发展与完整性的第三大营力（其余营力为：陆地环境、海洋环境），在没有人类直接干扰的海岸带区域，自然过程可以保持资源系统的原始状态。不幸的是，为了满足人类的各种需求，大多数海岸带地区已经被高度利用②。蔡程瑛把研究区定位于东亚，是因为这个地区可以提供相似于世界其他地区的丰富的政治、社会经济、文化和生态方面的管理实例。东亚海域总岸线23.4万千米，相当于欧洲岸线的2/3，但人口数量却是欧洲的2.5倍。东亚海域部分封闭，中国、日本、韩国和朝鲜等滨海国家组成其北部边界，文莱、柬埔寨、马来西亚、印度尼西亚、菲律宾、新加坡、泰国、东帝汶和越南等9个东南亚海岸带国家组成其南部边界。东亚各国相互联系，随着经济的发展，尤其是随着海上和航空交通的改善，东亚的社会关系获得进一步加强。在经济和政治势力区域化的驱动中，在日益增长的贸易全球化的影响下，东亚各国已经在经济上形成了相互依赖的关系。此外，现代通信技术的最新发展，使人们快速交换信息，因此进一步加强了东亚人民之间的联系。

一　海岸带综合管理的启动

由于海岸带是人类居住、经济开发和城市化的优选地带，各种利益相关者经常为了竞争有限的土地和海洋资源及其多种利用而发生严重的冲突。连续的经济发展改变了海岸带形态，土地利用转换、疏浚和水污染成为经济进步的同义词。东亚海岸带的经济活动普遍属于各国政府的“条条”机构管理，事实上，涉及海岸带和大洋的所有事务都属于自然资源、商业贸易、交通、环境、安全、食品、能源、旅游以及外交事务等若干中央及其“条条”机构监管。20多个“条条”机构直接或间接地参与了海岸带和海

---

① 〔马来西亚〕蔡程瑛：《海岸带综合管理的原动力——东亚海域海岸带可持续发展的实践应用》，周秋麟等译，北京：海洋出版社2010年版，第4页。

② 〔马来西亚〕蔡程瑛：《海岸带综合管理的原动力——东亚海域海岸带可持续发展的实践应用》，周秋麟等译，北京：海洋出版社2010年版，第5页。

洋区域的所谓行政监管。相关部门的密切协调，尤其是职责重叠部门的简政改革及其职能的整合改善是保证这类复杂管理体制有效运行的重要的第一步。每个机构均负有具体的法定任务和职责。可是，许多机构归属于不同的部委。海域物权制度更加重了管理事务的复杂程度。因此，海岸带不但是经济中心，也是高强度多种利用的区域和部门及机构间的矛盾冲突点。海岸带管理要求在地方层次采取行动。因此，地方政府的参与对于中央政府提出的各种经济发展和环境管理的政策与行动计划的成功实施则至关重要。在传统的方式中，官僚的中央——地方政府的制度安排通常只让地方政府担任执行的角色，并不让其参与项目计划的设计。这种自上而下的方式经常导致国家的政策、战略和行动计划实施不力。中央和地方政府能力不对称是导致实施不力的另一因素。大多数地方政府并没有所需的财力和人力资源来实施中央政府下达的具体项目和项目计划。缺乏激励措施也是地方政府实施不力的另一个原因①。目前我国海岸带管理职责分属不同行政部门，分级分层管理，缺少统一的管理部门。海岸带管理一方面面临管理多用途的复杂性，另一方面又需要保护脆弱的自然系统，实在十分棘手。重大的挑战在于要通过平衡经济发展和调控人类的干预活动，以确保自然系统的功能完整性不受到损害。鉴于陆地经济快速发展和海上活动的增多，整合并协调中央和地方政府的政策和管理职能比以往任何时候更有必要。目前学术界对海岸带综合管理还没有统一的定义，但是海岸带综合管理产生的问题在各个国家普遍存在，综合起来看对海岸带进行综合管理主要包括以下方面：突出海岸带管理的整体利益，确保生物多样性，保证沿海资源的合理开发利用，促进经济社会健康发展；海岸带综合管理要防止人为的污染破坏，保证生态环境的稳定性和可持续性；海岸带综合管理是一项政府行为，需要靠国家的政策、法律法规来支持，要靠政府的力量来保证管理的有效性。主要是前两点，海岸带资源的合理利用和海岸带生态系统的维护是海岸带综合管理的重点内容。克拉克认为海岸带综合管理将多个部门、多个产业综合起来，推动海岸带资源的合理利用，保护和维持生物

① 〔马来西亚〕蔡程瑛：《海岸带综合管理的原动力——东亚海域海岸带可持续发展的实践应用》，周秋麟等译，北京：海洋出版社 2010 年版，第 7 页。

多样性[1]。

海岸带综合管理概念的形成大致有两条同步平行的途径：一种是联合国环境与发展大会在《21 世纪议程》的框架下形成的；另一种是在海洋科学研究的积累下逐步提出的。在第一种途径里，海岸带综合管理经常在国际会议和环境保护与可持续发展的计划中使用。在讨论应对气候变化对海岸带地区的影响、陆源污染物和珊瑚礁保护的时候经常提到海岸带综合管理。从另一个角度讲，海岸带地区也是科学研究的重要领域，比较而言其资料相对容易获取，同时它对经济发展也有巨大的推动作用。对海岸带的研究无论是海洋部分还是陆地部分都要比对深海大洋的研究要深入宽泛许多。客观来讲，海岸带地区无论是物理、化学、生物还是地质活动都相当活跃，各种综合研究就应运而生了，加上人类活动对海岸带产生的影响在相当程度上不容忽视，因此对海岸带进行更加科学合理的变化研究就显得非常必要。由于各个国家的起点不一样，与发达国家相比，发展中国家对海岸带综合管理的研究和实践有明显的差距，发展中国家缺乏对海岸带的重视，对海岸带的利用管理也缺少科学基础。就拿中国和美国来说，美国明显比中国更加重视海岸带综合管理，开展这方面的研究和教学也比较早。20 世纪 70 年代以后，大部分国家开始了海岸带综合管理的研究，但是研究目的却不尽相同，对海岸带综合管理制度的认识也不同。美、英、法、日等国也分别适用了不同的海岸带综合管理概念，如“海岸带管理”“海岸资源管理”“沿海地区管理”等。它们开展海岸带综合管理大多都是被动的，没有明确的目标，大部分是出于反应式的行为。到了 20 世纪 80 年代后期，人们发现只靠单项的管理活动不能从根本上解决海岸带退化和资源枯竭问题。因此海岸带综合管理的概念和意识就应运而生，探讨出采取综合措施解决海岸带退化和资源枯竭等问题，达到海岸带地区可持续发展的目标[2]。

---

① 〔美〕约翰·R. 克拉克：《海岸带管理手册》，吴克勤等译，北京：海洋出版社 2000 年版，第 1 ~ 20 页。

② 黄康宁、黄硕琳：《我国海岸带综合管理的探索性研究》，《上海海洋大学学报》2010 年第 2 期。

二　东亚海岸带综合管理的发展

1992 年的联合国环境与发展大会上，海岸带综合管理获得了两个重要的肯定，其一是对于其适用范围的广泛程度给予了肯定，将海岸带综合管理的理念普及推广到诸多沿海国家；其二是进一步发掘其理论意义，不能将它简单定义为单纯应对阶段性问题的应急手段，而是将其看作可持续发展的重要工具进行了肯定。1993 年的世界海岸大会是海岸带综合管理全球化崭新层面的里程碑，大会宣言提出："海岸带综合管理已被确定为解决目前和长期海岸带管理问题，包括环境的丧失、水质的下降、水文循环中的变化、沿岸资源的枯竭、海平面上升及全球气候变化影响等问题的对策。它也是确定和预见未来机会的一种方法。为此，海岸带综合管理是沿海国家包括沿内陆海国家实现可持续发展的一种重要手段。"此次大会有 90 多个国家参与，这些国家都进行了海岸带综合管理的实践活动。与此同时，海岸带综合管理的理论与方式也日趋科学与完善，并且由发展中国家采取试点的形式，在国际组织的帮助下逐步走向成熟。不可否认，海岸带综合管理制度的建立仍然是争议不断，多国政府对其忽视，其领域内多方问题的复杂性令学术界也莫衷一是①。就目前的情况来看，只有不足半数的沿海国家对于海岸带综合管理制度的建立与试验进行了努力与尝试。但是现实中海岸带综合管理取得的收效还是具有说服力的，并且在联合国的许多项目与大批学者的科研论述中也得到一致的肯定。曾经对此忽视的许多国家也公开表示赞同。另外还有国际组织、发达国家对外援助机构和世界银行等也致力于海岸带综合管理制度的发展，为其在诸多国家的建立营造了其他政府管理相关行为所不具有的背景基础。在此我们可以预见，海岸带综合管理制度未来全球化实践的必然性。

在 1972 年美国启动海岸带综合管理制度后不久，东南亚国家就承接了海岸带管理的项目。但是，直到 1985 年，在美国国际开发署对东盟区域项目提供援助之后，东南亚才开始在制定海岸带资源管理项目计划方面采取

① 王翠：《基于生态系统的海岸带综合管理模式研究》，博士学位论文，中国海洋大学，2009。

重大行动。该区域项目由文莱、印度尼西亚、马来西亚、菲律宾、泰国和新加坡六个国家的海岸带资源管理子项目组成。该项目于1992年完成。从1993年到1999年，东亚有11个国家参加了一项区域计划，该区域计划为各国提供了所需的支持，目的是在长期自主的基础上防止和管理海洋污染。该区域项目由全球环境基金提供资金支持、由联合国开发计划署实施和国际海事组织执行。该区域计划建立了两大示范区，一个是菲律宾的八打雁湾，另一个是中国的厦门市，要求示范区为海岸带综合管理建立适用的工作模式，目的是解决海陆交汇区的海洋污染问题。1999年下半年，上述11个国家进一步合作实施了后续计划“建立东亚海域环境管理伙伴关系”。两年之后，日本参加了东亚海域环境管理区域项目组织计划，这样，东亚海域周边的所有国家都参与了这个项目。9个东亚海域环境管理区域项目组织参与国的11个沿海省和自治区帮助制定并实施了各种海岸带综合管理计划[①]。我国幅员辽阔，东临太平洋，拥有近300万平方公里的海域与32000公里长的海岸线，其中海岛众多，仅面积在500平方米以上的就有5000多个，而且我国对于专属的经济区与广袤的大陆架所具有的行政管辖主权也是《联合国海洋法公约》明文规定的，与此同时我国海域又多处于温带与亚热带地区，气候适宜，物产丰富。自进入21世纪以来，海洋的开发与利用成为国家经济发展的重要项目，我国作为海岸线漫长的海洋大国，怎样能够立足于海洋的生态系统与资源丰富的特点，结合沿海各地发展的实际情况，确立合适的策略制度来保证国家海洋经济的科学发展，是我国政治界与学术界共同面临的新挑战。对于此，我们应该将海岸带综合管理的重点放在如海水入侵等海洋灾害、城市化发展中的生态保护问题、海域的市场化、动植物生态系土地管理、特定海区污染控制与水质检测等方面。除此之外，还要借鉴于已进行试验地区所取得的经验（如广东、厦门等），抓住工作成功的重点，并将其普及推广，通过国家政策、国家间合作与地方政府利益三个层面的驱动来建立制度，将我国海岸带综合管理的基本战略落实在不同级别行政区内各试点的跳跃式发展与逐步扩散上[②]。我国真正意义上的ICZM（海岸带综合管理）实践始于1994年，中国政府与联合国开

---

① 〔马来西亚〕蔡程瑛：《海岸带综合管理的原动力——东亚海域海岸带可持续发展的实践应用》，周秋麟等译，北京：海洋出版社2010年版，第6～7页。

② 张灵杰：《美国海岸带综合管理及其对我国的借鉴意义》，《世界地理研究》2001年第2期。

发计划署等合作，在厦门建立了海岸带综合管理试验区。1994~1998 年，厦门市开展了第一轮海岸带综合管理的实践和探索。2001 年 7 月又开展了第二轮厦门海岸带综合管理。1997~2000 年，我国又在广西防城市（防城港）、广东阳江市（海陵湾）和海南文昌市（清澜湾）进行 ICZM 试验，探索了 ICZM 能力建设模式。2000 年 7 月，在渤海湾推广 ICZM 经验，开展了基于生态系统的海洋环境管理工作。2005 年以来，由 UNDP/GEF（可再生能源项目管理办公室）资助，国家海洋局组织实施了“南部沿海生物多样性管理项目”（SCCBD），推进了海岸带综合管理和生态保护，初步形成了我国南部沿海生物多样性管理模式①。厦门市是我国较早开始探索海岸带综合管理理论的城市，也是海岸带综合管理实施成效显著的城市，为我国其他城市海岸带综合管埋的探索提供了借鉴和参考。厦门市是一个海岛城市，海洋经济是厦门市经济迅速发展的有力支撑，城市发展与海洋环境保护的矛盾也较为突出，长期以来，厦门市条块分割的行政管理体制制约了海洋保护的实施，海域功能不清，缺乏相应财政支持和决策支撑，行政分割使得海洋环境保护与陆源污染之间的矛盾得不到有效的协调。海岸带综合管理是保证厦门市海洋经济持续、稳定、快速、健康发展的重要途径之一。在机构构建上，明确涉海管理部门的职责，成立“厦门市海洋管理协调领导小组”及“厦门市人民政府海洋管理办公室”行使职权；法律上制定一系列的法律法规，形成海洋管理的框架；行政执法上，成立厦门市海上综合执法协调小组，建立海上综合执法队伍；加强排污监测和环境保护。大多数国家已经认识到需要提高地方政府的能力，而且要赋予其权力并提供资源，以实施地方行动。地方政府权限和职责的扩大，使得他们能够对在其管辖范围内发生的影响海岸带资源可持续发展的事件优先采取管理措施，从而可以更好地对自然资源实施规划与管理。

三　生态文明视角下的海岸带综合管理

生态文明是人类在推进社会、经济和文化发展过程中所取得的物质与

① 范学忠、袁琳、戴晓燕等：《海岸带综合管理及其研究进展》，《生态学报》2010 年第 10 期。

精神果实的总体体现，是指以人与自然、人与人和谐共生、全面发展、持续繁荣为基本宗旨的文化伦理形态。我们要有正确的价值观、生产观和消费观。在生态系统可持续的前提下，满足我们自身的需求又不损害自然环境，保证人与自然和谐相处①。首先，社会、人类、海洋的良性发展取得了物质和精神的成果，同时在这种和谐共生的发展过程中也形成了文化伦理，海洋生态文明就是在这样的环境下产生的。对海岸带的综合管理就是对海岸带生物多样性的保护，对资源可持续利用的保护。可持续利用的含义是，对密切相关的物种和“生态系”明智地利用和认真地管理，以使得人们目前或潜在的利用不受影响。我们必须认识到，如果没有广泛的、综合的海岸带规划和管理框架，维持任何一种特定资源的产量，难度越来越大。海岸带综合管理的主要策略目标就是保护那些具有特殊价值的或濒危物种的生境。因此，已确定为实施特殊保护的“生态关键区”的重要目的是物种保护；其他目的是对生产力特别高的或特殊自然景观的自然资源予以保护②。可持续利用的准则是：对资源的获取、提取或利用不能超过在同一时期内可能产生或者再生的数量。重要的是要了解沿海环境退化所能接受的限度和沿海资源可持续利用的极限。确定生态系统的承载能力和生态系统的管理，使其永远保持在最低限度以上是出路之一。生态系统研究是海岸带综合管理研究的重要前提，直接关系到实现沿海地区的可持续发展。可持续发展是新世纪“社会 - 经济 - 自然”复杂生态系统的重要发展目标和原则，世界各国日趋重视对可持续发展的研究③。基于生态系统研究的海岸带综合管理能有效对海洋资源进行开发保护和持续利用，同时能防止对海洋环境造成损害，对于加快沿海地区的经济和文化发展起着重要作用④。基于生态系统研究的海岸带综合管理是一种新的海洋管理方式，是当前海岸

---

① 胡婷莛、秦艳英、陈秋明：《海洋生态文明视角下的厦门海岸带综合管理初探》，《环境科学与管理》2009 年第 8 期。

② 叶功富、罗美娟、卢昌义：《海岸带退化生态系统的恢复与海岸带综合管理》，《世界林业研究》2006 年第 4 期。

③ 秦艳英、薛雄志：《基于生态系统管理理念在地方海岸带综合管理中的融合与体现》，《海洋开发与管理》2009 年第 4 期。

④ 杜建国、陈彬、周秋麟等：《以海岸带综合管理为工具开展海洋生物多样性保护管理》，《海洋通报》2011 年第 4 期。

带综合管理发展的主流趋势[①]。从生态学观点考察，近岸区域——流域、红泛区、湿地——任何地点的非控制性开发活动，对渔业和其他沿海资源的消耗都具有潜在的影响。沿海资源保护政策突出强调：沿海资源可持续性及自然财富的长期保护是完全符合国家最高利益的。海岸带在性质上是典型的复合型生态系统，包括社会、经济、自然环境，海岸带综合管理的综合区划，应以生态系统的管理为基础，可以为海岸带综合发展和运行提供全新的思路。海岸带综合管理理论和实践的发展，在快速发展的生态系统管理理念和方法中得到新的管理工具和科技力量的支撑。

四　结论与展望

蔡程瑛用全局性的战略眼光看当代东亚海域综合管理的发展，指出东亚海域环境管理区域项目组织的重点在于采取地方行动，这增强了以海岸带综合管理为有效管理工具，解决环境可持续发展的管理问题的信心。海岸带综合管理在发展进化过程中已经到达了“获得赏赐”阶段，因此，已经完全可能扩展其规模。然而，只有得到健全的海岸带政策和科学技术的支持，海岸带综合管理的努力才会是有效的和可持续的。海岸带是典型的社会－经济－自然复合生态系统，人类社会的活动离不开生态系统的作用，海岸带综合管理是实现海岸带可持续发展，实现自然资源最佳利用，同时也是保护海洋生物多样性的关键。海岸带综合管理与生态系统管理具有相似的内容，都是要在建设可持续生态系统的同时，确保国民经济社会全面发展，保证生态系统和社会经济的平衡。在经济全球化的今天，开展以生态科学为基础的海岸带综合管理有重大意义，将生态学的方法作为海岸带综合管理的科学依据，向着人与自然和谐相处的方向发展，实现人类社会、自然和经济同步发展，确保生态系统的稳定可持续，实现人类社会永续发展；管理工具的充足和科技力量的支撑是海岸带综合管理的重要条件，海岸带的可持续发展可以通过对生态系统管理的研究得出新的管理思路和运行框架，同时生态系统管理具有管理过程明确、可操作性强的特点，可与

---

① 陈宝红、杨圣云、周秋麟：《以生态系统管理为工具开展海岸带综合管理》，《台湾海峡》2005 年第 1 期。

海岸带综合管理规划的具体实施过程合理地相结合。然而，因为两者的侧重点不同，生态系统管理并不能完全取代海岸带综合管理，海岸带综合管理是“在提升人民生活质量的同时保护当地生态”，而生态系统管理以维护生态系统的结构和功能为重点。不过“生态环境的维护是社会经济发展的前提（或基础）”，所以为了更好地维护这一前提，把以生态系统管理为基础的海岸带综合管理作为重中之重，才能更好地实现海岸带区域经济、人文和自然的和谐持续发展。

An Ecological Integrated Coastal Zone Management

—Ideological Interpretation of *The Driving Force of Integrated Coastal Zone Management* Cai Chengying

Wang Shuming　Li Hanguang

Abstract: Cai Chengying pointed out that coastal regions which have access to facilities, property (including renewable and non - renewable categories) is extremely rich in natural advantages. Around the world, people generally live in the coastal area of this narrow area of low position, in order to meet the various needs of human beings, most of the coastal areas have been highly utilized. It is because of the coastal zone is a human habitation, economic development and urbanization preferred zone, various stakeholders often compete for limited land and marine resources and their multiple uses and serious conflict. Most countries have recognized the need to improve the capacity of local governments, but also to empower and provide resources to implement local action. Integrated Coastal Zone Management as a new model for the coastal zone of administrative governance, the development of planning and management in accordance with the actual needs of the coastal zone occurs in a variety of economic activities, regulate people's behavior, to coordinate policy and management actions, integrated coastal zone waters and land use use planning action system. Therefore, the ultimate goal of integrated coastal zone management, coastal zone management is to improve the efficiency and effectiveness of governance, namely the ability to promote the sustainable use of coastal resources and coastal ecosystem services, which means in economic development while protecting natural resources functional integrity. Ecosystem management as the basis for integrated coastal zone management, ecosystem management and further elaborated in integrated coastal management planning significance belt.

Key words: coastal zone in East Asia, integrated coastal zone management, coastal zone governance, ecological civilization

英国海洋管理组织：可持续利用海洋的组织保障

于　铭　袁　祥*

摘要：在海洋资源日渐枯竭、海洋环境压力逐渐加大的背景下，英国尝试通过推进海洋综合管理来实现海洋资源的可持续利用。2009 年出台的《海洋与海岸准入法》成立了独立的执行性非部委公共机构——海洋管理组织，代表英国政府行使编制海洋规划、海洋事务审批、海洋自然保护、渔业管理以及海洋执法等职能。海洋管理组织的成立实现了海洋管理职能的整合和重组，为弱化海洋开发与海洋保护间的矛盾、推动海洋事业的可持续发展提供了组织保障。

关键词：海洋管理组织　海洋综合管理　可持续发展

分散的以部门管理为基础的海洋管理模式是近半个多世纪以来海洋管理的标志性特点。在这种海洋管理模式之下，一个国家通常依照所要管理的海洋事务设立相对应的海洋管理机构，各机构各司其职地对海洋活动中的各种要素进行管理。这种“分兵把口”管理方式在海洋事务发展的初期发挥了重要的效用。但随着海洋事务的深入开展，分散的海洋管理模式无法从整体上进行统筹兼顾的不足逐渐显现出来，这在一定程度上制约了海洋活动的可持续开展。21 世纪以来，随着海洋资源的逐渐枯竭和可持续发展理念获得普遍认同，如何实现可持续利用海洋成为一个研究热点。海洋综合管理的理念、制度在这种背景下应运而生。联合国《21 世纪议程》明确要求“沿海国承诺对在其国家管辖范围内的沿海区和海洋环境进行综合

---

* 作者简介：于铭（1980～　），女，山东青岛人，中国海洋大学法政学院讲师，博士，研究方向为海洋环境保护法；袁祥（1988～　），男，山东青岛人，中国海洋大学法政学院 2012 级环境与资源保护法学硕士研究生。

管理和可持续发展”。[①] 我国国内许多学者也针对这一趋势提出了一系列海洋综合管理的理论观点。有学者主张在国务院下建立跨越各部门之间利益的高层协调机构，激励利益相关方共同参与，保障目前涉海政策和法律的有效执行；[②] 有学者主张建立健全海洋综合管理协调的组织机构，在省、自治区、直辖市层面建立和完善各级海洋综合管理委员会，统筹地方海洋发展战略、规划和有关政策，保证海洋管理的统一协调运行；[③] 也有的学者从部分海域可持续发展的角度提出海洋综合管理的理念，例如在渤海可持续发展问题上，提出设立渤海综合管理委员会对渤海进行一体化、综合、协调管理。[④] 上述观点对海洋综合管理的模式提出了种种构想，但缺乏在实践中的检验。位于欧亚大陆板块西海岸的英国也尝试着进行海洋管理综合化的改革，它通过设立海洋管理组织（Marine Management Organization）行使综合的海洋管理职能，推动海洋资源的可持续利用。这是对海洋综合管理理论和可持续发展理论的有益实践，对于我国探索海洋综合管理模式有重要的借鉴意义。

一　英国海洋管理组织成立的背景

英国是位于欧洲西北部的一个大西洋岛国，拥有曲折而狭长的海岸线和广阔的海域面积。优越的海洋地理环境为英国带来了便利的海洋航运条件和丰富的海洋资源，凭借这些条件和资源，英国的海洋经济取得巨大成就并成为其国内重要的经济支柱之一。2008 年由英国公共财产公司（THE CROWN EATATE）公布的《英国海洋经济活动的社会－经济指标》显示，在 2005～2006 年，海洋经济活动产值占英国国内生产总值的 4.2%，约 460 亿英镑；在英国，海洋产业就业人数达 890000 多人，占全国就业人数的

① 国家环境保护局译《21 世纪议程》，北京：中国环境科学出版社 1993 年版，第 223 页。

② 赵嵌嵌、黄硕琳：《构建我国海洋综合协调机制的初步研究》，《上海海洋大学学报》2012 年第 1 期。

③ 刘锦婷、薛雄志：《推进海洋综合管理深化的新视角》，《海洋开发与管理》2012 年第 1 期。

④ 徐祥民、张红杰：《关于设立渤海综合管理委员会必要性的认识》，《中国人口・资源与环境》2012 年第 12 期。

2.9%。海洋经济对英国经济的贡献率为6.0%~6.8%。[①] 从上述统计数据可以发现海洋产业对于英国整体经济发展的重要性不言而喻。然而随着海洋资源的开发，海洋环境保护和资源可持续利用的压力越来越大，许多海洋资源都面临日益枯竭的危险，例如英国的海洋油气开发量从2000年起就直线下降，截至2005年第三季度英国已成为油气的净进口国。[②] 如何可持续利用海洋资源，更好地发挥海洋产业对于英国整体经济的推动力成为英国海洋管理面临的主要问题。

21世纪初期的英国仍然沿袭传统的海洋管理模式。这种分散的以部门为基础的海洋管理模式虽然在相当长时间内发挥了重要作用，但却存在严重的局限性。例如海洋资源开发和海洋保护分处不同的部门，这种职能设置使得任何一个部门都无法统筹处理海洋开发与海洋保护的矛盾。而且，各部门都无法从保持生态系统完整性的角度管理海洋这个环境整体。

可持续利用海洋资源、减轻海洋环境压力的需求与部门管理模式的局限，促使英国政府尝试推动海洋综合管理的实践。在英国各界的众多努力中，最具有突破性意义的是2009年《海洋与海岸准入法》的颁布，以及伴随该法生效组建的海洋综合性管理部门——英国海洋管理组织。

二　英国海洋管理组织的性质和管理模式

英国海洋管理组织是隶属于环境、食品和乡村事务部的执行性非部委公共机构。该组织接受该部门国务大臣的领导，并通过该国务大臣向英国议会报告工作。[③] 英国经历了长期的政府机构改革后，在管理机构设置体系中形成了大量与中央各部相连的半自治组织。半自治组织享有独立于政府部门的地位，呈现多样化的组织形态，分解着中央政府的权力，承担着提供各种公共服务的职能以满足公众对于公共服务免受政治干预、专业化、高效率的要求。执行性非部委公共机构即是半自治组织的一种类型，它由

① 国家海洋信息中心经济部译《英国海洋经济活动的社会经济指标——看英国海洋经济统计》，《经济资料译丛》2010年第2期。

② 国家海洋信息中心经济部译《英国海洋经济活动的社会经济指标——看英国海洋经济统计》，《经济资料译丛》2010年第2期。

③ *Marine and Coastal Access Act 2009*, section 2, subsection (4).

相关部门的部长依法设立，拥有独立的人事与预算，在适当授权下保证一定的自主性，并就其履行职能的方式向议会和民众负责。①

作为执行性的非部委公共机构，海洋管理组织的权力主要来源于法律赋予和协议授予。《海洋与海岸准入法》通过转移现有其他部门的权力职能和创设新职能的形式赋予海洋管理组织一定的管理权。此外，海洋管理组织通过与国务大臣签订协议获得额外的权力，并可以在国务大臣的批准下，将相关的职能再授予有资质的地方团体。② 海洋管理组织这一下放权力的过程必须经过国务大臣的批准，并接受其监督。这种模式既保证了中央的统一管理又顾及地方的特殊情况，尽可能发挥地方有资质团体在局部资源和专业上的优势。在海洋管理组织的串联下，中央和地方充分合作，高效利用资源和保护环境，共同致力于推动海洋事业的可持续发展。

三　英国海洋管理组织的职能

英国海洋管理职能重组后，新设立的海洋管理组织被赋予了海洋规划、海洋事务许可、海洋自然保护、渔业管理和海洋执法等多项海洋管理职能。综合管理模式下的海洋管理组织首先吸收了环境、食品和乡村事务部的原有执行机构——海洋和渔业管理局（Marine and Fisheries Agency）的职能，负责进行海洋渔业事务的管理。另外，为满足海洋事务综合管理的需要，海洋规划和海洋事务许可成为海洋管理组织职能的重要组成部分。与此同时，为了提高海洋生态保护的水平，维护海洋生物的多样性，海洋管理组织被赋予了更多的海洋自然保护的职能。

《海洋与海岸准入法》特别规定，海洋管理组织在履行上述职能时必须始终遵循两大基本原则：一致和协调原则、最佳可得证据原则。其中一致和协调原则要求海洋管理组织保证在其管辖海域所采取的任何行动的决议是在科学、合理评估决议影响后有序进行的；③ 而最佳可得证据原则要求海洋管理组织保证在其管辖海域所采取的任何行动应当考虑到所有相关的事

---

① 车雷：《英国政府决策与执行体制研究》，博士学位论文，中国政法大学，2011。

② *Marine and Coastal Access Act 2009*, section 14—section 15.

③ *Marine and Coastal Access Act 2009*, section 2, subsection (12).

实以及社会、经济和环境方面的科学证据。[①] 有了两项基本原则的指导，海洋管理组织能够更为规范、科学和协调一致地履行海洋管理职能，推动海洋事业可持续发展这一根本目标的实现。

（一）海洋规划

《海洋与海岸准入法》颁布实施前，英国的海洋规划是按部门进行编制，部门利益冲突频现，在很大程度上影响了海洋资源的高效配置。《海洋与海岸准入法》建立了新型的海洋规划框架体系，由海洋政策声明和具体的海洋规划两部分组成。海洋政策声明由国务大臣、苏格兰内阁、威尔士内阁和北爱尔兰的环境部门共同拟定，作为英国海域规划的指导原则，主要阐释英国的海洋政策、目标和相关的国际责任。[②] 在海洋政策声明的指导下，国务大臣、苏格兰内阁、威尔士内阁和北爱尔兰环境部门继而在各自负责的海域制定具体的海洋规划。海洋管理组织组建后，国务大臣将英格兰近海、远海海域的海洋规划交由海洋管理组织编制。海洋管理组织在海洋政策声明的指导下确立了可持续发展原则作为制定海洋规划的根本原则，并将可持续评估贯穿在整个规划制定过程之中，根据相关海域的特征评估具体海洋规划可能带来的经济、社会和生态影响。[③]

为在程序上保证具体海洋规划制定的合理性和科学性，一方面，海洋规划的制定重视利害关系人的参与，通过发布公众参与公告、组织公众磋商等形式，在程序上最大限度保证利害关系人的参与。另一方面，对海洋规划进行后续审查、评议也是海洋管理组织制定海洋规划职能的重要组成部分。在海洋规划颁布实施后，海洋管理组织会持续监测、调查规划带来的经济、社会和生态影响，并每隔三年对规划进行审议、修订。[④] 由海洋管理组织制定统一的海洋规划，能够协调各部门之间的利益，从管理海洋活动的初始阶段保障海洋开发活动的有序性、合理性，优化海洋资源配置，促进海洋生态环境保护。将可持续评估贯穿海洋规划制定和实施的全过程能够根据社会经济活动状况和海洋规划的执行情况适时调整规划的内容，

---

① *Marine and Coastal Access Act 2009*, section 2, subsection (3).

② *Marine and Coastal Access Act 2009*, section 44.

③ *Marine and Coastal Access Act 2009*, section 54.

④ *Marine and Coastal Access Act 2009*, section 61.

将可持续原则从始至终作为海洋事业发展的标尺。

（二）海洋事务许可

海洋事务的准入式管理是国家开发利用海洋资源，协调环境保护和资源开发利用矛盾的主要手段。海洋管理组织的海洋事务许可权主要包括渔业管理、海洋动植物保护和远海新能源设施建设等三个方面。《海洋与海岸准入法》规定将渔船捕鱼许可、渔船转运许可等与渔业相关的许可权由国务大臣转移给海洋管理组织，海洋管理组织继而依法行使设定许可条件，限制许可数量，变更、撤销、中止许可证等职权。[①] 在海洋动植物保护事务许可方面，国务大臣将在禁渔期和特定保护区域猎捕、捕杀海豹的许可权转移给海洋管理组织。[②] 对远海新能源设施建设的许可权也是海洋管理组织海洋事务许可权中重要的组成部分。以海上风力发电站建设的许可为例，在海洋管理组织成立以前，海上风力发电站需要同时获得《海岸保护法》（*Coast Protection Act*）、《食品和环境保护法》（*Food and Environment Protection Act*）、《电力法》（*Electricity Act*）所授权的行政主体颁发的许可才能投入建设。[③]《海洋与海岸准入法》规定将海上风力发电站的建设、扩建、使用等事项统一交由海洋管理组织进行许可，但同时对风力发电站的发电量做了不能超过一亿瓦的限定。[④] 将利用海洋资源与保护海洋资源的管理权赋予同一海洋管理主体，使该主体能够在做出海洋事务许可决议的过程中依据海洋规划和可持续发展目标，充分考虑不同因素对海洋环境的影响，协调各种相关利益，把对海洋资源的利用控制在海洋环境容量的范围内，兼顾和提升海洋开发活动的经济、社会和环境价值，较好地实现对海洋生态系统的保护。

（三）海洋自然保护

海洋自然保护职能是《海洋与海岸准入法》赋予海洋管理组织的另一重要职权。该职能主要包括海洋野生动植物及栖息地的保护、海洋自然保

---

① *Marine and Coastal Access Act 2009*, section 4, 6.

② *Marine and Coastal Access Act 2009*, section 9.

③ Clifford Chance. *Marine and Coastal Access Act 2009*—A Primer. Client Briefing, Dec. 2009, p. 3.

④ *Marine and Coastal Access Act 2009*, section 12.

护区的管理和海洋污染防治三个部分。海洋管理组织对海洋野生动植物及栖息地的保护是经过多项法律授权后获得的，其中《海豹保护法》（*Conservation of Seals Act*）将在禁渔期和特定保护区域猎捕、捕杀海豹的许可权由国务大臣转移给海洋管理组织①。《野生动植物和乡村法》（*The Wildlife and Countryside Act*）规定由海洋管理组织负责对因科研、教学原因对海洋野生动植物及在栖息地内的捕获、采集或任何破坏活动进行授权。②

为扭转海洋生物多样性下降的趋势，促进海洋生物多样性的恢复，提高海洋生态系统的生态功能和对环境变化的应对能力，在决策过程中更多地考虑海洋自然保护的问题，以及更好地履行在欧盟和国际上做出的海洋生态保护的承诺，③《海洋与海岸准入法》规定了海洋保护区制度④。海洋管理组织经授权参与海洋自然保护区工作的建设和管理。海洋管理组织作为海洋生态环境保护的主要职能部门参与到海洋保护区的选址过程中，为选址提供相关的经济、社会和环境数据和信息。在海洋保护区定址之后，海洋管理组织将通过制定条例进一步参与对海洋保护区的管理。除依据条例进行常规管理之外，如果海洋保护区遭遇不受规制行为的侵犯，海洋管理组织有权制定紧急条例对该行为进行管制，以避免海洋保护区遭受破坏。如果海洋管理组织在既定的海洋保护区范围之外发现有潜在的需要保护的海洋区域，海洋管理组织可以通过制定临时条例的方式对这些潜在保护区域进行管理，防止在这些区域内发生不可逆转的破坏。⑤

在海洋污染防治方面，海洋管理组织是整个海洋污染防治团队的重要支撑。当发生海洋污染的意外事故时，海洋管理组织作为污染事故环境小组的成员制订清除海洋污染的应急计划，并负责向处理海洋污染事故的主要责任机构——海事与海岸警备局提出海洋生态环境保护的建议，以最大限度地减少事故污染对海洋环境的破坏。海洋自然保护职能是海洋管理组织落实可持续发展这一根本目标的重要着力点。海洋自然保护与海洋资源

---

① *Marine and Coastal Access Act 2009*, section 9.

② *The Wildlife and Countryside Act 1981*, section 16.

③ 李景光：《英国海洋事业的新篇章——谈 2009 年〈英国海洋法〉》，《海洋开发与管理》2010 年第 2 期。

④ *Marine and Coastal Access Act 2009*, section 116.

⑤ *Marine and Coastal Access Act 2009*, section 129，131，132.

利用归属同一部门管理将有利于解决保护和利用这一主要矛盾，实现可持续发展的战略目标。

（四）海洋渔业管理

海洋渔业事务的管理职能是海洋管理组织对环境、食品和乡村事务部下原有执行机构——海洋和渔业管理局管理职能的吸收。从法律规定上看，《海洋渔业法》（*Sea Fish Act*）规定的渔业捕捞许可证的申请、发放、变更和撤销等渔业事务的管理权由国务大臣转移给海洋管理组织。[①] 从具体职能来看，海洋管理组织主要负责海洋渔业法律法规的执行、捕捞许可证的发放、渔业定额管理、渔业的国家补助金发放管理、监视捕捞活动、检查渔业产品上岸情况以及有关水产品销售管理等渔业事务。[②] 此外，海洋管理组织还负责收集渔业事务管理过程中的相关数据并对数据进行综合分析，根据数据分析得出的科学结论向环境、食品和乡村事务部提出改进渔业政策的建议。海洋管理组织在综合管理模式下将渔业管理职能与其他海洋管理职能紧密结合，一定程度上保证了渔业管理的连续性、科学性，促使海洋管理组织在开发海洋渔业资源时全面考虑经济、社会和环境要素，既保证海洋渔业的经济效益，又注重对海洋生态环境的保护。

UK Marine Management Organization: Ensuring the Sustainable Ocean Development

Yu Ming　Yuan Xiang

Abstract: Under the background of marine resources and marine environment degradation, UK has tried to promote integrated marine management to achieve sustainable ocean development. The 2009 Marine and Coastal Access Act established an executive non-department public body—Marine Management Organization (MMO) to excise the power of planning, licensing, protection and fishery

① *Marine and Coastal Access Act 2009*, section 4, 6.

② *Marine and Coastal Access Act 2009*, section 194.

management. Through the establishment of MMO, the UK government has completed the restructuring and integrations of marine management functions. This ensures a better settlement of the conflict between marine development and marine protection and a better institutional structure to carry out sustainable management.

Key words: marine management organization, integrated marine management, sustainable development

美日海洋行政执法精细化管理实践及其启示*

弓联兵**

摘要： 精细化管理是在现代科学管理基础上拓展而来的一种理念和实践，已被广泛应用。美国和日本在海洋行政执法活动中始终体现着精细化管理理念，总结概括起来体现在以下几方面：海洋行政执法体制设置的科学化，海洋行政执法依据的法制化，海洋行政执法职能的明细化，海洋行政执法程序的标准化和手段的技术化，以及海洋行政执法活动的协同化。美国和日本的精细化管理经验对中国优化海洋行政执法体制，完善海洋执法实践具有积极的参考借鉴价值。

关键词： 海洋行政执法　精细化管理　美国　日本

精细化管理是一种理念和一种文化，它源于日本20世纪50年代的一种企业管理理念，这种理念和实践的出现是社会分工的精细化以及服务质量的精细化对现代管理的必然要求，是建立在常规管理的基础上，并将常规科学管理引向深入的基本思想和管理模式，是一种以最大限度地减少管理所占用的资源和降低管理成本为主要目标的管理方式。概而言之，精细化管理可被界定为："以科学管理为基础，以精细操作为特征，致力于降低行政成本，提高行政效率的一种管理方式。"① 从精细化管理的概念可知，精细化管理首先属于一般科学管理范畴，以现代科学管理作为基础，遵照现代科学管理的一般逻辑和要求。其次，精细化管理是对一般科学管理的有

---

* 本文是中国海监总队项目"海洋行政执法体制改革与公共政策"（CMSW2013009）的阶段性成果之一。

** 作者简介：弓联兵（1979～　），男，陕西咸阳人，中国海洋大学法政学院副教授，硕士生导师，博士，主要研究方向为海洋政治与行政、中国政府与政治。

① 温德诚：《政府精细化管理》，北京：新华出版社2007年版，第20页。

益补充和超越，以精细管理作为主要特征，将现代科学管理进行细化，使现代科学管理更具针对性和可操作性。具体而言，精细化管理就是落实管理责任，将管理责任具体化、明确化。通过规则的系统化和细化，运用程序化、标准化、数据化和信息化的手段，使组织管理各单元精确、高效、协同和持续运行。可以说，科学是精细化管理的原则，严格是精细化管理的标准，长效是精细化管理的目标。①

按照精细化管理原则和要求改革政府，是现代政府治理的趋势，也是政府管理实现科学化、规范化、法治化、高效化的直接有效途径。② 将精细化管理理念引入政府管理领域，就是要利用更低的成本、更专业的管理手段，实现更优质、更关注细节和更加高效的管理效果。③ 行政执法是现代行政的基本要素和职责，具有明显的政府行政管理实践的意蕴。④ 海洋行政执法是国家行政机关依照法定职权和程序，对海洋环境、资源、海域使用和海洋权益等海洋事务实施法律的专门活动。⑤ 在海洋行政执法的体制设计和实施过程中，精细化管理理念不仅有助于海洋行政执法体制的科学化和规范化，更有助于海洋行政执法过程的专业化、标准化、协同化和执法效果的高效化。实际上，世界上发达的海洋国家如美国和日本，在海洋行政执法的体制安排和实际操作的各个方面都充分体现了精细化管理的理念和要求。具体表现为：海洋行政执法体制设置的科学化，海洋行政执法依据的法制化，海洋行政执法职能的明细化，海洋行政执法程序的标准化和手段的技术化，以及海洋行政执法活动的协同化。

一　海洋行政执法体制设置科学化

精细化管理以现代科学管理为基础，现代科学管理要求任何管理活动都应建立在科学合理的管理体制之上，故此，精细化管理同样要求设立科

---

① 刘明君、刘天旭：《精细化管理与基层政府治理创新——以桃园模式为例》，《甘肃社会科学》2010 年第 4 期。

② 汪智汉、宋世明：《我国政府职能精细化管理和流程再造的主要内容和路径选择》，《中国行政管理》2013 年第 6 期。

③ 麻宝斌、李辉：《政府社会管理精细化初探》，《北京行政学院学报》2009 年第 1 期。

④ 姜明安：《论行政执法》，《行政法学研究》2003 年第 4 期。

⑤ 胡增祥：《论海洋行政执法管理》，《海洋开发与管理》2002 年第 2 期。

学合理的管理体制。具体到海洋行政执法来看，海洋行政执法体制是海洋行政执法实践的基础和前提，科学合理的执法体制可以为执法实践提供合理有效的制度支撑，反之，则会导致执法实践的混乱无序。纵观美日两国的海洋行政执法体制，无论在体制设计上，还是在组织结构上都符合现代科学管理的基本要求，这为美日两国海洋行政执法实践提供了合理的和有效的制度基础。

美国海岸警卫队（United States Coast Guard，USCG）是当今世界最强大的海上执法队伍之一，隶属于国土安全部，其在美国五大武装力量中是唯一拥有执法权力的队伍，也是唯一不受国防部节制的军事化力量。截至2012年，美国海岸警卫队有现役人员43000名、预备役人员8000名，文职人员8800名和辅助保障人员30000名。[①] 海岸警卫队由总部、两个地区司令部、九个分区司令部以及下属各级部队组成，其中分区司令部包括海上安全局、大队司令部，大队司令部下设工作站。

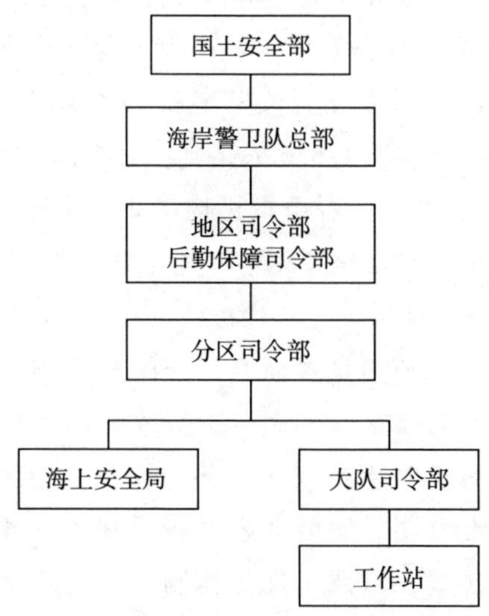

图1　美国海岸警卫队组织结构图

海岸警卫队总部位于华盛顿，是海岸警卫队的行政和作战指挥司令部、管制中心；两个地区司令部分别为太平洋区和大西洋区司令部，是海岸警

① 详情可参见美国海岸警卫队官方网站：http://www.uscg.mil/top/about/，最后访问时间为2014年8月6日。

卫队部队日常管理和作战指挥的中介机构；后勤保障司令部主要为所在海区海岸警卫队的装备、设施及人员提供维护和后勤保障；九个分区司令部主要负责海岸警卫队警卫分区内各部队的指挥和协作；大队也称为防区，是分区司令部的下级部队，主要负责管辖地区内的海上安全监视、执法、导航、保护和海洋环境保护等任务，下设若干工作站，其中工作站是海洋行政执法的最基层单位，负责具体的执法、搜救、导航、海上安全和环境保护等任务；另外，各警卫分区下设海上安全局，主要负责保护公众、环境，加强海上安全，具有一定的海洋行政执法职能。此外，总部设有包括公民权利委员会在内的各委员会，它们是保证海岸警卫队依法正确行使执法权的监督机构。[①]

日本海上保安厅（Japan Coast Guard，JCG）成立于1948年，隶属于日本国土交通省，是负责维护海上治安、保障海上交通安全、开展应急搜救和海洋环境保护等工作的行政部门，同时也是一支准军事化力量。海上保安厅的组织机构大体由总部与分支机构两大部分构成。总部位于日本东京，分支机构主要指11个海上保安管区，每个海上保安管区又都设有管区海上保安本部，其下又设置69个海上保安监部和60个海上保安署。[②] 截至2011年，海上保安厅的人员总数为12636人，其中具有海岸警备执法资格的海上保安官约有11500人。[③] 总体上看组织机构精简、系统、条理，各部门各司其职，互不重叠，但在关键时刻又能很好地合作，能够第一时间到达现场，更高效率地解决海上突发事件。

仅就海洋行政执法体制的设置而言，美国和日本的海洋行政执法体制基本符合现代科学管理的要求，从上至下直线式的组织结构可以保证政令畅通和高效运转，这一点对于行政执法部门而言尤为关键。同时，为了保证执法各部门之间权责分明、职能清晰，各司其职、各安其位，美日两国都出台了相关的法律法规，以此来规范体制运行。美国专门为海岸警卫队颁布了一部法律——《海岸警卫队法》，《美国海岸警卫队授权法案》从立法上明确了海岸警卫队作为美国海上执法主体的地位，并对海岸警卫队的隶属关系、职能任务、队伍性质和机构设置等事项进行了详细的规定。日

---

① 李培志编译《美国海岸警卫队》，北京：社会科学文献出版社2005年版，第22～52页。

② 臧蕾：《日本海上保安厅研究》，硕士学位论文，中国海洋大学，2013。

③ 兰文君：《日本海上保安厅概况》，《中国海事》2012年第7期。

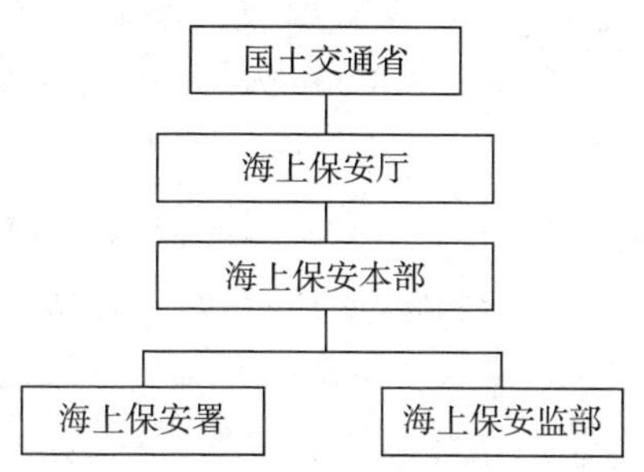

图2　日本海上保安厅组织结构图

本也出台了《海上保安厅法》《海上保安厅组织法》，对海洋行政执法体制、组织设置、机构职能和人员配备进行了规范性的说明，其后《海上保安厅法》历经多次修改，海上保安厅的执法职能和人员装备也不断扩张。

二　海洋行政执法依据法制化

法制化是现代科学管理的基本规范和实施依据，精细化管理更需要健全的法制体系作为管理活动展开的规范和依据。海洋立法是海洋执法的基础，也是执法主体资格法定化的关键。健全完善的法制体系是坚持依法治海、依法护海，不断提高海洋依法行政能力的前提和基础。美日两国为保证依法治海、依法行政，有效开展海洋行政执法活动，为海洋行政执法部门制定出台了一系列赋予职权和规范行为的法律法规。

美国除了上述的《海岸警卫队法》直接确立海岸警卫队的执法主体资格和对其赋权之外，还有其他的法律法规也规定了海岸警卫队的职能和执法行为。《美国法典》的第14标题卷就是对于美国海岸警卫队的专门规定。该卷第1章就确定了美国海岸警卫队有权在所有美国有管辖权的海域实施美国相关法律，确定了美国海岸警卫队的执法主体地位，并明确了其性质、职能以及执法方式等。[①]《美国海军法》对战时美国海岸警卫队由海军统领做出了相关规定。而美国海岸警卫队具体执法过程中涉及的法律依据则广

① 详情参见 U. S. Code Title 14. Part I. 1. §2. Primary duties: The Coast Guard shall enforce or assist in the enforcement of all applicable Federal laws on, under, and over the high seas and waters subject to the jurisdiction of the United States。

泛分布在美国的各项联邦法中，主要包括：关于渔业法规的《渔业保护和管理法》（*Fishery Conservation and Management Act*），关于海上环境保护及海洋生物资源保护的《海岸带管理法》（*Coastal Zone Management Act*）、《濒临灭绝物种法》（*Endangered Species Act*）、《海洋法》（*Oceans Act*）、《联邦水污染管制法》（*Federal Water Pollution Control Act*）等，美国关于拦截和遣返非法移民的《移民与国籍法》（*Immigration and Nationality Act*），关于控制毒品的《全面预防和控制滥用毒品法》（*Comprehensive Drug Abuse Prevention and Control Act*），等等。除了国内法的规范之外，美国海岸警卫队的执法活动还有国际法的依据，主要包括：《海上人命安全公约》（*Convention on the Safety of Life at Sea*，*SOLAS*）、《防止船舶污染国际公约》（*International Convention for the Prevention of Pollution From Ships*）、《防扩散安全倡议》（*Proliferation Security Initiative*）等，以及与沿海周边国家关于渔区划界和海洋划界的条约，如关于渔业渔区划界的《美加大湖条约》，关于海域边界的《英美海上边界条约》《美加海上边界条约》《墨西哥和美国海上边界条约》，等等。[①]

日本海上保安厅的执法依据除上述的《海上保安厅法》和《海上保安厅组织法》之外，也制定了大量的相关法律法规，尤其是21世纪以来，日本加大了海洋立法的力度，通过立法的形式不断固化和开拓日本的海洋权益。2007年制定出台的《海洋基本法》可谓为日本海上保安厅执法职能的固化和扩张提供了有力支撑。《海洋基本法》的实施标志着日本已经基本完成了有关加强海洋资源开发向海洋大国迈进的立法、机构设置和人员配置等基础工作。随后出台的《海洋建筑物安全水域设置法》、《领海等区域内有关外国船舶航行法》、《为促进专属经济区和大陆架的维护和利用对低潮线维护和相关设施完善等法》（也称《低潮线保全法》）等法律法规，都为日本的海上执法提供了法理依据。[②] 再加上日本现行一系列法律法规，包括海事方面的《海上交通安全法》《船舶法》《船舶安全法》《海上冲突预防法》《船舶职员以及小型船舶操纵者法》《领海外国船舶航行法》，环境保护方面的《海洋污染防止法》《废弃物处理清扫法》《水质污染防止法》，渔业

① 具体内容可参见：http://en.wikipedia.org/wiki/List_of_maritime_boundary_treaties#Americas，最后访问时间为2014年9月2日。

② 金永明：《日本的海洋立法新动向及对我国的启示》，《法学》2007年第5期。

方面的《渔业法》《水产资源保护法》《外国人渔业法》，海运方面的《商法》《海上运输法》《国际海上物品运送法》《船舶油污损害赔偿保障法》《港湾运送事业法》《港则法》《船主责任限制法》等法律，以及相关的《警察法》《出入国管理及难民认定法》《外国人登录法》《国土交通省设置法》《领海法》《关税法》等法律，涵盖了海上执法管理的各个方面，构成了日本系统完善的海上执法法律体系，为海上执法奠定了坚实的法律基础。

三　海洋行政执法职能明细化

职能明细化是精细化管理的主要内容，权责分明、职能明确，各司其职、各安其位是行政管理活动的基本要求和目标。美国海岸警卫队的执法权限十分广泛，拥有广泛的国内执法权，不但可以执行本部门相关法律，还可以执行其他部门的法律法规，是一支海上综合执法队伍，因此也成为其他国家海上执法队伍建设的典范。美国海岸警卫队平时依法担负美国所有海域含水域的行政管理职责，打击在海上进行的各种违法犯罪活动，维护美国在海域的主权和提供良好的海上经济发展的秩序。战时归海军统一指挥，担负海上作战业务。尽管美国海岸警卫队的职能极其宽泛，但职能的划分却非常清晰明确，哪些部门拥有哪些职能，哪些活动属于职能范围内，都有比较清楚的说明，这一点充分体现了精细化管理的理念和要求。

归纳概括而言，美国海岸警卫队职能包括：（1）维护海洋权益和国家安全。美国海岸警卫队是实行海事安全增强计划的中坚力量。经过多年的发展，美国海岸警卫队已成为美国五大军事力量之一，负有参加联合行动和美国海区防务的职责。同时维护港口、航道以及近海岸安全。保护美国专属经济区和公海的重点领域是美国海岸警卫队的重要使命。根据重要性大小，美国海岸警卫队负责保护美国专属经济区免受外国势力的侵入，在国内渔业法下执法和参与国际渔业协定的发展。

（2）维护海事治安。主要体现在禁毒和制止非法移民上，海岸警卫队是海上禁毒方面的高级机构，在阻击毒品从海上通道进入美国方面起着中流砥柱的作用。制止海上非法移民。美国海岸警卫队以移民法为执法依据，在海上通道制止海上非法移民，以减少美国纳税人的负担和非法移民的损失。

（3）提供海事公共服务。主要体现为搜寻与营救、协助航行以及提供破冰援助。其中搜寻与营救是美国海岸警卫队的最古老的使命之一，美国海岸警卫队也是世界上公认的在搜寻与营救方面的佼佼者。作为美国海上搜寻与营救的协调者，美国海岸警卫队分别在东西海岸、墨西哥海岸、阿拉斯加、夏威夷、关岛、波多黎各和五大湖区修缮了搜寻与营救相关设施。

（4）保护海洋环境。美国海岸警卫队通过实施海洋环境保护计划，避免外来物种入侵、取缔非法海洋倾倒和防止石油与化学物品泄漏事件，保护海洋生物资源。①

日本海上保安厅的职责范围也较为宽泛，主要职责有海上执法，海难搜寻与救助，防止海洋污染，预防和控制海上犯罪，调查和逮捕海上犯罪分子，管理海上交通，管理海上及水道助航设施，保障航行安全，对涉及以上事项的海上事件进行调查。概况而言，主要包括以下六个方面。

（1）维护领海主权。为维护日本领海主权，海上保安厅负责在领海内对进行破坏活动的外国船只进行鉴别、监视和打击等领海警戒工作。如对未经同意在日本专属经济区内进行调查活动的国外海洋调查船，海上保安厅在确认之后，需要向日本外务省提供相关情况的具体信息以便通过外交途径进行抗议，同时还要在事发现场通过表明立场等方式与相关机构共同妥善处理相关问题。

（2）维护海上治安。针对日本国内的非法捕鱼、外国渔船非法作业、海上走私与偷渡、反恐活动与打击海盗等问题，海上保安厅力图实现日本国内外相关组织机构与地区之间的联合协作，收集相关信息并进行分析，制定并实施多种海上警备措施，以打击海上违法及犯罪活动，维护海上治安。

（3）海上救援和应急救灾。为应对海上船舶碰撞、沉没及其他意外等事故，迅速应对大规模石油及有害物质泄漏、船舶火灾和自然灾害等事故，海上保安厅不仅强化具有直升机搜救技术、潜水能力和急救处置等能力的专业搜救人员的救助能力，同时也加强与警察、消防等其他救助部门以及社会救助组织的联合与合作。

---

① 有关职能的详细情况可参见美国海岸警卫队官方网站：http://www.uscg.mil/top/missions/，最后访问时间为2014年8月6日。

(4) 保护海洋环境。海上保安厅开展海洋污染情况调查活动，致力于与其他管理部门联合构建海上环境污染违法行为相关信息的共享机制，强化对这一行为的监视与取缔工作，以遏制海上环境违法行为。

(5) 海洋信息服务。主要是对海洋信息进行调查研究和提供信息。海上保安厅通过测量船、飞机、卫星监测等技术对海底地形与地质和海流与海洋污染进行调查。这些调查活动所获得的详细数据可用于海底资源开发、自然灾害应对、地震发生原因探明以及海底火山活动情况的掌握等，并且利用这些调查结果为航海提供相关信息。同时，海上保安厅每年都开展海难预防宣传活动，对航标管理与维护和航标的绿色能源化及加固都进行了很好的巩固，以提高水上交通安全管理水平。

(6) 交流与合作。海上保安厅通过亚洲 18 个国家与地区参与的“亚洲海岸警备机构局长级会议”以及北太平洋 6 国参与的“北太平洋地区海岸警备执法机构论坛”，在亚太海域海上治安维护方面战略性地推进多国间的交流与合作。海上保安厅在策划海上搜救、海洋污染应急、航行安全、海上警备等方面，加强了与韩国、俄罗斯、中国等邻国以及作为日本重要石油通道的印度之间的合作关系，在海洋信息方面也构建与英国和韩国之间的技术合作关系。此外，海上保安厅还参与国际海事组织（IMO）、国际海道测量组织（IHO）和国际航标协会（IALA）等国际组织的相关活动。[①]

四　海洋行政执法程序标准化和手段技术化

行政执法程序是行政执法实践的关键环节，程序不仅要体现正当性，更要始终坚持标准化的要求，在行政执法过程中，也同样要重视执法手段的技术化，标准化和技术化的有机结合将有助于实现合宜的执法结果。标准化是社会发展的趋势，也是精细化发展的重要部分。精细化管理要以系统的标准为依据。统一规格标准、操作标准、质量标准、数量标准、时限标准，严格执行标准是规范化的必要条件。[②] 为此，许多国家在行政执法程

① 具体职责详见日本《海上保安厅法》。

② 温德诚：《政府精细化管理》，北京：新华出版社 2007 年版，第 42 页。

序中制定了许多标准化的执法手册，为行政执法提供可操作性的指导，并不断丰富执法手段，提升执法手段技术化水平。

以美国船舶管理和执法的实践为例来看，美国海岸警卫队历来以对船舶安全与防污染管理要求最高、检查最严而著称，应该说是港口国监督最高层次检查的典范。“9·11”事件后，美国开始对抵港船舶进行专项ISPS（国际船舶和港口设施保安规则，International Ship and Port Facility Security Code）保安检查，之后将港口国检查PSC（港口国监督，Port State Control）和保安检查ISPS合并检查。根据现行适用国际公约、美国法规、联邦法典，适时修订外籍船舶检查程序，并根据不同的外籍船舶类型制定了与其相对应的检查手册，针对性强，所有检查项目依据公约列出，对照严谨，细化明确，是迄今为止世界上最新的、最完整的PSC检查范本。美国外籍船舶检查手册，意在作为美国海岸警卫队港口国监督检查官（PSCOs）的一个工作指南，包含了广泛的可能检查的有关项目的一览表，但海岸警卫队的本意并不只在“检查”手册上列出的所有项目。按港口国责任，PSCOs必须查实船舶和船员确实符合相关的国际公约和适用美国法律。检查的深度和范围取决于PSCOs的观察情况。检查中，PSCOs至少将审查或者目击相关区域进行系统的操作性试验，包括：审查文件；进行航海安全检查；评估船舶安全管理体系；评估船舶保安体系；巡视甲板通道并评估船体结构；进行操舵装置测试；目击油水分离器和舱底显示器测试；目击防火系统检测；目击主要和应急消防泵测试；目击应急照明灯测试；目击消防和弃船演习；评估遵守压载水规则；评估货物系统；评估船员适任性等。检查的路径也同样体现出程序的标准化，具体的检查路径包括：检查设施保安界面；检查可见到的船体区域；检查船舶出入口保安程序；会晤船长或指定代表；检查文件、手册、证书和执照；巡视甲板通道；检查机器；检查驾驶台；进行一般健康与安全检查；货物监视；检查演习；检查报告表；ISM扩大性检查。[①]同时，检查手册还介绍了相关的控制程序、度量换算表，以提高检查的准确性。又譬如，日本为了确保海上交通安全，海上保安厅对各类海域如船舶流量较大的海域、港口和沿岸制定了专门的规则和标准，并通过沿岸信息系统和气象信息服务获得海上交通信息。

---

① 王成宝：《美国海岸警备队外籍船舶检查手册简介》，《中国海事》2012年第8期。

在行政执法管理的手段技术化层面，美国和日本两国的做法也同样具有代表性。在渔业执法方面，在渔业管理方面，海岸警卫队是美国唯一有权在海上执行渔业法的机构，它可以独立地出现在深水环境中实施必要的执法行动。为确保美国成功地保护渔业资源，海岸警卫队配备“一体化深水系统”。这套系统的设备包括全新的巡逻艇、缉私艇、小型快艇、有固定翼的飞机、直升机、无人驾驶飞机以及最先进的指挥控制电子设备。计划投资数亿美元，采购现代化的船只替换旧的船只，把有关的指挥、控制和通信系统都整合在一起，使侦查和指挥能力得到最大程度的提升。[①] 此外，在海上救助方面，美国海岸警卫队装备各型飞机 200 架，其中，直升机 138 架（HH－65 海豚 96 架，HH－60 鹰 42 架），固定翼飞机 62 架（HH－130 大力神 30 架，HV－25 守护神 25 架，另有小型机 7 架），海岸警卫队除使用其装备的 50 余艘大型拖轮外，有时还租用民间大拖轮实施救助。[②] 这些装备和技术的提升，直接提高了行政执法的有效性。

日本海上保安厅通过测量船、飞机、卫星监测等技术对海底地形与地质和海流与海洋污染进行调查。这些调查活动所获得的详细数据可用于海底资源开发、自然灾害应对、地震发生原因探明以及海底火山活动情况的掌握等，并且利用这些调查结果为航海提供相关信息。信息化时代，各国都加强了行政执法过程中的信息化建设，以此来提高行政执法的效率。海上保安厅于 2010 年 3 月开始启用海洋信息 CLEARING HOUSE，通过海洋信息 CLEARING HOUSE 可以对政府机关、研究机构、地方公共团体等各种机构所保存的海洋信息和数据的简要情况及提供方式进行统一检索。在海难救助方面，日本海上保安厅通过 DGPS 系统（显示船舶海上位置）和 GMDSS 系统（利用卫星通信和数字通信技术报告灾难和求助），实现及时报警和迅速求援，最近的海保航空基地就可以派出飞机在第一时间赶赴现场，将海上灾情和图像通过卫星传送到指挥部，指挥部可以有针对性地派遣或增援专门舰艇赶赴事发海域，从而大大提高了海上救灾、救难的针对性和有效性。

---

① 许浩：《论南海渔业执法模式的构建——美国海岸警备队的经验借鉴》，《中国渔业经济》2013 年第 4 期。

② 杨存国：《美国海上救助系统简介》，《船舶设计通讯》2004 年第 1 期。

五 海洋行政执法活动协同化

协同化强调各部门、各环节、各个成员、各个工作单元之间，要良好地衔接配合，协同动作，因为“任何一个行动者都没有解决复杂多样、不断变动的问题所需要的所有知识和信息，也没有一个行动者有足够的能力有效地利用所需的工具”①。因此，协同化有助于突破“碎片化”执法、“部门化”执法的困境，从而提高海洋行政执法的整体效能。

在美日的海洋行政执法实践中，有关海洋权益维护和海上安全方面的事务，一般需要多个部门和机构之间协作。在美国，海岸警卫队与海军部队的合作最为悠久和密切。为减少恐怖分子对美国的水上攻击，查禁非法偷渡和走私活动，维护专属经济区的安全以及禁止一切违法的行为，加强海岸警卫队和海军之间执行多种任务的协同能力，1998 年 9 月，美国海军与海岸警卫队达成了一项重要的协议，双方将共建一支“国家舰队”（National Fleet），旨在最大限度地发挥各自舰队的优势。与海军的合作关系中，海岸警卫队负责“国家舰队”中的海事与海军防务系统之间的无缝连接，避免任务需求的分歧和冗余。“国家舰队”使海岸警卫队与战斗指挥员以及联合部队的合作更加紧密。在与海军协同执行任务时，海岸警卫队提供了登船检查艇来协助阻止毒品走私、非法的偷渡以及其他违法行为。②此外，海岸警卫队目前正与美国陆军的工程部队合作，共同维护密西西比河的商业运输安全。2012 年美国中西部地区干旱期间，河水水位降至历史最低点，海岸警卫队密西西比河上游分区和俄亥俄盆地分区与陆军工程部队合作，共同保证商业水运运行安全。

除了与国内各机构部门的协作，美日两国的海洋行政执法力量也加强了与其他国家海洋执法力量的国家间协作。美国东北部的执法机构能与加拿大的执法机构共享恐怖活动相关的情报信息。海岸警卫队还帮助盟国训

---

① Christopher Hood, “Paradoxes of Public - Sector Managerialism, oldpublic Management and Public Service Bargains”, *International Pubic Management Journal*, 3 (1), 2000.

② 李培志编译《美国海岸警卫队》，北京：社会科学文献出版社 2005 年版，第 319 页。

练海上安全力量。[①] 日本海上保安厅自2000年以来就多次主办亚洲地区的多边、双边海上执法合作活动。2000年9月，日本海上保安厅与俄罗斯边防军签署了合作备忘录。2001年8月，日本海保巡视船访问俄罗斯并与俄边防军太平洋地区巡逻队举行了联合训练。日本海上保安厅每年都与韩国海警局举行联合演习。2002年7月10日，日本主办了亚洲地区打击海盗问题专家组第一次磋商，提出了《亚洲地区反海盗合作协定》。不久，日本海上保安厅与新加坡警方建立了反海盗信息共享中心，并以打击海盗的名义，开始资助东南亚国家建设海岸警备队。2004年，日本海上保安厅主办了亚洲地区海岸警备机构高官会议，通过了加强海上反恐合作的倡议书。同年，日本海上保安厅主办了联合国毒品犯罪办公室打击海上毒品犯罪研讨会，中国、美国等国家禁毒和海岸警备机构及联合国打击毒品犯罪办公室的代表出席了会议。2004年4月，日本海上保安厅和韩国海洋警察局在韩国釜山太宗台东南14海里公海海域举行海上协同反恐演习。2004年10月，日本海上保安厅又在日本相湾举行了首次防止大规模杀伤性武器扩散的多国海上演习。[②]

结　语

通过上述分析不难获知，美国和日本的海洋行政执法机构在执法活动中始终体现着精细化管理的理念和做法，总结概括起来体现在以下五个方面：第一，行政执法体制设置的科学化，美日都是按照现代科学管理的原则和要求建立和改革海洋行政执法体制，既保证了体制的稳定有序，也实现了体制的有效运行；第二，行政执法依据的法制化，通过制定完善海洋行政执法的法律法规，真正做到有法可依和依法行政；第三，行政执法职能的明细化，对各个层级执法部门的职权做了明确细致的规定，以保证各司其职、各安其位；第四，行政执法程序标准化和手段技术化，通过设定一系列标准，严格按照标准执法和进行管理，保证执法程序正当和管理高

---

① 《海岸警卫队与海军或其他国际力量间的无缝协同》，http://mil.sohu.com/20070911/n252083218.shtml，最后访问时间为2014年8月29日。

② 朱凤岚：《日本海洋管理与执法体制》，http://yataisuo.cass.cn/xueshuwz/showcontent.asp?id=1078，最后访问时间为2014年9月2日。

效；第五，行政执法活动的协同化，通过建立多种协同机制，实现内部部门间和外部组织间的良性协作。基于以上多维度的精细化管理，美国和日本的海洋行政执法基本上呈现出体制合理、规范有序、权责分明和灵活高效的良好局面。美国和日本的精细化管理经验对于正在重构中的中国海洋行政执法体制具有重要的借鉴意义。

Fine Management on the Marine Administrative Law Enforcement in USA and Japan

Gong Lianbing

Abstract: It is the best practice of Fine Management on the marine administrative law enforcement in USA and Japan. Including law enforcement system toward scientization, legislation of law enforcement foundation, elaboration of law enforcement function, standardization of law enforcement procedure, technicalization of law enforcement tool and synergy of law enforcement activity, these experience is going to be the helpful reference to optimize the marine administrative law enforcement system of China.

Key words: marine administrative law, enforcement fine management, USA, Japan

台湾地区海洋管理体制改革初探及对大陆的启示

夏厚杨*

摘要：我国台湾地区经过多年渐进式的海洋管理体制改革，已初步建立起相对集中的海洋综合管理体制，不仅设立了相对集中的海洋综合管理部门和海上行政执法管理部门，呼声已久的海洋综合协调机构——“海洋委员会”也得以建立和运作。至此，台湾地区的海洋管理体制形成了“管理—执行—协调”三位一体的管理架构。台湾地区的海洋管理体制及其改革与大陆地区的海洋管理体制改革多有相合之处，其在推进海洋管理体制改革、加强海洋管理机构间的沟通协作、健全完善海洋政策规划等多个方面所进行的改革尝试，对于大陆地区深入进行海洋管理体制改革、实现海洋管理体制的转型整合有借鉴参考价值。

关键词：中国台湾地区　海洋管理体制　改革　经验

台湾是个典型的海岛，四面环海，是中国的第一大岛。台湾本岛及其周围的离岛，海岸线长达1700余公里，除台湾本岛外，有多达85个岛屿，所管辖的领海面积约为17万平方公里，为台湾面积36000平方公里的4.72倍。台湾地处西太平洋国际海上活动的中继站，拥有发展的区位优势。台湾四面环海，东临世界最大洋太平洋，西处太平洋海上交通门户，扼守东亚南北往来枢纽，地处第一岛链中部，地理位置具有极其重要的战略价值。同时由于台湾地区位于全球最大的大陆架亚洲大陆架的边缘，以及全球海洋生物物种最繁多的东印度群岛的北缘，再加上海底地质、地形、水深、

* 作者简介：夏厚杨（1985～　），男，山东聊城人，中国海洋大学法政学院行政管理专业研究生，研究方向为海洋管理、海上行政执法。

海流与水温等生态因子的多样化，台湾地区的海洋生物资源也非常丰富。据统计，台湾地区的海洋生物种类多达全球物种的1/10，水产经济物种近2000种，其平均值较其他沿海国家高出500倍①。由于台湾地区所处的海洋战略位置，其历史文化、社会经济，莫不与海洋息息相关，可以说台湾地区的生存发展与安全威胁均系于海洋，所以发展海洋事业，提高海洋管理质量，对于台湾的长久繁荣发展至关重要。

台湾地区海洋管理体制也经历了多年的变革和发展，由于受“重陆轻海”思想的影响，早年台湾地区以陆地思想为中心，并没有清晰地认识到海洋的重要性②。而随着全世界海洋意识的逐渐觉醒，台湾地区也将海洋管理逐渐纳入政府的行政管理之中，海洋管理得到了很大的重视。和大陆一样，台湾地区的海洋管理体制经历了最初的军队管制、行业性管理的阶段，现在正在向综合性管理体制的方向转变。2000年“海岸巡防署”以及2014年“海洋委员会”的相继成立都说明台湾地区的海洋管理体制和海上行政执法体制正在向综合、集中的方向发展转变。

台湾的海洋管理体制在改革之前也是典型的行业性管理体制，而后逐渐地向综合性、集中型的海洋管理体制方向转变，这一点与大陆地区的海洋管理体制的改革历程颇为相似。台湾和大陆同属中国，文化相同，海洋管理面临的问题相似，介绍台湾海洋管理体制的改革历程，有利于两者参照对比，也可以为大陆地区海洋管理体制的深化改革提供有益素材，为大陆地区实现真正意义上的海洋综合管理提供有益的借鉴。

一　台湾海洋管理体制改革历程梳理

（一）1949～1992：行业性海洋管理时期

1949～1987年是台湾地区的戒严时期，台湾当局对台湾全境进行军事管制，封锁海岸地区，施行海禁政策。这一时期台湾地区的主要海上执法力量有海军、海关、警察、海岸巡防部队。此时期的海洋管理体制带有强烈的军事色彩，海洋管理主要由军事部门负责，并且以海上自卫为目的。

① 台湾行政当局“海洋事务推动委员会”：“海洋政策白皮书”，2006年，第20页。

② 台湾行政当局“海岸巡防署”：《台湾海洋》，2010年，第77页。

这一时期，台湾地区并没有进行真正意义上的海洋行政管理，海洋事业管理并没有真正被纳入政府管理的规划之中，海洋事业发展停滞不前。

1982 年《联合国海洋法公约》的诞生催生了全世界重视海洋、发展海洋的浪潮，海洋事务也渐渐进入台湾当局管理的范畴。1987 年戒严结束，台湾地区改变了原本以海军为主体、军事性的海上执法管理模式，取而代之的是成立专门进行海上执法的司法警察机关。1990 年台湾成立了“保安警察第七总队”，简称“保七总队”，任务是在沿海商港渔港、沿海 12 海里范围内，查缉危险物品、打击走私、防止偷渡等，并配合“农业委员会”执行海上护渔任务。这个时期，“保七总队”承担着海洋执法管理的任务。海洋事务所涉较多，不同的管理领域由相应的管理部门负责，按照行业属性进行划分管理，这导致海洋事务由多个不同的部门管理，而此时海洋管理机构为“内政部”“国防部”“财政部”“交通部”“经济部”等多个部门。

（二）1992～2000：海洋管理的改革初探时期

1992 年鉴于南海问题的形势日益严峻，“行政院”成立了“南海小组”，这是台湾地区第一次建立跨部门的机构处理海洋事务，将所有涉及海洋事务管理的机构和部门整合在一起，其小组成员包括“内政部”“国防部”“外交部”“交通部”等部门，并于 1993 年发布了“南海政策纲领”，这是台湾地区第一个关于海洋的政策性文件。但是由于种种原因，这种跨部门组建的协调平台没有坚持下来。1998 年台湾当局发布了“领海及邻接区法”和“专属经济海域及大陆礁层法”及其配套法律。这两部法律是台湾地区的海洋基本法律，对维护海洋权益，加强海洋管理，提高民众的海洋意识作用重大。

（三）2000～2004：海洋执法管理机构的整合时期

台湾地区的海洋管理体制为行业管理体制，所涉部门众多，在实际海洋管理中协调沟通困难，职权关系不清。为了理顺海上执法管理部门之间的职权关系，台湾当局于 2000 年成立了统一的海上执法部门——“海岸巡防署”。“海岸巡防署”将原“国防部海岸巡防司令部”、“内政部警政署水上警察局”及“财政部关税总局”缉私船队加以整合，是具有警察性质、执行警察任务同时兼有一定军事任务的特殊力量。“海岸巡防署”将过去分散在“内政部”“国防部”“财政部”“海关”等部门的海上执法工作整合起来，统一由它来执行①。“海岸巡防署”的成立是台湾区海洋管理机构整合的肇始，台湾地区的海洋执法体制由分散型执法模式转变为集中型执法模式。虽然“海岸巡防署”集诸多海洋执法职能于一体，但与海洋事务管理有关的政策、资源、环境、产业、文化、教育、科技以及一部分安全事务仍由“内政部”“外交部”“教育部”“财政部”“交通部”“经济部”等行政部门负责。这些部门分别执掌各自主管的海洋事务，难免各行其是，导致人力和资源的极大浪费，更难达到统一管理海洋的效果。

（四）2004～2014：海洋管理综合统筹时期

2004年，台湾当局成立了“行政院海洋事务推动委员会”（简称“海推会”），作为一个跨部门、跨领域、多方面的施政平台，台湾当局希望通过此举对当时的海洋管理体制进行改革。该委员会陆续完成了“海洋政策纲领”“海洋事务政策发展规划方案”“海洋政策白皮书”“海洋教育政策白皮书”等文件。2008年“海推会”更名为“行政院海洋事务推动小组”（简称“海推小组”）。“海推小组”陆续推动了海洋行政机构改革、海洋执法能力提升、海洋资源环境保护、海洋调查和科学研究等多项工作。“海推会”和“海推小组”都属于临时性海洋事务推动组织，是台湾地区海洋事务管理机构初步整合的有益尝试②。但是这些协调机构毕竟权力有限，在实际的运作中所发挥的作用也多是对于多个涉海部门之间的规划协调，海洋事务所涉范围很广，需要由一个综合海洋管理机构来执掌。2008年马英九主张设立“海洋事务部”，以加强“海空域执法能力，强化海洋环境保护、海上搜救、犯罪防治、资源调查保育与科技研究发展”。但迄今为止，都还没有实现设立“海洋部”的目标。虽设立“海洋部”一事未获通过，但2010年“行政院”组织改造方案提出，在“行政院”下设立“海洋委员会”，作为设立海洋综合管理机构的过渡机构，它将是海洋政策规划及执行

---

① 高波：《台湾地区海上执法机构变革及启示——以台湾地区海岸巡防署为例》，《集美大学学报》（哲学社会科学版）2012年第4期。

② 郭栋：《日本、中国台湾地区海洋事务政策机构比较研究》，硕士学位论文，中国政法大学，2010。

过程中的协调、监督及执行成果的反馈机构，其职能在于制定总体海洋政策，处理海洋国际事务，发展海洋科技，培育海洋人才，进行海洋管理政策之规划、推动与协调。2014 年“海洋委员会”低调成立，但即便如此，海洋渔业、环保、交通等相关行政职能仍由原行政机构承担，“海洋委员会”所发挥的作用主要是海洋政策规划以及部委间协调沟通。

在海洋法律政策方面，台湾地区于 20 世纪末先后通过了两部重要的海洋基本法律，一是“领海及邻接区法”，二是“专属经济海域及大陆礁层法”及其相关配套法律。台湾地区 2001 年首次公布“海洋白皮书”；为落实海洋保护与保育，2004 年发布“海洋政策纲领”作为海洋政策指导方针；为贯彻纲领精神及目标策略，于 2006 年公布“海洋政策白皮书”，更以整体海洋台湾为基础，透过各项政策的规划实施，全面推动海洋发展[①]。随后台湾地区又陆续发布了“海洋教育政策白皮书”（2007）、“马萧竞选海洋政策”（2008）等一系列的海洋基本政策文件[②]。这些政策一方面提升了海洋管理在整个管理体系中的地位，提高了整个台湾地区的海洋意识；另一方面有利于推动海洋管理体制的改革转型，为海洋管理体制向综合管理体制转型提供了政策指引。

二 台湾地区海洋管理体制改革分析

台湾地区海洋管理体制改革历经多年，虽然坎坷曲折，但最终取得一定的成果。如“海岸巡防署”的成立标志台湾地区拥有了一支独立、高效的海上执法力量，对于维护海洋开发管理秩序、保护海洋资源可持续发展作用巨大。“海洋委员会”的成立和运作也将台湾地区海洋管理置于更加显要的位置，为未来“海洋部”的设立积累经验。台湾地区海洋管理体制及改革有诸多与大陆地区相似之处，分析研究台湾地区的海洋管理体制改革，借鉴其经验，汲取其教训，可为大陆地区海洋管理体制改革提供参考。

---

① 台湾教育主管部门：“海洋教育政策白皮书”，2007 年，第 2 页。

② 李明杰、丘君、王勇：《台湾地区的海洋政策发展及其特点》，《海洋开发与管理》2009 年第 11 期。

（一）循序渐进地推进海洋管理体制的改革

改革分为两种方式，一种是急风暴雨式的激进改革，以求改革可以在较短的时间内显现效果，采用先改革后发展的思路。此种方式极易引发改革的反弹而导致失败，因此改革的风险较大而较少被采用。另外一种改革方式是渐进式改革，即依照改革的路线图循序渐进地推进改革，以点带面，从局部到整体，通过协调各种改革冲突，由量变转质变最终实现改革的目标，采用的是边改革边发展的思路。我国台湾地区的海洋管理体制改革采取了渐进的改革方式。自 20 世纪 90 年代起至今，台湾地区的海洋管理体制一直在改革中发展，发展中改革，其改革的目标始终是建立综合性的海洋管理体制，维护海洋权益①。台湾地区海洋管理体制改革遵循“先易后难”“循序渐进”的改革原则推进海洋管理体制的完善。1992 年台湾地区成立了“南海小组”以应对南海维权形势，这种跨部门的海洋综合协调机构是首次运作。其后，台湾地区相继成立了“行政院海洋事务推动委员会”“海洋委员会”等海洋综合协调机构，并将组建“海洋部”作为海洋主管机构下一步的改革目标。循序渐进地推进改革，不仅使台湾地区逐步实现了海洋管理体制由分散向综合的转型，而且也加快了台湾地区海洋教育、文化的发展和海洋意识的觉醒，促进了海洋渔业管理科学化，提高了海洋资源管理的效能。虽然改革历经坎坷，困难诸多，但台湾地区并没有放弃对海洋管理体制的改革，多次的改革尝试也让其掌握了更加灵活多样的改革技术，积累了丰富的海洋管理经验。

（二）加强海洋管理机构间的沟通协作

和大陆早期海洋管理体制相同，台湾地区的海洋管理体制也是根据海洋自然资源的属性及其产业开发特点，将海洋产业划分为不同的行业，实行行业管理，这种管理基本上是陆地各种资源开发部门的管理职能向海洋延伸。由于在同一片海域存在多重使用与管理，而台湾地区海洋管理部门多达十多个，这些部门涉海职责、权限、管辖范围各不相同，各自为政，相关管理部门都要根据自身的职权对相关的海洋事务进行管理，因此难免

① 台湾行政当局“海洋事务推动委员会”：“海洋政策白皮书”，2006 年，第 49 页。

会发生管理职能碎片化和职权重叠冲突状况。海洋不同于陆地，海洋作为一个流动性的生态系统，具有整体性和不可分割性。海洋管理也不同于陆地管理，海洋管理具有整体性、关联性、综合性等特点，但台湾地区以行业性为主的海洋管理体制分割了海洋管理中的关联性，大大降低了海洋综合管理和执法管理的效能。为了能够避免部门的各自为政和管理受限，台湾地区进行了多次体制改革尝试，其主要的改革方向是设立能够协调统筹涉海机构的高层次海洋协调部委，如"海推会"将多个涉海部门整合在一起成立临时性协调中心，"海洋委员会"将加强涉海部门之间的协调统筹规划作为其管理职能之一等。设立海洋综合协调机构一方面可以有效避免重新设立新海洋管理机构可能引发的巨大改革阻力；另一方面这种临时性的涉海部委能够将多部门的人员组织起来，加强互相之间的沟通和理解，最大程度上避免海洋管理的重复和低效。

（三）逐步完善海洋法律政策体系

海洋法律体系是由包括上位法和下位法在内的一系列完善的涉海法律法规所构成的有机体系。完善的海洋法律政策体系不仅能够为本国的海洋综合管理提供法律支撑，提升海洋管理的法治化水平，而且还可以规范海洋资源开发管理秩序，保持海洋资源的永续利用。经过多年的发展，台湾地区已经建立起了一套海洋法律政策体系，在海洋管理的各个领域制定了相关的法律法令。在海洋基本法层面，颁布了"领海及邻接区法"、"专属经济海域及大陆礁层法"及其配套法律细则。之后又陆续颁布了"海洋白皮书"（2001）、"国家海洋政策纲领"（2004）、"海洋政策白皮书"（2006）、"马萧竞选海洋政策"（2008）等一系列的海洋政策文件。这些海洋法律政策承担着海洋战略规划的职责，明确了台湾地区海洋管理的方向，同时也为进行海洋管理体制改革做足了政策准备，指导着台湾地区海洋管理体制的下一步改革。其海洋法律政策已经遍及海洋事务管理的方方面面，为依法管理海洋事务提供了法律上的依据。虽然海洋法律政策体系日趋完善，但不得不提的是，诸多法律政策间也存在不同程度的重叠和冲突，这导致在海洋事务管理中不同海洋权责部门依据相互冲突的法律进行执法、管理的问题。台湾地区尚未制定一部统领海洋综合管理的海洋基本法，海洋基本法的缺失阻碍了台湾地区海洋管理体制的深入改革，同时也无法协调和弥补诸多海洋政策法令之间的冲突和空白[①]。同时，这些政策文件大多是纲领性文件，缺乏支撑其实施的细则法令。台湾地区的海洋法律政策体系存在的这些问题，其根源在于海洋管理体制的行业性设计存在缺陷。涉海法律体制的这些弊端加剧了各部门之间的执法管理冲突，有必要进行总体检讨与改善。

（四）地方政府以及海洋行业组织等积极参与海洋管理

政府是海洋管理的主体，也扮演海洋管理体制改革的主导性角色。海洋管理体制改革不仅涉及海洋主管部门，而且地方海洋管理部门的积极参与同样不可或缺。由于台湾地区扁平化的海洋管理体制组织结构设计，海洋管理机构之间只有三级行政层次，有些部门，如“海岸巡防署”自上至下都归“海岸巡防署”总部管辖，不受地方政府管理，因此部门之间及部门内部的海洋事务协调、海洋法令的上传下达等较为通畅，不仅其沟通协调成本较低，而且还可形成较为统一完整的海洋战略规划和海洋执行政策。台湾地区历次的海洋管理体制改革都是整体联动，各海洋管理机构及其职能一并进行改革和重组，而这得益于其扁平化的海洋管理组织结构。另一方面，在台湾地区海洋管理体制改革中，地方政府不再处于被动的“被改革”的位置，而是积极参与海洋管理体制的改革，地方被授予更大的改革权限，同时也被赋予更加灵活的改革空间。地方在海洋管理体制改革中的利益被重视，充分调动了其参与海洋资源管理，维护海洋权益的积极性。

台湾地区的海洋渔业协会、台湾渔业经济发展协会等行业性组织在海洋管理体制改革中发挥着不可或缺的作用。台湾地区拥有众多的海洋类行业组织，经过多年发展，组织运作成熟，发挥着政府所无法取代的作用和功能，在海洋管理和海洋管理体制改革中，海洋行业组织都是积极参与的主要力量之一。在历次的海洋管理体制改革中，台湾地区的海洋行业组织不仅积极反映自己的利益诉求，要求政府提供更加完善的公共服务，而且还提出相应的改革方案以供政府审议。同时台湾当局所制定的法律政策中也都明确表示要促进海洋行业组织的发展。

---

① 胡念祖：《台湾海域管理体制之现况及展望》，台北：中山大学海洋政策研究中心 2007 年版，第 142 页。

台湾地区海洋管理体制改革的步伐较慢，其改革的过程也并非一帆风顺，在海洋管理中依旧存在一些急需解决的问题。海洋开发管理缺乏永续性与前瞻性的发展改革规划，导致台湾地区海洋管理缺乏宏观政策理论的支撑，海洋管理体制改革的内容并不具体。同时至今为止台湾地区的海洋管理体制改革也没有出台具体的改革方案，只有一个仍未达成共识的改革前景，改革的任务依旧艰巨。除此之外，“海岸巡防署”的法律定位依旧尴尬，作为台湾地区唯一的海上行政执法管理部门，现隶属于“海洋委员会”，作为“海洋委员会”的唯一执法部门，其执法权限无法与其所承担的任务相匹配，“海岸巡防署”的执法效力将会大打折扣。

三　台湾地区海洋管理体制改革对大陆的启示

2013 年《国务院机构改革和职能转变方案》提出，要重组国家海洋局，将国家海洋局及其中国海监、公安部边防海警、农业部中国渔政、海关总署海上缉私警察的队伍和职责整合，重新组建国家海洋局，由国土资源部管理。国家海洋局以中国海警局名义开展海上维权执法，接受公安部业务指导。为加强海洋事务的统筹规划和综合协调，设立高层次议事协调机构国家海洋委员会，负责研究制定国家海洋发展战略，统筹协调海洋重大事项。国家海洋委员会的具体工作由国家海洋局承担。大陆地区的海洋管理体制改革进入深水区，其面临着和台湾地区相似的改革形势，进一步参考和研判台湾地区的改革措施，可以更加清晰地了解大陆地区的改革方向。

（一）要循序渐进地推进海洋管理体制改革

台湾地区的海洋管理体制改革自 1987 年戒严结束开始，至今有近三十年之久。这些年国家对海洋管理体制改革的探索从未间断，一直引进世界海洋管理发展的最新理论，积极探索适合于本地区的海洋管理体制。虽然改革艰难，但是台湾当局仍积极发展台湾地区的海洋事务，提高人们的海洋意识，对海洋管理体制的改革从未中断过。2000 年“海岸巡防署”的成立是台湾地区海洋执法机构整合的肇始，自此以海洋执法机构改革为突破口，循序渐进地推进海洋管理体制改革的模式日渐形成。

大陆地区的海洋管理体制已改革多年，意欲实现海洋综合管理。海洋综合管理是一个综合性的管理系统，其需要对政府机构进行调整，对政府间纵向和横向的权力进行再配置，由于涉及面广，改革难度较大，一直以来都没有取得突破性的成果。2013 年《国务院机构改革和职能转变方案》中提出，要重组国家海洋局，对“多龙闹海”的分散型海洋管理体制进行更深入的改革，首当其冲的是分散的海洋执法管理体制。方案规定，将国家海洋局的中国海监、公安部边防海警、海关缉私警察以及农业部的中国渔政进行整合，组建中国海警局。由此可见，大陆地区的海洋管理体制改革与台湾地区的改革思路非常相似，都是从海洋执法机构入手，然后以点带面，对海洋管理体制进行整体改革。这种渐进式的机构改革有助于在调整和整合的过程中逐渐理顺原属于不同管理机构的行政职能，在改革的过程中及时发现并解决问题，实现管理体制的自我完善和更新适应。

（二）给地方政府释放更多的行政改革权力

政府是海洋管理的主体，也扮演海洋管理体制改革中的主导性角色。海洋管理体制改革能否成功，关键就在于政府是否可以统筹协调各方面的利益主体，制定为各方接受的海洋管理体制改革方案，并且坚定地推进改革进程。大陆地区的海洋管理体制改革进行多年，也取得了较大的成绩，但是海洋管理体制依旧无法满足我国海洋事业发展的需要。但是随着世界海洋形势的严峻和我国海洋战略的调整，海洋管理体制必须进行更为深入的改革。2013 年国务院在《国务院机构改革和职能转变方案》中提出要重组国家海洋局，组建中国海警局，以实现统一执法，提高执法效能。国家层面的海洋管理体制改革已经开启，但是地方层面仍旧是“按兵不动”，一方面在于国家的海洋管理体制改革方案中并没有明确地方政府的改革权责和改革路线图；另一方面地方政府也面临诸多改革困难与障碍，动摇不定。地方海洋管理体制改革要取得突破性的进展，应该在体制机制、税收政策、行政权力等方面有更大的改革空间，以此提高其改革的积极性。由于地方的海洋管理体制不尽相同，其改革的思路方案也不尽相同，应鼓励其大胆探索，充分使用其掌握的各种资源，放宽政策限制，减少地方政府改革的阻力，降低改革的成本。地方政府在积极探索本地改革实践的同时也应多交流经验，多行试点，加强学习，将好的改革经验予以推广。同时要积极发挥海洋类行业组织的作用，鼓励其参与海洋管理，将海洋行业组织纳入到海洋管理体制改革中来。

（三）加强涉海部门间沟通协调，建立综合性的海洋管理沟通协调机制

大陆地区在长期的海洋管理实践中，各个管理部门间就存在横向和纵向沟通协调不畅的问题，进而造成了部门间协调不畅、信息阻塞等问题。2013年国家海洋局重组之后，国家海洋局与其他的涉海部委建立了一系列的沟通协调办法和信息分享机制。但是整体的跨部门和跨省市的海洋综合沟通系统还没有完全建立起来，部门之间的沟通和协调依旧存在不畅，这大大制约了我国现行的海上行政执法体制的运行效率，我国海洋管理体制改革的成效也大打折扣。因此笔者认为，大陆地区应该在国家海洋委员会的统筹下，建立全国海洋管理部际联席会议工作机制，制定一整套更为详细的海洋事务沟通协调方案，此方案应该包括日常的海上管理信息通报制度、海洋经济发展合作制度、部级沟通协调制度、海洋应急事务的沟通处理办法等；相关规定已明确，国家海洋局与农业部、环保部、交通运输部等部门建立数据共享和协调配合机制，目前紧要任务之一是要进一步细化这些沟通协调机制，进一步充实完善机制内容，根据实践需要，制定更加系统、完备的信息沟通协调配合细则，提高海上管理沟通能力；国家海洋局与国防部、公安部等部门建立规范化的业务交流制度，建立科技和军事信息资源共享平台，在执法队伍管理、执法装备更新、海上维权执法等方面加强交流合作。

（四）进一步完善海洋管理法律政策体系

台湾地区的海洋法律政策体系相对完善，但是分散于不同的执法管理部门，造成法律执行的分散和政策效力的减弱。同样的问题在大陆地区也存在。大陆地区已建立的海洋管理相关的法律政策体系，在过去几十年中对于海洋事务的法制化管理起到了积极的作用，促进了大陆地区海洋事业的飞速发展。但是，与台湾地区相比，大陆地区的海洋法律体系仍不尽完善，海上执法管理的政策支撑体系也不够健全。国家海洋局的重组和中国海警局的成立，都需要相关法律法规配套的跟进。机构改革先行，法律配套就应及时跟进，否则体制改革后的机构运行就会“师出无门”。

首先，应依据海洋综合管理的要求，审议现有的涉海法律法规，将阻碍统一执法管理的法律条文进行增删和修订，完善海洋法律法规体系。同时，将“海洋入宪”纳入改革的议事日程中，在《宪法》第9条增加“海洋”为自然资源的组成部分，确立海洋在《宪法》中的地位。国家海洋局重组之后的主要任务之一是加快推进“海洋基本法”的立法进程。应参照《联合国海洋法公约》，认真分析论证，积极听取、采纳各部门和相关组织的意见建议，集思广益，制定符合国情的“海洋基本法”，并且出台与基本法相配套的细则、条例等，使基本法规定的各项制度具有可操作性。

在制定“海洋基本法”的同时，还要注重检视现行的海洋法律政策，使海洋法律政策体系能与国际海洋法律政策体系有效对接，既要梳理关于海洋经济规划、海洋资源开发保护等的综合性法律，又要梳理与现有法律配套的法规和实施细则，对其中具有滞后性、缺乏可操作性的法规政策进行增删、修订，增加现行海洋法律政策的适用性和前瞻性，使之更好地服务于海洋开发战略，更加符合海洋经济长远发展的要求。

On the Reform of the Marine Management System in Taiwan Region and the Enlightenment to the Mainland

Xia Houyang

Abstract: Currently marine management system in Taiwan region is reforming, through the way of gradual institutional reform, the system is to convert from decentralized management to centralized management. Accordance with the "Executive Yuan" organizational transformation program, "Ocean Commission", a special coordination agency for the management of marine affairs under the "Executive Yuan" will be set up in 2014, which Taiwan will have a dedicated Marine affairs management institutions. Taiwan marine management system reform has been carried out for many years in twists and turns. Despite experiencing a lot of frustration, Taiwan region's experience on the manner of marine administrative system reform, the model of integrated marine management agency, the integration of maritime law enforcement forces and other aspects provided valuable references for mainland to establish integrated marine administrative system and becoming a maritime power.

Key words: Taiwan region, marine management system, reform, experience

学术会议综述

RIVIEW OF MARINE RELATED FORUMS

中澳海岸带管理研究中心董事会会议暨中国海洋大学－新南威尔士大学“胶州湾、悉尼港及上海港”协同研究学术研讨会综述

宋宁而　乔璐璐　左凤云*

摘要：中澳海岸带管理研究中心董事会会议暨中国海洋大学－新南威尔士大学“胶州湾、悉尼港及上海港”协同研究学术研讨会于2014年10月24日在中国海洋大学召开，为中国海洋大学90周年校庆献礼。本次会议在中澳海岸带管理研究中心董事会会议，总结中澳海岸带管理研究中心2013～2014年工作成果的基础上，展望未来研究发展计划，并分别以“胶州湾综合研究”、“悉尼港综合研究”以及“上海港综合研究”为主题开展中澳间学术交流讨论。

关键词：海岸带管理　胶州湾　悉尼港　上海港　中国海洋大学－新南威尔士大学

中澳海岸带管理研究中心（Sino-Australian Joint Research Center for Coastal Zone Management）是由中国海洋大学和澳大利亚新南威尔士大学联合发起成立的国际联合研究机构。该机构自2010年11月成立，在建立和完善海洋管理理论，促进中国、澳大利亚和其他相关国家提高海洋管理水平，实现海岸带地区可持续发展等方面发挥了积极作用。

---

* 宋宁而（1979～　），女，上海人，中国海洋大学法政学院社会学研究所讲师，博士，研究方向为海洋社会学；乔璐璐（1981～　），女，山东青岛人，中国海洋大学海洋地球科学学院副教授，博士，研究方向为沉积动力学；左凤云（1990～　），女，山东菏泽人，中国海洋大学法政学院2013级社会学硕士研究生，研究方向为海洋社会学。

一　学术研讨会概要

2014年10月24日上午，中心董事会会议暨中国海洋大学-新南威尔士大学“胶州湾、悉尼港及上海港”协同研究学术研讨会在中国海洋大学鱼山校区学术交流中心北京厅召开，为中国海洋大学90周年校庆献礼。中国海洋大学于志刚校长、澳大利亚新南威尔士大学副校长Laura Poole-Warren、澳大利亚新南威尔士大学堪培拉校区副校长John Arnold及多位院长、澳大利亚新南威尔士大学悉尼海洋科学研究所全球港口项目负责人Peter Steinberg教授、青岛市政协副主席王修林等出席会议。中国科学院南海海洋研究所、华东师范大学、国家海洋局东海分局、烟台海岸带研究所、青岛环境科学研究院、青岛港建设指挥部等单位及中国海洋大学海洋环境学院、化学化工学院、海洋地球科学学院、法政学院、经济学院的近三十名专家学者以及澳大利亚新南威尔士大学十多位教授、副教授共同参加了董事会和学术研讨会。此次会议由中国海洋大学法政学院承办。

二　中澳海岸带管理研究中心董事会会议

会议由中国海洋大学国际合作与交流处戴华主持，首先由中国海洋大学于志刚校长致辞，于志刚校长对中澳海岸带管理研究中心取得的成果给予肯定，并希望两校继续开展项目合作与交流。于校长指出，海岸带是人类生活和产业活动高度聚集的区域，面临着巨大的生态环境压力，这实际上是世界各沿海国家和地区面临的共同挑战，需要大家携起手来共同应对。中国海洋大学将对中心今后的发展提供更加有力的支持，以促进中心充分发挥海洋学科综合优势，为服务中澳两国乃至全球海洋事业的持续健康发展做出更大的贡献。

澳大利亚新南威尔士大学、中澳海岸带研究所澳方主任王小华教授汇报了中澳海岸带管理研究中心2013~2014年取得的主要成果，包括在国际前沿SCI杂志*Estuarine Coastal and Shelf Science*出版专辑一部*Impact on coasts and their ecosystems in the Yellow and East China Sea by intensive anthropogenic activities*、成员受邀参加蓝色经济论坛并做大会报告、培养多名博士研究生等。

中国海洋大学法政学院、中澳海岸带研究所中方主任徐祥民教授介绍了海岸带管理研究中心新主页的正式运行情况，并对胶州湾海岸带管理研究所的相关情况做了介绍。胶州湾海岸带管理研究所成立于 2014 年 5 月，为中澳海岸带管理研究中心下属部门。2014 年 9 月，中澳海岸带管理研究中心全新主页制作完成，并已与学院及相关主页链接完毕。全新主页①简练清晰，信息资料全面系统。主页中信息包括：第一，中澳海岸带管理研究中心成立目的；第二，中澳海岸带管理研究中心依托院校；第三，中澳海岸带管理研究中心管理机构设置；第四，中澳海岸带管理研究中心研究团队；第五，中澳海岸带管理研究中心资金支持。此外，在中澳海岸带管理研究中心新主页上，还新设了胶州湾海岸带管理研究所主页的相关信息，具体包括研究所介绍、研究所指导方针、研究所顾问委员会、研究所工作人员、研究所科研项目等相关信息。

接下来，会议进入分主题讨论阶段，分别围绕“胶州湾综合研究”、“悉尼港综合研究”以及“上海港综合研究”这三个主题展开学术交流讨论，此次会议充分梳理、汇报中心的年度成果，在开展国际交流的基础上展望未来研究计划，对中澳海岸带管理研究中心的未来发展提出了指导性的意见，对研究中心的发展建设具有重要意义。

三 “胶州湾、悉尼港及上海港”协同研究学术研讨会

此次会议主要围绕“胶州湾综合研究”、“悉尼港综合研究”以及“上海港综合研究”三大主题展开，各位中外学者从不同角度对以上三个港湾建设管理中各领域出现的问题展开了细致深入的演讲，并进行了充分坦率的学术交流。

（一）胶州湾综合研究专题

胶州湾综合研究专题由中国海洋大学法政学院马英杰教授主持，与会者分别从青岛港的建设及社会变迁、胶州湾水质对台风响应、围填海的生

① 主页网址为：http://web.ouc.edu.cn/sarccm/。

态影响等方面进行了学术汇报。青岛市政协副主席王修林等共同就“海洋资源环境承载力监测预警”这一问题进行演讲，主要谈及资源环境承载力监测评估体系、海洋资源环境超载风险预警、海洋资源环境承载力指标体系三个方面，重点关注了海岸线与海洋空间资源、陆源排污与海洋环境容量、水质与生态系统健康等方面问题。

青岛港集团有限公司的袁航代表青岛港建港指挥部的苏建光总经理做了题为“青岛港的建设现状及未来发展”的发言，在谈及青岛港的建设现状时，阐释了青岛港四大港区的全面发展，码头建设的大型化、深水化和专业化，以及不断创新管理和建设精品码头这三个要点，并强调了青岛港在未来将以建设第四代世界物流强港为目标，不断提升航运服务功能和国际航运资源配置能力，加快“交通运输港”向“贸易物流港”、“世界大港”向“世界强港”的战略性转变。

中国海洋大学的梁生康副教授围绕“胶州湾台风降水对生源要素补充的影响”这一主题，对胶州湾地区的台风降水情况及其造成的相关环节影响进行了深入的阐释和分析；中国海洋大学的李京梅教授做了题为“胶州湾围填海生态损害评估”的发言，对胶州湾地带的围海填海活动所造成的生态损害进行了系统的分析和预测。

（二）悉尼港综合研究专题

悉尼港综合研究专题由麦考瑞大学的 David Raftos 教授主持。在这一专题的讨论中，澳大利亚的学术团队分别就悉尼港的海洋生境修复、牡蛎对海洋环境变化的响应、澳大利亚东部陆架环流的变化及海洋港口沉积动力过程等进行了学术汇报。

来自新南威尔士大学（悉尼海洋科学研究所）的 Peter Steinberg 教授做了题为“悉尼港的海洋生态环境修复与绿色工程”的发言，他指出澳大利亚 80% 的人口与 90% 的建设活动都发生在海岸带，因此需要对城市化进行各领域的管理，推动环境友好型绿色工程的开展，有重点地着手推进生态环境修复工作。

麦考瑞大学、悉尼海洋科学研究所教授 David Raftos 围绕“时代变迁中的牡蛎：环境负荷对牡蛎亚细胞及遗传效应的影响研究”主题，谈及全球化环境负荷所造成的影响以及悉尼港在这一问题上的具体体现。

新南威尔士大学及悉尼海洋科学研究所的 Moninya Roughan 副教授围绕“海洋变暖热点中的大陆架及河口过程研究”主题，阐释了悉尼港及澳大利亚东部海域的海水温度升高问题，并从这一视角探讨了大陆架的形成过程以及河口大陆架的变化。

新南威尔士大学堪培拉校区副教授、中澳海岸带管理研究中心澳方主任王小华做了题为“海洋港口沉积动力过程”的发言，在演讲中他指出，城市化与经济增长已经将世界各国港湾与河口置于多重复杂的压力之下。

（三）上海港综合研究专题

在上海港综合研究专题中，与会学者对上海港深水航道的水动力观测、沉积动力数值模拟、长江口海洋环境发展趋势及黄海微生物多样性等进行了学术汇报。来自华东师范大学的李翔宇教授做了题为“长江口深水航道的海流、盐度及悬浮体输运观测”的发言。

中国海洋大学的宋德海博士做了题为“长江口深水航道悬浮泥沙输运的数值模拟技术发展”的发言，对上海港以及长江口深水航道的悬浮泥沙现状做了系统的模拟分析和评估。

国家海洋局东海分局的徐韧博士做了题为“长江口及其周边海域生态环境变化趋势与主要问题”的发言，围绕长江口生态环境监测与评价工作，长江口海域的环境趋势与主要问题、对策及建议，强调了水体富营养化加剧、滨海湿地丧失、咸潮入侵、低氧区扩大等主要环境问题，并分析指出造成这些问题的原因主要存在于陆源入海污染物质增加、河口航道整治、滩涂围垦、入海泥沙减少等方面。

来自中国科学院烟台海岸带研究所的龚军博士做了题为“退化海草床系统中的微生物多样性及氮循环研究”的发言，围绕我国各海域海草床系统中的微生物多样性的变化及由此产生的氮循环问题进行了系统的分析。

三　会议总结与展望

澳大利亚新南威尔士大学堪培拉校区副校长 John Arnold 对此次董事会及学术研讨会进行了总结，他认为两校合作关系紧密，取得了可喜的研究成果，对两校未来更加开阔、深化的合作发展充满期望，并指出中澳海岸带管理中心是中澳海岸带学者密切合作、交流的桥梁，对加强澳大利亚新南威尔士大学和中国海洋大学的交流、合作起到重要作用，对提升中澳海岸带管理水平意义重大。

作为中国海洋大学文科领域的第一个国际联合研究机构，中澳海岸带管理研究中心定位为以海洋人文社会科学为主大力开展文理交叉研究，广泛开展国际比较研究，兼顾基础研究和应用研究的高水平专门研究机构。此次研讨会对于加强世界港口及海岸带管理理论与实践的研究，促进港口社会与海岸带经济社会的可持续发展以及该领域的国际合作交流有着重要的意义，在提高学校的国际化水平和国际影响力等方面将发挥重要的作用。

The Summary of Advisory / Management Committee Meeting and OUC-UNSW "Jiaozhou Bay, Sydney Harbor and Shanghai Port" Collaborative Research Workshop

Song Ning'er　Qiao Lulu　Zuo Fengyun

Abstract: The Advisory / Management Committee Meeting and UNSW-OUC "Jiaozhou Bay, Sydney Harbor and Shanghai Port" Collaborative Research Workshop was held on Oct 24th, 2014 in the Ocean University of China for the 90th anniversary. Based on the report of Sino-Australia Research Center for Coastal Management (SARCCM), great achievements have been achieved during 2013 – 2014. Future plan was also discussed in the meeting. In the following UNSW-OUC collaborative research workshop, three sessions were included, which are 'Jiaozhou Bay integrated research', 'Sydney Harbor integrated research', and 'Shanghai Port integrated research'.

Key words: coastal management, Jiaozhou Bay, Sydney Harbor, Shanghai Port, UNSW-OUC

在中澳海岸带管理研究中心董事会会议暨中国海洋大学-新南威尔士大学“悉尼港、上海港及胶州湾”协同研究学术研讨会上的致辞

于志刚

尊敬的 Laura Poole - Warren 校长，

女士们、先生们：

金秋时节，各位新老朋友再聚美丽的青岛，召开中澳海岸带管理研究中心顾问委员会暨学术研讨会。值此中国海洋大学建校 90 周年之际，我谨代表中国海洋大学对出席本次会议的各位领导、专家和来宾表示热烈的欢迎，对为推动中心不断发展而做出努力和贡献的各位专家表示衷心的感谢！

自 2010 年正式成立以来，中心一直致力于海岸带经济与社会的可持续发展，以建设成为海洋管理理论和实践研究的国际知名研究机构为目标，以海洋人文社会科学为主进行文理交叉，大力开展相关领域国际比较研究、基础研究和应用研究，加强国际交流与合作，着力培养该领域国际化高层次人才，取得了显著成就，并为山东省蓝色经济和青岛市经济社会发展做出了重要贡献。中心在中国海洋大学和澳大利亚新南威尔士大学之间架起了一座友好交流的桥梁，双方合作不断加深，友谊日益深厚，极大地推动了双方海洋科教事业的健康发展。

作为人类生活与产业活动高度聚集的空间区域，海岸带正面临着生态环境恶化、资源消耗过度、污染加重、灾害频发等诸多挑战，这些是人类应该共同应对的问题。中国东部沿海地区是中国经济发展最快速的区域，多年来在海岸带开发利用方面，造成了许多社会及自然问题亟须解决。当下，中国已经将生态文明建设作为中国特色社会主义事业的重大布局之一，

并在实施海洋强国战略中提出了建设“和谐之海”的重要指导思想。时值中国进行全面深化综合改革，经济转型升级之际，以“人海和谐”的理念对海洋和海岸带进行可持续性开发，建设海洋生态文明，促进海岸带经济与社会健康发展，是政策所指，发展所需，趋势所向。目前，山东省蓝色经济发展如火如荼，青岛市作为山东半岛蓝色经济区建设的核心区和龙头城市，在“环湾保护、拥湾发展”城市发展战略指导下，海岸带开发十分活跃，特别是今年新获批国家级新区——西海岸经济新区之后，青岛市海岸带开发利用必将进入一个新的增长阶段。

经过多年建设，中心在海岸带管理领域不断取得重要研究成果，积累了服务山东省蓝色经济和青岛市地方经济社会发展的宝贵经验，建立了良好的国际产学研合作关系。面对新形势，中心要努力抓住机遇，进一步加强协同创新，吸纳更多相关领域国内外优势力量，特别是进一步加强同政府和产业界的合作，以国际产学研用协同的方式加速创新进程；要进一步加强理论与实践结合，形成符合中国特色和区域特点的创新理论和技术成果，创造性解决中国海岸带综合管理问题；要继续深化学科交叉，充分利用双方在海洋科学领域的综合与特色优势，促进文理工深度交融，不断创造新理论、新方法和新技术。

作为中国海洋大学人文社会科学领域中第一个国际联合研究机构，中心的建设和发展为学校国际化战略实施、文理学科交叉、服务地方发展等提供了良好的示范平台。中国海洋大学将一如既往地支持中心建设，力争将其打造成为“蓝色智库”的重要组成部分。我相信，在双方的共同努力与务实合作下，中心的发展一定会再上新台阶，为推进中澳两国海洋科教事业持续进步，服务中澳乃至全球海洋事业健康发展做出新的更大的贡献。

最后，预祝本次会议圆满成功。

祝各位身体健康，在青岛度过美好时光。

谢谢大家！

图书在版编目(CIP)数据

海洋法律、社会与管理．第6卷/徐祥民主编．—北京：社会科学文献出版社，2015.7

ISBN 978-7-5097-7513-4

Ⅰ.①海… Ⅱ.①徐… Ⅲ.①海洋法-文集 ②海洋-管理-文集 Ⅳ.①D993.5-53 ②P7-53

中国版本图书馆CIP数据核字(2015)第099520号

海洋法律、社会与管理（第6卷）

主　　编／徐祥民

出 版 人／谢寿光
项目统筹／童根兴
责任编辑／郭聪燕　任晓霞

出　　版／社会科学文献出版社·社会政法分社(010)59367156
地址：北京市北三环中路甲29号院华龙大厦　邮编：100029
网址：www.ssap.com.cn
发　　行／市场营销中心（010）59367081　59367090
读者服务中心（010）59367028
印　　装／三河市尚艺印装有限公司

规　　格／开　本：787mm×1092mm　1/16
印　张：16.25　字　数：256千字
版　　次／2015年7月第1版　2015年7月第1次印刷
书　　号／ISBN 978-7-5097-7513-4
定　　价／69.00元